健全终身职业技能培训制度政策汇编

人力资源社会保障部职业能力建设司　编

中国劳动社会保障出版社

图书在版编目（CIP）数据

健全终身职业技能培训制度政策汇编/人力资源社会保障部职业能力建设司编. -- 北京：中国劳动社会保障出版社，2024

ISBN 978-7-5167-6414-5

Ⅰ. ①健…　Ⅱ. ①人…　Ⅲ. ①职业教育-终生教育-培训-制度-汇编-中国　Ⅳ. ①G719.2

中国国家版本馆 CIP 数据核字（2024）第 052148 号

中国劳动社会保障出版社出版发行

（北京市惠新东街 1 号　邮政编码：100029）

*

保定市中画美凯印刷有限公司印刷装订　　新华书店经销

787 毫米×1092 毫米　16 开本　16 印张　303 千字

2024 年 3 月第 1 版　　2024 年 3 月第 1 次印刷

定价：48.00 元

营销中心电话：400-606-6496

出版社网址：http://www.class.com.cn

习近平致首届全国职业技能大赛的贺信

新华社北京 12 月 10 日电　值此我国首届职业技能大赛开幕之际，我向大赛的举办表示热烈的祝贺！向各位参赛选手和广大技能人才致以诚挚的问候！

技术工人队伍是支撑中国制造、中国创造的重要力量。职业技能竞赛为广大技能人才提供了展示精湛技能、相互切磋技艺的平台，对壮大技术工人队伍、推动经济社会发展具有积极作用。希望广大参赛选手奋勇拼搏、争创佳绩，展现新时代技能人才的风采。

各级党委和政府要高度重视技能人才工作，大力弘扬劳模精神、劳动精神、工匠精神，激励更多劳动者特别是青年一代走技能成才、技能报国之路，培养更多高技能人才和大国工匠，为全面建设社会主义现代化国家提供有力人才保障。

预祝大赛取得圆满成功！

习近平

2020 年 12 月 10 日

李强对做好技能人才工作作出重要批示强调 努力造就一支规模宏大、结构合理、素质优良的技能劳动者队伍

新华社天津9月16日电　中华人民共和国第二届职业技能大赛9月16日在天津开幕。中共中央政治局常委、国务院总理李强日前对做好技能人才工作作出重要批示。批示指出：技能人才是实施人才强国战略、就业优先战略和创新驱动发展战略的宝贵资源。举办全国职业技能大赛，为广大技能人才搭建展示技能、切磋技艺的平台，有利于促进形成技能就业、技能成才、技能报国的时代新风。各地区、各部门要坚持以习近平新时代中国特色社会主义思想为指导，全面贯彻党的二十大精神和习近平总书记重要指示要求，按照党中央决策部署，扎实做好技能人才工作，加快发展技工教育，健全终身职业技能培训制度，完善中国特色职业技能竞赛体系，拓宽发展通道，提升待遇水平，在全社会大力弘扬劳模精神、劳动精神、工匠精神，努力造就一支规模宏大、结构合理、素质优良的技能劳动者队伍，为推动高质量发展、全面建设社会主义现代化国家贡献力量。

目　　录

法律法规

中华人民共和国劳动法 ……………………………………………………………………（003）

中华人民共和国职业教育法 ………………………………………………………………（014）

中华人民共和国民办教育促进法 …………………………………………………………（026）

失业保险条例 ………………………………………………………………………………（034）

中华人民共和国中外合作办学条例 ………………………………………………………（039）

劳动保障监察条例 …………………………………………………………………………（048）

中华人民共和国民办教育促进法实施条例 ………………………………………………（054）

中共中央、国务院文件

中共中央办公厅　国务院办公厅印发《关于加强新时代高技能人才队伍建设的意见》 ……………………………………………………………………………………（069）

国务院关于推行终身职业技能培训制度的意见（国发〔2018〕11号） ……………（075）

人力资源社会保障部文件

人力资源社会保障部关于进一步规范职业技能培训管理工作的通知（人社部发〔2024〕5号） ……………………………………………………………………（083）

人力资源社会保障部关于印发数字人社建设行动实施方案的通知（人社部发

〔2023〕34号） …………………………………………………………………………（088）
人力资源社会保障部　财政部关于印发《国家级高技能人才培训基地和技能大师工作室建设项目实施方案》的通知（人社部发〔2022〕62号） …………………（097）
人力资源社会保障部　工业和信息化部　国务院国资委关于印发《制造业技能根基工程实施方案》的通知（人社部发〔2022〕33号） ………………………………（101）
人力资源社会保障部　教育部　发展改革委　财政部关于印发"十四五"职业技能培训规划的通知（人社部发〔2021〕102号） ……………………………………（105）
人力资源社会保障部关于印发技工教育"十四五"规划的通知（节选）（人社部发〔2021〕86号） …………………………………………………………………………（117）
人力资源社会保障部关于印发"技能中国行动"实施方案的通知（人社部发〔2021〕48号） …………………………………………………………………………（121）
人力资源社会保障部　国家乡村振兴局关于印发《国家乡村振兴重点帮扶地区职业技能提升工程实施方案》的通知（人社部发〔2021〕45号） ……………………（127）
人力资源社会保障部　财政部　国务院国资委　中华全国总工会　全国工商联关于印发《关于全面推行中国特色企业新型学徒制　加强技能人才培养的指导意见》的通知（人社部发〔2021〕39号） ………………………………………………（131）
人力资源社会保障部　国家发展改革委　财政部关于深化技工院校改革　大力发展技工教育的意见（节选）（人社部发〔2021〕30号） …………………………（135）
人力资源社会保障部办公厅关于加强农民工职业技能培训工作的意见（人社厅发〔2023〕55号） …………………………………………………………………………（139）
人力资源社会保障部办公厅关于印发加强和改进新时代中国特色企业新型学徒制工作方案的通知（人社厅发〔2022〕62号） ……………………………………（143）
人力资源社会保障部办公厅关于加强新职业培训工作的通知（人社厅发〔2021〕28号） ……………………………………………………………………………………（147）
人力资源社会保障部办公厅关于印发《技工院校教材管理工作实施细则》的通知（人社厅发〔2021〕12号） …………………………………………………………（149）
人力资源社会保障部办公厅关于印发《技能人才薪酬分配指引》的通知（人社厅发〔2021〕7号） ……………………………………………………………………（157）
人力资源社会保障部办公厅关于推进职业培训包工作的通知（人社厅发〔2016〕162号） …………………………………………………………………………………（166）

人力资源社会保障部办公厅关于做好职业技能培训信息汇集有关工作的通知（人社厅函〔2023〕138 号） ………… （169）
人力资源社会保障部办公厅关于做好国家级（康养）高技能人才培训基地建设有关工作的通知（人社厅函〔2022〕78 号） ………… （170）
人力资源社会保障部办公厅关于加快推进职业技能培训信息化建设有关工作的通知（人社厅函〔2022〕68 号） ………… （172）
人力资源社会保障部办公厅关于组建技工教育和职业培训教学指导委员会的通知（人社厅函〔2021〕159 号） ………… （174）
关于推进新业态新模式从业人员技能培训工作的通知（人社职司便函〔2022〕71 号） ………… （178）
关于做好制造业技能根基工程组织实施工作的通知（人社职司便函〔2022〕29 号） ………… （180）
关于印发提升全民数字技能工作方案的函（人社职司便函〔2021〕24 号） ………… （182）

其他部门文件

财政部　人力资源社会保障部关于印发《就业补助资金管理办法》的通知（财社〔2023〕181 号） ………… （187）
住房城乡建设部　人力资源社会保障部关于加强乡村建设工匠培训和管理的指导意见（建村规〔2023〕5 号） ………… （196）
国家乡村振兴局　教育部　工业和信息化部　人力资源社会保障部　住房城乡建设部　农业农村部　文化和旅游部　全国妇联关于推进乡村工匠培育工作的指导意见（国乡振发〔2022〕16 号） ………… （199）
国家邮政局　人力资源社会保障部关于印发《邮政快递业职业技能提升工程实施方案》的通知（国邮发〔2022〕31 号） ………… （204）
住房和城乡建设部办公厅　人力资源社会保障部办公厅关于开展万名“乡村建设带头工匠”培训活动的通知（建办村函〔2022〕345 号） ………… （209）
中国残疾人联合会　教育部　人力资源社会保障部　财政部　文化和旅游部关于印发《“十四五”残疾人职业技能提升计划》的通知（残联发〔2022〕13 号） ………… （211）

国家发展改革委关于印发《教育强国推进工程（公共实训基地建设方向）中央预算内投资专项管理办法》的通知（发改就业规〔2021〕579号） …………………（216）
国家卫生健康委员会　财政部　人力资源社会保障部　国家市场监督管理总局　国家中医药管理局《关于加强医疗护理员培训和规范管理工作的通知》（国卫医发〔2019〕49号） ……………………………………………………………（222）
退役军人事务部办公厅　人力资源社会保障部办公厅《关于做好退役军人职业技能培训工作的通知》（退役军人办发〔2019〕37号） ……………………………（225）
市场监管总局　人力资源社会保障部关于规范营利性民办技工院校和营利性民办职业技能培训机构名称登记管理有关工作的通知（国市监企注〔2018〕18号） ……………………………………………………………………………………（228）
教育部　人力资源社会保障部　工商总局关于印发《营利性民办学校监督管理实施细则》的通知（教发〔2016〕20号） ………………………………………………（231）
财政部　全国总工会　发展改革委　教育部　科技部　国防科工委　人事部　劳动保障部　国资委　国家税务总局　全国工商联关于印发《关于企业职工教育经费提取与使用管理的意见》的通知（财建〔2006〕317号） ……………………（239）

后记 ……………………………………………………………………………………（244）

法律法规

中华人民共和国劳动法

（1994年7月5日第八届全国人民代表大会常务委员会第八次会议通过
根据2009年8月27日第十一届全国人民代表大会常务委员会第十次会议
《关于修改部分法律的决定》第一次修正　根据2018年12月29日
第十三届全国人民代表大会常务委员会第七次会议《关于修改
〈中华人民共和国劳动法〉等七部法律的决定》第二次修正）

目　　录

第一章　总则
第二章　促进就业
第三章　劳动合同和集体合同
第四章　工作时间和休息休假
第五章　工资
第六章　劳动安全卫生
第七章　女职工和未成年工特殊保护
第八章　职业培训
第九章　社会保险和福利
第十章　劳动争议
第十一章　监督检查
第十二章　法律责任
第十三章　附则

第一章　总　　则

第一条　为了保护劳动者的合法权益，调整劳动关系，建立和维护适应社会主义市场经济的劳动制度，促进经济发展和社会进步，根据宪法，制定本法。

第二条　在中华人民共和国境内的企业、个体经济组织（以下统称用人单位）和与之形成劳动关系的劳动者，适用本法。

国家机关、事业组织、社会团体和与之建立劳动合同关系的劳动者，依照本法执行。

第三条 劳动者享有平等就业和选择职业的权利、取得劳动报酬的权利、休息休假的权利、获得劳动安全卫生保护的权利、接受职业技能培训的权利、享受社会保险和福利的权利、提请劳动争议处理的权利以及法律规定的其他劳动权利。

劳动者应当完成劳动任务，提高职业技能，执行劳动安全卫生规程，遵守劳动纪律和职业道德。

第四条 用人单位应当依法建立和完善规章制度，保障劳动者享有劳动权利和履行劳动义务。

第五条 国家采取各种措施，促进劳动就业，发展职业教育，制定劳动标准，调节社会收入，完善社会保险，协调劳动关系，逐步提高劳动者的生活水平。

第六条 国家提倡劳动者参加社会义务劳动，开展劳动竞赛和合理化建议活动，鼓励和保护劳动者进行科学研究、技术革新和发明创造，表彰和奖励劳动模范和先进工作者。

第七条 劳动者有权依法参加和组织工会。

工会代表和维护劳动者的合法权益，依法独立自主地开展活动。

第八条 劳动者依照法律规定，通过职工大会、职工代表大会或者其他形式，参与民主管理或者就保护劳动者合法权益与用人单位进行平等协商。

第九条 国务院劳动行政部门主管全国劳动工作。

县级以上地方人民政府劳动行政部门主管本行政区域内的劳动工作。

第二章　促进就业

第十条 国家通过促进经济和社会发展，创造就业条件，扩大就业机会。

国家鼓励企业、事业组织、社会团体在法律、行政法规规定的范围内兴办产业或者拓展经营，增加就业。

国家支持劳动者自愿组织起来就业和从事个体经营实现就业。

第十一条 地方各级人民政府应当采取措施，发展多种类型的职业介绍机构，提供就业服务。

第十二条 劳动者就业，不因民族、种族、性别、宗教信仰不同而受歧视。

第十三条 妇女享有与男子平等的就业权利。在录用职工时，除国家规定的不适合妇女的工种或者岗位外，不得以性别为由拒绝录用妇女或者提高对妇女的录用标准。

第十四条 残疾人、少数民族人员、退出现役的军人的就业，法律、法规有特别规定的，从其规定。

第十五条 禁止用人单位招用未满十六周岁的未成年人。

文艺、体育和特种工艺单位招用未满十六周岁的未成年人，必须遵守国家有关规定，并保障其接受义务教育的权利。

第三章 劳动合同和集体合同

第十六条 劳动合同是劳动者与用人单位确立劳动关系、明确双方权利和义务的协议。

建立劳动关系应当订立劳动合同。

第十七条 订立和变更劳动合同，应当遵循平等自愿、协商一致的原则，不得违反法律、行政法规的规定。

劳动合同依法订立即具有法律约束力，当事人必须履行劳动合同规定的义务。

第十八条 下列劳动合同无效：

（一）违反法律、行政法规的劳动合同；

（二）采取欺诈、威胁等手段订立的劳动合同。

无效的劳动合同，从订立的时候起，就没有法律约束力。确认劳动合同部分无效的，如果不影响其余部分的效力，其余部分仍然有效。

劳动合同的无效，由劳动争议仲裁委员会或者人民法院确认。

第十九条 劳动合同应当以书面形式订立，并具备以下条款：

（一）劳动合同期限；

（二）工作内容；

（三）劳动保护和劳动条件；

（四）劳动报酬；

（五）劳动纪律；

（六）劳动合同终止的条件；

（七）违反劳动合同的责任。

劳动合同除前款规定的必备条款外，当事人可以协商约定其他内容。

第二十条 劳动合同的期限分为有固定期限、无固定期限和以完成一定的工作为期限。

劳动者在同一用人单位连续工作满十年以上，当事人双方同意续延劳动合同的，如果劳动者提出订立无固定期限的劳动合同，应当订立无固定期限的劳动合同。

第二十一条 劳动合同可以约定试用期。试用期最长不得超过六个月。

第二十二条 劳动合同当事人可以在劳动合同中约定保守用人单位商业秘密的有关事项。

第二十三条 劳动合同期满或者当事人约定的劳动合同终止条件出现，劳动合同即行终止。

第二十四条 经劳动合同当事人协商一致，劳动合同可以解除。

第二十五条 劳动者有下列情形之一的，用人单位可以解除劳动合同：

（一）在试用期间被证明不符合录用条件的；

（二）严重违反劳动纪律或者用人单位规章制度的；

（三）严重失职，营私舞弊，对用人单位利益造成重大损害的；

（四）被依法追究刑事责任的。

第二十六条 有下列情形之一的，用人单位可以解除劳动合同，但是应当提前三十日以书面形式通知劳动者本人：

（一）劳动者患病或者非因工负伤，医疗期满后，不能从事原工作也不能从事由用人单位另行安排的工作的；

（二）劳动者不能胜任工作，经过培训或者调整工作岗位，仍不能胜任工作的；

（三）劳动合同订立时所依据的客观情况发生重大变化，致使原劳动合同无法履行，经当事人协商不能就变更劳动合同达成协议的。

第二十七条 用人单位濒临破产进行法定整顿期间或者生产经营状况发生严重困难，确需裁减人员的，应当提前三十日向工会或者全体职工说明情况，听取工会或者职工的意见，经向劳动行政部门报告后，可以裁减人员。

用人单位依据本条规定裁减人员，在六个月内录用人员的，应当优先录用被裁减的人员。

第二十八条 用人单位依据本法第二十四条、第二十六条、第二十七条的规定解除劳动合同的，应当依照国家有关规定给予经济补偿。

第二十九条 劳动者有下列情形之一的，用人单位不得依据本法第二十六条、第二十七条的规定解除劳动合同：

（一）患职业病或者因工负伤并被确认丧失或者部分丧失劳动能力的；

（二）患病或者负伤，在规定的医疗期内的；

（三）女职工在孕期、产期、哺乳期内的；

（四）法律、行政法规规定的其他情形。

第三十条 用人单位解除劳动合同，工会认为不适当的，有权提出意见。如果用人单位违反法律、法规或者劳动合同，工会有权要求重新处理；劳动者申请仲裁或者提起诉讼的，工会应当依法给予支持和帮助。

第三十一条 劳动者解除劳动合同，应当提前三十日以书面形式通知用人单位。

第三十二条 有下列情形之一的，劳动者可以随时通知用人单位解除劳动合同：

（一）在试用期内的；

（二）用人单位以暴力、威胁或者非法限制人身自由的手段强迫劳动的；

（三）用人单位未按照劳动合同约定支付劳动报酬或者提供劳动条件的。

第三十三条 企业职工一方与企业可以就劳动报酬、工作时间、休息休假、劳动安全卫生、保险福利等事项，签订集体合同。集体合同草案应当提交职工代表大会或者全体职工讨论通过。

集体合同由工会代表职工与企业签订；没有建立工会的企业，由职工推举的代表与企业签订。

第三十四条 集体合同签订后应当报送劳动行政部门；劳动行政部门自收到集体合同文本之日起十五日内未提出异议的，集体合同即行生效。

第三十五条 依法签订的集体合同对企业和企业全体职工具有约束力。职工个人与企业订立的劳动合同中劳动条件和劳动报酬等标准不得低于集体合同的规定。

第四章 工作时间和休息休假

第三十六条 国家实行劳动者每日工作时间不超过八小时、平均每周工作时间不超过四十四小时的工时制度。

第三十七条 对实行计件工作的劳动者，用人单位应当根据本法第三十六条规定的工时制度合理确定其劳动定额和计件报酬标准。

第三十八条 用人单位应当保证劳动者每周至少休息一日。

第三十九条 企业因生产特点不能实行本法第三十六条、第三十八条规定的，经劳动行政部门批准，可以实行其他工作和休息办法。

第四十条 用人单位在下列节日期间应当依法安排劳动者休假：

（一）元旦；

（二）春节；

（三）国际劳动节；

（四）国庆节；

（五）法律、法规规定的其他休假节日。

第四十一条 用人单位由于生产经营需要，经与工会和劳动者协商后可以延长工作时间，一般每日不得超过一小时；因特殊原因需要延长工作时间的，在保障劳动者身体健康的条件下延长工作时间每日不得超过三小时，但是每月不得超过三十六小时。

第四十二条 有下列情形之一的，延长工作时间不受本法第四十一条规定的限制：

（一）发生自然灾害、事故或者因其他原因，威胁劳动者生命健康和财产安全，需要紧急处理的；

（二）生产设备、交通运输线路、公共设施发生故障，影响生产和公众利益，必须及时抢修的；

（三）法律、行政法规规定的其他情形。

第四十三条 用人单位不得违反本法规定延长劳动者的工作时间。

第四十四条 有下列情形之一的，用人单位应当按照下列标准支付高于劳动者正常工作时间工资的工资报酬：

（一）安排劳动者延长工作时间的，支付不低于工资的百分之一百五十的工资报酬；

（二）休息日安排劳动者工作又不能安排补休的，支付不低于工资的百分之二百的工资报酬；

（三）法定休假日安排劳动者工作的，支付不低于工资的百分之三百的工资报酬。

第四十五条 国家实行带薪年休假制度。

劳动者连续工作一年以上的，享受带薪年休假。具体办法由国务院规定。

第五章 工 资

第四十六条 工资分配应当遵循按劳分配原则，实行同工同酬。

工资水平在经济发展的基础上逐步提高。国家对工资总量实行宏观调控。

第四十七条 用人单位根据本单位的生产经营特点和经济效益，依法自主确定本单位的工资分配方式和工资水平。

第四十八条 国家实行最低工资保障制度。最低工资的具体标准由省、自治区、直辖市人民政府规定，报国务院备案。

用人单位支付劳动者的工资不得低于当地最低工资标准。

第四十九条 确定和调整最低工资标准应当综合参考下列因素：

（一）劳动者本人及平均赡养人口的最低生活费用；

（二）社会平均工资水平；

（三）劳动生产率；

（四）就业状况；

（五）地区之间经济发展水平的差异。

第五十条 工资应当以货币形式按月支付给劳动者本人。不得克扣或者无故拖欠劳动者的工资。

第五十一条 劳动者在法定休假日和婚丧假期间以及依法参加社会活动期间，用人单位应当依法支付工资。

第六章 劳动安全卫生

第五十二条 用人单位必须建立、健全劳动安全卫生制度，严格执行国家劳动安全卫生规程和标准，对劳动者进行劳动安全卫生教育，防止劳动过程中的事故，减少职业危害。

第五十三条 劳动安全卫生设施必须符合国家规定的标准。

新建、改建、扩建工程的劳动安全卫生设施必须与主体工程同时设计、同时施工、同时投入生产和使用。

第五十四条 用人单位必须为劳动者提供符合国家规定的劳动安全卫生条件和必要

的劳动防护用品，对从事有职业危害作业的劳动者应当定期进行健康检查。

第五十五条 从事特种作业的劳动者必须经过专门培训并取得特种作业资格。

第五十六条 劳动者在劳动过程中必须严格遵守安全操作规程。

劳动者对用人单位管理人员违章指挥、强令冒险作业，有权拒绝执行；对危害生命安全和身体健康的行为，有权提出批评、检举和控告。

第五十七条 国家建立伤亡事故和职业病统计报告和处理制度。县级以上各级人民政府劳动行政部门、有关部门和用人单位应当依法对劳动者在劳动过程中发生的伤亡事故和劳动者的职业病状况，进行统计、报告和处理。

第七章 女职工和未成年工特殊保护

第五十八条 国家对女职工和未成年工实行特殊劳动保护。

未成年工是指年满十六周岁未满十八周岁的劳动者。

第五十九条 禁止安排女职工从事矿山井下、国家规定的第四级体力劳动强度的劳动和其他禁忌从事的劳动。

第六十条 不得安排女职工在经期从事高处、低温、冷水作业和国家规定的第三级体力劳动强度的劳动。

第六十一条 不得安排女职工在怀孕期间从事国家规定的第三级体力劳动强度的劳动和孕期禁忌从事的劳动。对怀孕七个月以上的女职工，不得安排其延长工作时间和夜班劳动。

第六十二条 女职工生育享受不少于九十天的产假。

第六十三条 不得安排女职工在哺乳未满一周岁的婴儿期间从事国家规定的第三级体力劳动强度的劳动和哺乳期禁忌从事的其他劳动，不得安排其延长工作时间和夜班劳动。

第六十四条 不得安排未成年工从事矿山井下、有毒有害、国家规定的第四级体力劳动强度的劳动和其他禁忌从事的劳动。

第六十五条 用人单位应当对未成年工定期进行健康检查。

第八章 职业培训

第六十六条 国家通过各种途径，采取各种措施，发展职业培训事业，开发劳动者的职业技能，提高劳动者素质，增强劳动者的就业能力和工作能力。

第六十七条 各级人民政府应当把发展职业培训纳入社会经济发展的规划，鼓励和支持有条件的企业、事业组织、社会团体和个人进行各种形式的职业培训。

第六十八条 用人单位应当建立职业培训制度，按照国家规定提取和使用职业培训经费，根据本单位实际，有计划地对劳动者进行职业培训。

从事技术工种的劳动者，上岗前必须经过培训。

第六十九条 国家确定职业分类，对规定的职业制定职业技能标准，实行职业资格证书制度，由经备案的考核鉴定机构负责对劳动者实施职业技能考核鉴定。

第九章 社会保险和福利

第七十条 国家发展社会保险事业，建立社会保险制度，设立社会保险基金，使劳动者在年老、患病、工伤、失业、生育等情况下获得帮助和补偿。

第七十一条 社会保险水平应当与社会经济发展水平和社会承受能力相适应。

第七十二条 社会保险基金按照保险类型确定资金来源，逐步实行社会统筹。用人单位和劳动者必须依法参加社会保险，缴纳社会保险费。

第七十三条 劳动者在下列情形下，依法享受社会保险待遇：

（一）退休；

（二）患病、负伤；

（三）因工伤残或者患职业病；

（四）失业；

（五）生育。

劳动者死亡后，其遗属依法享受遗属津贴。

劳动者享受社会保险待遇的条件和标准由法律、法规规定。

劳动者享受的社会保险金必须按时足额支付。

第七十四条 社会保险基金经办机构依照法律规定收支、管理和运营社会保险基金，并负有使社会保险基金保值增值的责任。

社会保险基金监督机构依照法律规定，对社会保险基金的收支、管理和运营实施监督。

社会保险基金经办机构和社会保险基金监督机构的设立和职能由法律规定。

任何组织和个人不得挪用社会保险基金。

第七十五条 国家鼓励用人单位根据本单位实际情况为劳动者建立补充保险。

国家提倡劳动者个人进行储蓄性保险。

第七十六条 国家发展社会福利事业，兴建公共福利设施，为劳动者休息、休养和疗养提供条件。

用人单位应当创造条件，改善集体福利，提高劳动者的福利待遇。

第十章 劳动争议

第七十七条 用人单位与劳动者发生劳动争议，当事人可以依法申请调解、仲裁、提起诉讼，也可以协商解决。

调解原则适用于仲裁和诉讼程序。

第七十八条 解决劳动争议，应当根据合法、公正、及时处理的原则，依法维护劳动争议当事人的合法权益。

第七十九条 劳动争议发生后，当事人可以向本单位劳动争议调解委员会申请调解；调解不成，当事人一方要求仲裁的，可以向劳动争议仲裁委员会申请仲裁。当事人一方也可以直接向劳动争议仲裁委员会申请仲裁。对仲裁裁决不服的，可以向人民法院提起诉讼。

第八十条 在用人单位内，可以设立劳动争议调解委员会。劳动争议调解委员会由职工代表、用人单位代表和工会代表组成。劳动争议调解委员会主任由工会代表担任。

劳动争议经调解达成协议的，当事人应当履行。

第八十一条 劳动争议仲裁委员会由劳动行政部门代表、同级工会代表、用人单位方面的代表组成。劳动争议仲裁委员会主任由劳动行政部门代表担任。

第八十二条 提出仲裁要求的一方应当自劳动争议发生之日起六十日内向劳动争议仲裁委员会提出书面申请。仲裁裁决一般应在收到仲裁申请的六十日内作出。对仲裁裁决无异议的，当事人必须履行。

第八十三条 劳动争议当事人对仲裁裁决不服的，可以自收到仲裁裁决书之日起十五日内向人民法院提起诉讼。一方当事人在法定期限内不起诉又不履行仲裁裁决的，另一方当事人可以申请人民法院强制执行。

第八十四条 因签订集体合同发生争议，当事人协商解决不成的，当地人民政府劳动行政部门可以组织有关各方协调处理。

因履行集体合同发生争议，当事人协商解决不成的，可以向劳动争议仲裁委员会申请仲裁；对仲裁裁决不服的，可以自收到仲裁裁决书之日起十五日内向人民法院提起诉讼。

第十一章 监督检查

第八十五条 县级以上各级人民政府劳动行政部门依法对用人单位遵守劳动法律、法规的情况进行监督检查，对违反劳动法律、法规的行为有权制止，并责令改正。

第八十六条 县级以上各级人民政府劳动行政部门监督检查人员执行公务，有权进入用人单位了解执行劳动法律、法规的情况，查阅必要的资料，并对劳动场所进行检查。

县级以上各级人民政府劳动行政部门监督检查人员执行公务，必须出示证件，秉公执法并遵守有关规定。

第八十七条 县级以上各级人民政府有关部门在各自职责范围内，对用人单位遵守劳动法律、法规的情况进行监督。

第八十八条 各级工会依法维护劳动者的合法权益，对用人单位遵守劳动法律、法规的情况进行监督。

任何组织和个人对于违反劳动法律、法规的行为有权检举和控告。

第十二章　法律责任

第八十九条　用人单位制定的劳动规章制度违反法律、法规规定的，由劳动行政部门给予警告，责令改正；对劳动者造成损害的，应当承担赔偿责任。

第九十条　用人单位违反本法规定，延长劳动者工作时间的，由劳动行政部门给予警告，责令改正，并可以处以罚款。

第九十一条　用人单位有下列侵害劳动者合法权益情形之一的，由劳动行政部门责令支付劳动者的工资报酬、经济补偿，并可以责令支付赔偿金：

（一）克扣或者无故拖欠劳动者工资的；

（二）拒不支付劳动者延长工作时间工资报酬的；

（三）低于当地最低工资标准支付劳动者工资的；

（四）解除劳动合同后，未依照本法规定给予劳动者经济补偿的。

第九十二条　用人单位的劳动安全设施和劳动卫生条件不符合国家规定或者未向劳动者提供必要的劳动防护用品和劳动保护设施的，由劳动行政部门或者有关部门责令改正，可以处以罚款；情节严重的，提请县级以上人民政府决定责令停产整顿；对事故隐患不采取措施，致使发生重大事故，造成劳动者生命和财产损失的，对责任人员依照刑法有关规定追究刑事责任。

第九十三条　用人单位强令劳动者违章冒险作业，发生重大伤亡事故，造成严重后果的，对责任人员依法追究刑事责任。

第九十四条　用人单位非法招用未满十六周岁的未成年人的，由劳动行政部门责令改正，处以罚款；情节严重的，由市场监督管理部门吊销营业执照。

第九十五条　用人单位违反本法对女职工和未成年工的保护规定，侵害其合法权益的，由劳动行政部门责令改正，处以罚款；对女职工或者未成年工造成损害的，应当承担赔偿责任。

第九十六条　用人单位有下列行为之一，由公安机关对责任人员处以十五日以下拘留、罚款或者警告；构成犯罪的，对责任人员依法追究刑事责任：

（一）以暴力、威胁或者非法限制人身自由的手段强迫劳动的；

（二）侮辱、体罚、殴打、非法搜查和拘禁劳动者的。

第九十七条　由于用人单位的原因订立的无效合同，对劳动者造成损害的，应当承担赔偿责任。

第九十八条　用人单位违反本法规定的条件解除劳动合同或者故意拖延不订立劳动合同的，由劳动行政部门责令改正；对劳动者造成损害的，应当承担赔偿责任。

第九十九条 用人单位招用尚未解除劳动合同的劳动者，对原用人单位造成经济损失的，该用人单位应当依法承担连带赔偿责任。

第一百条 用人单位无故不缴纳社会保险费的，由劳动行政部门责令其限期缴纳；逾期不缴的，可以加收滞纳金。

第一百零一条 用人单位无理阻挠劳动行政部门、有关部门及其工作人员行使监督检查权，打击报复举报人员的，由劳动行政部门或者有关部门处以罚款；构成犯罪的，对责任人员依法追究刑事责任。

第一百零二条 劳动者违反本法规定的条件解除劳动合同或者违反劳动合同中约定的保密事项，对用人单位造成经济损失的，应当依法承担赔偿责任。

第一百零三条 劳动行政部门或者有关部门的工作人员滥用职权、玩忽职守、徇私舞弊，构成犯罪的，依法追究刑事责任；不构成犯罪的，给予行政处分。

第一百零四条 国家工作人员和社会保险基金经办机构的工作人员挪用社会保险基金，构成犯罪的，依法追究刑事责任。

第一百零五条 违反本法规定侵害劳动者合法权益，其他法律、行政法规已规定处罚的，依照该法律、行政法规的规定处罚。

第十三章　附　　则

第一百零六条 省、自治区、直辖市人民政府根据本法和本地区的实际情况，规定劳动合同制度的实施步骤，报国务院备案。

第一百零七条 本法自 1995 年 1 月 1 日起施行。

中华人民共和国职业教育法

（1996 年 5 月 15 日第八届全国人民代表大会常务委员会
第十九次会议通过　2022 年 4 月 20 日第十三届
全国人民代表大会常务委员会第三十四次会议修订）

目　　录

第一章　总则
第二章　职业教育体系
第三章　职业教育的实施
第四章　职业学校和职业培训机构
第五章　职业教育的教师与受教育者
第六章　职业教育的保障
第七章　法律责任
第八章　附则

第一章　总　　则

第一条　为了推动职业教育高质量发展，提高劳动者素质和技术技能水平，促进就业创业，建设教育强国、人力资源强国和技能型社会，推进社会主义现代化建设，根据宪法，制定本法。

第二条　本法所称职业教育，是指为了培养高素质技术技能人才，使受教育者具备从事某种职业或者实现职业发展所需要的职业道德、科学文化与专业知识、技术技能等职业综合素质和行动能力而实施的教育，包括职业学校教育和职业培训。

机关、事业单位对其工作人员实施的专门培训由法律、行政法规另行规定。

第三条　职业教育是与普通教育具有同等重要地位的教育类型，是国民教育体系和人力资源开发的重要组成部分，是培养多样化人才、传承技术技能、促进就业创业的重要途径。

国家大力发展职业教育，推进职业教育改革，提高职业教育质量，增强职业教育适应性，建立健全适应社会主义市场经济和社会发展需要、符合技术技能人才成长规律的职业教育制度体系，为全面建设社会主义现代化国家提供有力人才和技能支撑。

第四条 职业教育必须坚持中国共产党的领导，坚持社会主义办学方向，贯彻国家的教育方针，坚持立德树人、德技并修，坚持产教融合、校企合作，坚持面向市场、促进就业，坚持面向实践、强化能力，坚持面向人人、因材施教。

实施职业教育应当弘扬社会主义核心价值观，对受教育者进行思想政治教育和职业道德教育，培育劳模精神、劳动精神、工匠精神，传授科学文化与专业知识，培养技术技能，进行职业指导，全面提高受教育者的素质。

第五条 公民有依法接受职业教育的权利。

第六条 职业教育实行政府统筹、分级管理、地方为主、行业指导、校企合作、社会参与。

第七条 各级人民政府应当将发展职业教育纳入国民经济和社会发展规划，与促进就业创业和推动发展方式转变、产业结构调整、技术优化升级等整体部署、统筹实施。

第八条 国务院建立职业教育工作协调机制，统筹协调全国职业教育工作。

国务院教育行政部门负责职业教育工作的统筹规划、综合协调、宏观管理。国务院教育行政部门、人力资源社会保障行政部门和其他有关部门在国务院规定的职责范围内，分别负责有关的职业教育工作。

省、自治区、直辖市人民政府应当加强对本行政区域内职业教育工作的领导，明确设区的市、县级人民政府职业教育具体工作职责，统筹协调职业教育发展，组织开展督导评估。

县级以上地方人民政府有关部门应当加强沟通配合，共同推进职业教育工作。

第九条 国家鼓励发展多种层次和形式的职业教育，推进多元办学，支持社会力量广泛、平等参与职业教育。

国家发挥企业的重要办学主体作用，推动企业深度参与职业教育，鼓励企业举办高质量职业教育。

有关行业主管部门、工会和中华职业教育社等群团组织、行业组织、企业、事业单位等应当依法履行实施职业教育的义务，参与、支持或者开展职业教育。

第十条 国家采取措施，大力发展技工教育，全面提高产业工人素质。

国家采取措施，支持举办面向农村的职业教育，组织开展农业技能培训、返乡创业就业培训和职业技能培训，培养高素质乡村振兴人才。

国家采取措施，扶持革命老区、民族地区、边远地区、欠发达地区职业教育的发展。

国家采取措施，组织各类转岗、再就业、失业人员以及特殊人群等接受各种形式的职业教育，扶持残疾人职业教育的发展。

国家保障妇女平等接受职业教育的权利。

第十一条 实施职业教育应当根据经济社会发展需要，结合职业分类、职业标准、职业发展需求，制定教育标准或者培训方案，实行学历证书及其他学业证书、培训证书、职业资格证书和职业技能等级证书制度。

国家实行劳动者在就业前或者上岗前接受必要的职业教育的制度。

第十二条 国家采取措施，提高技术技能人才的社会地位和待遇，弘扬劳动光荣、技能宝贵、创造伟大的时代风尚。

国家对在职业教育工作中做出显著成绩的单位和个人按照有关规定给予表彰、奖励。

每年 5 月的第二周为职业教育活动周。

第十三条 国家鼓励职业教育领域的对外交流与合作，支持引进境外优质资源发展职业教育，鼓励有条件的职业教育机构赴境外办学，支持开展多种形式的职业教育学习成果互认。

第二章　职业教育体系

第十四条 国家建立健全适应经济社会发展需要，产教深度融合，职业学校教育和职业培训并重，职业教育与普通教育相互融通，不同层次职业教育有效贯通，服务全民终身学习的现代职业教育体系。

国家优化教育结构，科学配置教育资源，在义务教育后的不同阶段因地制宜、统筹推进职业教育与普通教育协调发展。

第十五条 职业学校教育分为中等职业学校教育、高等职业学校教育。

中等职业学校教育由高级中等教育层次的中等职业学校（含技工学校）实施。

高等职业学校教育由专科、本科及以上教育层次的高等职业学校和普通高等学校实施。根据高等职业学校设置制度规定，将符合条件的技师学院纳入高等职业学校序列。

其他学校、教育机构或者符合条件的企业、行业组织按照教育行政部门的统筹规划，可以实施相应层次的职业学校教育或者提供纳入人才培养方案的学分课程。

第十六条 职业培训包括就业前培训、在职培训、再就业培训及其他职业性培训，可以根据实际情况分级分类实施。

职业培训可以由相应的职业培训机构、职业学校实施。

其他学校或者教育机构以及企业、社会组织可以根据办学能力、社会需求，依法开展面向社会的、多种形式的职业培训。

第十七条 国家建立健全各级各类学校教育与职业培训学分、资历以及其他学习成果的认证、积累和转换机制，推进职业教育国家学分银行建设，促进职业教育与普通教育的学习成果融通、互认。

军队职业技能等级纳入国家职业资格认证和职业技能等级评价体系。

第十八条 残疾人职业教育除由残疾人教育机构实施外，各级各类职业学校和职业培训机构及其他教育机构应当按照国家有关规定接纳残疾学生，并加强无障碍环境建设，为残疾学生学习、生活提供必要的帮助和便利。

国家采取措施，支持残疾人教育机构、职业学校、职业培训机构及其他教育机构开展或者联合开展残疾人职业教育。

从事残疾人职业教育的特殊教育教师按照规定享受特殊教育津贴。

第十九条 县级以上人民政府教育行政部门应当鼓励和支持普通中小学、普通高等学校，根据实际需要增加职业教育相关教学内容，进行职业启蒙、职业认知、职业体验，开展职业规划指导、劳动教育，并组织、引导职业学校、职业培训机构、企业和行业组织等提供条件和支持。

第三章 职业教育的实施

第二十条 国务院教育行政部门会同有关部门根据经济社会发展需要和职业教育特点，组织制定、修订职业教育专业目录，完善职业教育教学等标准，宏观管理指导职业学校教材建设。

第二十一条 县级以上地方人民政府应当举办或者参与举办发挥骨干和示范作用的职业学校、职业培训机构，对社会力量依法举办的职业学校和职业培训机构给予指导和扶持。

国家根据产业布局和行业发展需要，采取措施，大力发展先进制造等产业需要的新兴专业，支持高水平职业学校、专业建设。

国家采取措施，加快培养托育、护理、康养、家政等方面技术技能人才。

第二十二条 县级人民政府可以根据县域经济社会发展的需要，设立职业教育中心学校，开展多种形式的职业教育，实施实用技术培训。

教育行政部门可以委托职业教育中心学校承担教育教学指导、教育质量评价、教师培训等职业教育公共管理和服务工作。

第二十三条 行业主管部门按照行业、产业人才需求加强对职业教育的指导，定期发布人才需求信息。

行业主管部门、工会和中华职业教育社等群团组织、行业组织可以根据需要，参与制定职业教育专业目录和相关职业教育标准，开展人才需求预测、职业生涯发展研究及信息咨询，培育供需匹配的产教融合服务组织，举办或者联合举办职业学校、职业培训机构，组织、协调、指导相关企业、事业单位、社会组织举办职业学校、职业培训机构。

第二十四条 企业应当根据本单位实际，有计划地对本单位的职工和准备招用的人员实施职业教育，并可以设置专职或者兼职实施职业教育的岗位。

企业应当按照国家有关规定实行培训上岗制度。企业招用的从事技术工种的劳动者，上岗前必须进行安全生产教育和技术培训；招用的从事涉及公共安全、人身健康、生命财产安全等特定职业（工种）的劳动者，必须经过培训并依法取得职业资格或者特种作业资格。

企业开展职业教育的情况应当纳入企业社会责任报告。

第二十五条 企业可以利用资本、技术、知识、设施、设备、场地和管理等要素，举办或者联合举办职业学校、职业培训机构。

第二十六条 国家鼓励、指导、支持企业和其他社会力量依法举办职业学校、职业培训机构。

地方各级人民政府采取购买服务，向学生提供助学贷款、奖助学金等措施，对企业和其他社会力量依法举办的职业学校和职业培训机构予以扶持；对其中的非营利性职业学校和职业培训机构还可以采取政府补贴、基金奖励、捐资激励等扶持措施，参照同级同类公办学校生均经费等相关经费标准和支持政策给予适当补助。

第二十七条 对深度参与产教融合、校企合作，在提升技术技能人才培养质量、促进就业中发挥重要主体作用的企业，按照规定给予奖励；对符合条件认定为产教融合型企业的，按照规定给予金融、财政、土地等支持，落实教育费附加、地方教育附加减免及其他税费优惠。

第二十八条 联合举办职业学校、职业培训机构的，举办者应当签订联合办学协议，约定各方权利义务。

地方各级人民政府及行业主管部门支持社会力量依法参与联合办学，举办多种形式的职业学校、职业培训机构。

行业主管部门、工会等群团组织、行业组织、企业、事业单位等委托学校、职业培训机构实施职业教育的，应当签订委托合同。

第二十九条 县级以上人民政府应当加强职业教育实习实训基地建设，组织行业主管部门、工会等群团组织、行业组织、企业等根据区域或者行业职业教育的需要建设高水平、专业化、开放共享的产教融合实习实训基地，为职业学校、职业培训机构开展实习实训和企业开展培训提供条件和支持。

第三十条 国家推行中国特色学徒制，引导企业按照岗位总量的一定比例设立学徒岗位，鼓励和支持有技术技能人才培养能力的企业特别是产教融合型企业与职业学校、职业培训机构开展合作，对新招用职工、在岗职工和转岗职工进行学徒培训，或者与职业学校联合招收学生，以工学结合的方式进行学徒培养。有关企业可以按照规定享受补贴。

企业与职业学校联合招收学生，以工学结合的方式进行学徒培养的，应当签订学徒培养协议。

第三十一条 国家鼓励行业组织、企业等参与职业教育专业教材开发，将新技术、新工艺、新理念纳入职业学校教材，并可以通过活页式教材等多种方式进行动态更新；支持运用信息技术和其他现代化教学方式，开发职业教育网络课程等学习资源，创新教学方式和学校管理方式，推动职业教育信息化建设与融合应用。

第三十二条 国家通过组织开展职业技能竞赛等活动，为技术技能人才提供展示技能、切磋技艺的平台，持续培养更多高素质技术技能人才、能工巧匠和大国工匠。

第四章 职业学校和职业培训机构

第三十三条 职业学校的设立，应当符合下列基本条件：

（一）有组织机构和章程；

（二）有合格的教师和管理人员；

（三）有与所实施职业教育相适应、符合规定标准和安全要求的教学及实习实训场所、设施、设备以及课程体系、教育教学资源等；

（四）有必备的办学资金和与办学规模相适应的稳定经费来源。

设立中等职业学校，由县级以上地方人民政府或者有关部门按照规定的权限审批；设立实施专科层次教育的高等职业学校，由省、自治区、直辖市人民政府审批，报国务院教育行政部门备案；设立实施本科及以上层次教育的高等职业学校，由国务院教育行政部门审批。

专科层次高等职业学校设置的培养高端技术技能人才的部分专业，符合产教深度融合、办学特色鲜明、培养质量较高等条件的，经国务院教育行政部门审批，可以实施本科层次的职业教育。

第三十四条 职业培训机构的设立，应当符合下列基本条件：

（一）有组织机构和管理制度；

（二）有与培训任务相适应的课程体系、教师或者其他授课人员、管理人员；

（三）有与培训任务相适应、符合安全要求的场所、设施、设备；

（四）有相应的经费。

职业培训机构的设立、变更和终止，按照国家有关规定执行。

第三十五条 公办职业学校实行中国共产党职业学校基层组织领导的校长负责制，中国共产党职业学校基层组织按照中国共产党章程和有关规定，全面领导学校工作，支持校长独立负责地行使职权。民办职业学校依法健全决策机制，强化学校的中国共产党基层组织政治功能，保证其在学校重大事项决策、监督、执行各环节有效发挥作用。

校长全面负责本学校教学、科学研究和其他行政管理工作。校长通过校长办公会或者校务会议行使职权，依法接受监督。

职业学校可以通过咨询、协商等多种形式，听取行业组织、企业、学校毕业生等方面代表的意见，发挥其参与学校建设、支持学校发展的作用。

第三十六条 职业学校应当依法办学，依据章程自主管理。

职业学校在办学中可以开展下列活动：

（一）根据产业需求，依法自主设置专业；

（二）基于职业教育标准制定人才培养方案，依法自主选用或者编写专业课程教材；

（三）根据培养技术技能人才的需要，自主设置学习制度，安排教学过程；

（四）在基本学制基础上，适当调整修业年限，实行弹性学习制度；

（五）依法自主选聘专业课教师。

第三十七条 国家建立符合职业教育特点的考试招生制度。

中等职业学校可以按照国家有关规定，在有关专业实行与高等职业学校教育的贯通招生和培养。

高等职业学校可以按照国家有关规定，采取文化素质与职业技能相结合的考核方式招收学生；对有突出贡献的技术技能人才，经考核合格，可以破格录取。

省级以上人民政府教育行政部门会同同级人民政府有关部门建立职业教育统一招生平台，汇总发布实施职业教育的学校及其专业设置、招生情况等信息，提供查询、报考等服务。

第三十八条 职业学校应当加强校风学风、师德师风建设，营造良好学习环境，保证教育教学质量。

第三十九条 职业学校应当建立健全就业创业促进机制，采取多种形式为学生提供职业规划、职业体验、求职指导等就业创业服务，增强学生就业创业能力。

第四十条 职业学校、职业培训机构实施职业教育应当注重产教融合，实行校企合作。

职业学校、职业培训机构可以通过与行业组织、企业、事业单位等共同举办职业教育机构、组建职业教育集团、开展订单培养等多种形式进行合作。

国家鼓励职业学校在招生就业、人才培养方案制定、师资队伍建设、专业规划、课程设置、教材开发、教学设计、教学实施、质量评价、科学研究、技术服务、科技成果转化以及技术技能创新平台、专业化技术转移机构、实习实训基地建设等方面，与相关行业组织、企业、事业单位等建立合作机制。开展合作的，应当签订协议，明确双方权利义务。

第四十一条 职业学校、职业培训机构开展校企合作、提供社会服务或者以实习实训为目的举办企业、开展经营活动取得的收入用于改善办学条件；收入的一定比例可以用于支付教师、企业专家、外聘人员和受教育者的劳动报酬，也可以作为绩效工资来源，符合国家规定的可以不受绩效工资总量限制。

职业学校、职业培训机构实施前款规定的活动，符合国家有关规定的，享受相关税费优惠政策。

第四十二条 职业学校按照规定的收费标准和办法，收取学费和其他必要费用；符合国家规定条件的，应当予以减免；不得以介绍工作、安排实习实训等名义违法收取费用。

职业培训机构、职业学校面向社会开展培训的，按照国家有关规定收取费用。

第四十三条 职业学校、职业培训机构应当建立健全教育质量评价制度，吸纳行业组织、企业等参与评价，并及时公开相关信息，接受教育督导和社会监督。

县级以上人民政府教育行政部门应当会同有关部门、行业组织建立符合职业教育特点的质量评价体系，组织或者委托行业组织、企业和第三方专业机构，对职业学校的办学质量进行评估，并将评估结果及时公开。

职业教育质量评价应当突出就业导向，把受教育者的职业道德、技术技能水平、就业质量作为重要指标，引导职业学校培养高素质技术技能人才。

有关部门应当按照各自职责，加强对职业学校、职业培训机构的监督管理。

第五章 职业教育的教师与受教育者

第四十四条 国家保障职业教育教师的权利，提高其专业素质与社会地位。

县级以上人民政府及其有关部门应当将职业教育教师的培养培训工作纳入教师队伍建设规划，保证职业教育教师队伍适应职业教育发展的需要。

第四十五条 国家建立健全职业教育教师培养培训体系。

各级人民政府应当采取措施，加强职业教育教师专业化培养培训，鼓励设立专门的职业教育师范院校，支持高等学校设立相关专业，培养职业教育教师；鼓励行业组织、企业共同参与职业教育教师培养培训。

产教融合型企业、规模以上企业应当安排一定比例的岗位，接纳职业学校、职业培训机构教师实践。

第四十六条 国家建立健全符合职业教育特点和发展要求的职业学校教师岗位设置和职务（职称）评聘制度。

职业学校的专业课教师（含实习指导教师）应当具有一定年限的相应工作经历或者实践经验，达到相应的技术技能水平。

具备条件的企业、事业单位经营管理和专业技术人员，以及其他有专业知识或者特殊技能的人员，经教育教学能力培训合格的，可以担任职业学校的专职或者兼职专业课教师；取得教师资格的，可以根据其技术职称聘任为相应的教师职务。取得职业学校专业课教师资格可以视情况降低学历要求。

第四十七条 国家鼓励职业学校聘请技能大师、劳动模范、能工巧匠、非物质文化遗产代表性传承人等高技能人才，通过担任专职或者兼职专业课教师、设立工作室等方式，参与人才培养、技术开发、技能传承等工作。

第四十八条 国家制定职业学校教职工配备基本标准。省、自治区、直辖市应当根据基本标准，制定本地区职业学校教职工配备标准。

县级以上地方人民政府应当根据教职工配备标准、办学规模等，确定公办职业学校教职工人员规模，其中一定比例可以用于支持职业学校面向社会公开招聘专业技术人员、技能人才担任专职或者兼职教师。

第四十九条 职业学校学生应当遵守法律、法规和学生行为规范，养成良好的职业道德、职业精神和行为习惯，努力学习，完成规定的学习任务，按照要求参加实习实训，掌握技术技能。

职业学校学生的合法权益，受法律保护。

第五十条 国家鼓励企业、事业单位安排实习岗位，接纳职业学校和职业培训机构的学生实习。接纳实习的单位应当保障学生在实习期间按照规定享受休息休假、获得劳动安全卫生保护、参加相关保险、接受职业技能指导等权利；对上岗实习的，应当签订实习协议，给予适当的劳动报酬。

职业学校和职业培训机构应当加强对实习实训学生的指导，加强安全生产教育，协商实习单位安排与学生所学专业相匹配的岗位，明确实习实训内容和标准，不得安排学生从事与所学专业无关的实习实训，不得违反相关规定通过人力资源服务机构、劳务派遣单位，或者通过非法从事人力资源服务、劳务派遣业务的单位或个人组织、安排、管理学生实习实训。

第五十一条 接受职业学校教育，达到相应学业要求，经学校考核合格的，取得相应的学业证书；接受职业培训，经职业培训机构或者职业学校考核合格的，取得相应的培训证书；经符合国家规定的专门机构考核合格的，取得相应的职业资格证书或者职业技能等级证书。

学业证书、培训证书、职业资格证书和职业技能等级证书，按照国家有关规定，作为受教育者从业的凭证。

接受职业培训取得的职业技能等级证书、培训证书等学习成果，经职业学校认定，可以转化为相应的学历教育学分；达到相应职业学校学业要求的，可以取得相应的学业证书。

接受高等职业学校教育，学业水平达到国家规定的学位标准的，可以依法申请相应学位。

第五十二条 国家建立对职业学校学生的奖励和资助制度，对特别优秀的学生进行奖励，对经济困难的学生提供资助，并向艰苦、特殊行业等专业学生适当倾斜。国家根据经济社会发展情况适时调整奖励和资助标准。

国家支持企业、事业单位、社会组织及公民个人按照国家有关规定设立职业教育奖学金、助学金，奖励优秀学生，资助经济困难的学生。

职业学校应当按照国家有关规定从事业收入或者学费收入中提取一定比例资金，用于奖励和资助学生。

省、自治区、直辖市人民政府有关部门应当完善职业学校资助资金管理制度，规范资助资金管理使用。

第五十三条 职业学校学生在升学、就业、职业发展等方面与同层次普通学校学生享有平等机会。

高等职业学校和实施职业教育的普通高等学校应当在招生计划中确定相应比例或者采取单独考试办法，专门招收职业学校毕业生。

各级人民政府应当创造公平就业环境。用人单位不得设置妨碍职业学校毕业生平等就业、公平竞争的报考、录用、聘用条件。机关、事业单位、国有企业在招录、招聘技术技能岗位人员时，应当明确技术技能要求，将技术技能水平作为录用、聘用的重要条件。事业单位公开招聘中有职业技能等级要求的岗位，可以适当降低学历要求。

第六章 职业教育的保障

第五十四条 国家优化教育经费支出结构，使职业教育经费投入与职业教育发展需求相适应，鼓励通过多种渠道依法筹集发展职业教育的资金。

第五十五条 各级人民政府应当按照事权和支出责任相适应的原则，根据职业教育办学规模、培养成本和办学质量等落实职业教育经费，并加强预算绩效管理，提高资金使用效益。

省、自治区、直辖市人民政府应当制定本地区职业学校生均经费标准或者公用经费标准。职业学校举办者应当按照生均经费标准或者公用经费标准按时、足额拨付经费，不断改善办学条件。不得以学费、社会服务收入冲抵生均拨款。

民办职业学校举办者应当参照同层次职业学校生均经费标准，通过多种渠道筹措经费。

财政专项安排、社会捐赠指定用于职业教育的经费，任何组织和个人不得挪用、克扣。

第五十六条 地方各级人民政府安排地方教育附加等方面的经费，应当将其中可用于职业教育的资金统筹使用；发挥失业保险基金作用，支持职工提升职业技能。

第五十七条 各级人民政府加大面向农村的职业教育投入，可以将农村科学技术开发、技术推广的经费适当用于农村职业培训。

第五十八条 企业应当根据国务院规定的标准，按照职工工资总额一定比例提取和使用职工教育经费。职工教育经费可以用于举办职业教育机构、对本单位的职工和准备招用人员进行职业教育等合理用途，其中用于企业一线职工职业教育的经费应当达到国家规定的比例。用人单位安排职工到职业学校或者职业培训机构接受职业教育的，应当在其接受职业教育期间依法支付工资，保障相关待遇。

企业设立具备生产与教学功能的产教融合实习实训基地所发生的费用，可以参照职业学校享受相应的用地、公用事业费等优惠。

第五十九条 国家鼓励金融机构通过提供金融服务支持发展职业教育。

第六十条 国家鼓励企业、事业单位、社会组织及公民个人对职业教育捐资助学，鼓励境外的组织和个人对职业教育提供资助和捐赠。提供的资助和捐赠，必须用于职业教育。

第六十一条 国家鼓励和支持开展职业教育的科学技术研究、教材和教学资源开发，推进职业教育资源跨区域、跨行业、跨部门共建共享。

国家逐步建立反映职业教育特点和功能的信息统计和管理体系。

县级以上人民政府及其有关部门应当建立健全职业教育服务和保障体系，组织、引导工会等群团组织、行业组织、企业、学校等开展职业教育研究、宣传推广、人才供需对接等活动。

第六十二条 新闻媒体和职业教育有关方面应当积极开展职业教育公益宣传，弘扬技术技能人才成长成才典型事迹，营造人人努力成才、人人皆可成才、人人尽展其才的良好社会氛围。

第七章 法律责任

第六十三条 在职业教育活动中违反《中华人民共和国教育法》、《中华人民共和国劳动法》等有关法律规定的，依照有关法律的规定给予处罚。

第六十四条 企业未依照本法规定对本单位的职工和准备招用的人员实施职业教育、提取和使用职工教育经费的，由有关部门责令改正；拒不改正的，由县级以上人民政府收取其应当承担的职工教育经费，用于职业教育。

第六十五条 职业学校、职业培训机构在职业教育活动中违反本法规定的，由教育行政部门或者其他有关部门责令改正；教育教学质量低下或者管理混乱，造成严重后果的，责令暂停招生、限期整顿；逾期不整顿或者经整顿仍达不到要求的，吊销办学许可证或者责令停止办学。

第六十六条 接纳职业学校和职业培训机构学生实习的单位违反本法规定，侵害学生休息休假、获得劳动安全卫生保护、参加相关保险、接受职业技能指导等权利的，依法承担相应的法律责任。

职业学校、职业培训机构违反本法规定，通过人力资源服务机构、劳务派遣单位或者非法从事人力资源服务、劳务派遣业务的单位或个人组织、安排、管理学生实习实训的，由教育行政部门、人力资源社会保障行政部门或者其他有关部门责令改正，没收违法所得，并处违法所得一倍以上五倍以下的罚款；违法所得不足一万元的，按一万元计算。

对前款规定的人力资源服务机构、劳务派遣单位或者非法从事人力资源服务、劳务派遣业务的单位或个人，由人力资源社会保障行政部门或者其他有关部门责令改正，没收违法所得，并处违法所得一倍以上五倍以下的罚款；违法所得不足一万元的，按一万元计算。

第六十七条 教育行政部门、人力资源社会保障行政部门或者其他有关部门的工作人员违反本法规定，滥用职权、玩忽职守、徇私舞弊的，依法给予处分；构成犯罪的，依法追究刑事责任。

第八章 附 则

第六十八条 境外的组织和个人在境内举办职业学校、职业培训机构，适用本法；法律、行政法规另有规定的，从其规定。

第六十九条 本法自 2022 年 5 月 1 日起施行。

中华人民共和国民办教育促进法

（2002年12月28日第九届全国人民代表大会常务委员会第三十一次会议通过
根据2013年6月29日第十二届全国人民代表大会常务委员会第三次会议
《关于修改〈中华人民共和国文物保护法〉等十二部法律的决定》第一次修正
根据2016年11月7日第十二届全国人民代表大会常务委员会第二十四次会议
《关于修改〈中华人民共和国民办教育促进法〉的决定》第二次修正
根据2018年12月29日第十三届全国人民代表大会常务委员会第七次会议
《关于修改〈中华人民共和国劳动法〉等七部法律的决定》第三次修正）

目　　录

第一章　总则
第二章　设立
第三章　学校的组织与活动
第四章　教师与受教育者
第五章　学校资产与财务管理
第六章　管理与监督
第七章　扶持与奖励
第八章　变更与终止
第九章　法律责任
第十章　附则

第一章　总　　则

第一条　为实施科教兴国战略，促进民办教育事业的健康发展，维护民办学校和受教育者的合法权益，根据宪法和教育法制定本法。

第二条　国家机构以外的社会组织或者个人，利用非国家财政性经费，面向社会举办学校及其他教育机构的活动，适用本法。本法未作规定的，依照教育法和其他有关教育法律执行。

第三条　民办教育事业属于公益性事业，是社会主义教育事业的组成部分。

国家对民办教育实行积极鼓励、大力支持、正确引导、依法管理的方针。

各级人民政府应当将民办教育事业纳入国民经济和社会发展规划。

第四条 民办学校应当遵守法律、法规，贯彻国家的教育方针，保证教育质量，致力于培养社会主义建设事业的各类人才。

民办学校应当贯彻教育与宗教相分离的原则。任何组织和个人不得利用宗教进行妨碍国家教育制度的活动。

第五条 民办学校与公办学校具有同等的法律地位，国家保障民办学校的办学自主权。

国家保障民办学校举办者、校长、教职工和受教育者的合法权益。

第六条 国家鼓励捐资办学。

国家对为发展民办教育事业做出突出贡献的组织和个人，给予奖励和表彰。

第七条 国务院教育行政部门负责全国民办教育工作的统筹规划、综合协调和宏观管理。

国务院人力资源社会保障行政部门及其他有关部门在国务院规定的职责范围内分别负责有关的民办教育工作。

第八条 县级以上地方各级人民政府教育行政部门主管本行政区域内的民办教育工作。

县级以上地方各级人民政府人力资源社会保障行政部门及其他有关部门在各自的职责范围内，分别负责有关的民办教育工作。

第九条 民办学校中的中国共产党基层组织，按照中国共产党章程的规定开展党的活动，加强党的建设。

第二章 设 立

第十条 举办民办学校的社会组织，应当具有法人资格。

举办民办学校的个人，应当具有政治权利和完全民事行为能力。

民办学校应当具备法人条件。

第十一条 设立民办学校应当符合当地教育发展的需求，具备教育法和其他有关法律、法规规定的条件。

民办学校的设置标准参照同级同类公办学校的设置标准执行。

第十二条 举办实施学历教育、学前教育、自学考试助学及其他文化教育的民办学校，由县级以上人民政府教育行政部门按照国家规定的权限审批；举办实施以职业技能为主的职业资格培训、职业技能培训的民办学校，由县级以上人民政府人力资源社会保障行政部门按照国家规定的权限审批，并抄送同级教育行政部门备案。

第十三条 申请筹设民办学校，举办者应当向审批机关提交下列材料：

（一）申办报告，内容应当主要包括：举办者、培养目标、办学规模、办学层次、办学形式、办学条件、内部管理体制、经费筹措与管理使用等；

（二）举办者的姓名、住址或者名称、地址；

（三）资产来源、资金数额及有效证明文件，并载明产权；

（四）属捐赠性质的校产须提交捐赠协议，载明捐赠人的姓名、所捐资产的数额、用途和管理方法及相关有效证明文件。

第十四条 审批机关应当自受理筹设民办学校的申请之日起三十日内以书面形式作出是否同意的决定。

同意筹设的，发给筹设批准书。不同意筹设的，应当说明理由。

筹设期不得超过三年。超过三年的，举办者应当重新申报。

第十五条 申请正式设立民办学校的，举办者应当向审批机关提交下列材料：

（一）筹设批准书；

（二）筹设情况报告；

（三）学校章程、首届学校理事会、董事会或者其他决策机构组成人员名单；

（四）学校资产的有效证明文件；

（五）校长、教师、财会人员的资格证明文件。

第十六条 具备办学条件，达到设置标准的，可以直接申请正式设立，并应当提交本法第十三条和第十五条（三）、（四）、（五）项规定的材料。

第十七条 申请正式设立民办学校的，审批机关应当自受理之日起三个月内以书面形式作出是否批准的决定，并送达申请人；其中申请正式设立民办高等学校的，审批机关也可以自受理之日起六个月内以书面形式作出是否批准的决定，并送达申请人。

第十八条 审批机关对批准正式设立的民办学校发给办学许可证。

审批机关对不批准正式设立的，应当说明理由。

第十九条 民办学校的举办者可以自主选择设立非营利性或者营利性民办学校。但是，不得设立实施义务教育的营利性民办学校。

非营利性民办学校的举办者不得取得办学收益，学校的办学结余全部用于办学。

营利性民办学校的举办者可以取得办学收益，学校的办学结余依照公司法等有关法律、行政法规的规定处理。

民办学校取得办学许可证后，进行法人登记，登记机关应当依法予以办理。

第三章　学校的组织与活动

第二十条 民办学校应当设立学校理事会、董事会或者其他形式的决策机构并建立相应的监督机制。

民办学校的举办者根据学校章程规定的权限和程序参与学校的办学和管理。

第二十一条 学校理事会或者董事会由举办者或者其代表、校长、教职工代表等人员组成。其中三分之一以上的理事或者董事应当具有五年以上教育教学经验。

学校理事会或者董事会由五人以上组成，设理事长或者董事长一人。理事长、理事或者董事长、董事名单报审批机关备案。

第二十二条 学校理事会或者董事会行使下列职权：

（一）聘任和解聘校长；

（二）修改学校章程和制定学校的规章制度；

（三）制定发展规划，批准年度工作计划；

（四）筹集办学经费，审核预算、决算；

（五）决定教职工的编制定额和工资标准；

（六）决定学校的分立、合并、终止；

（七）决定其他重大事项。

其他形式决策机构的职权参照本条规定执行。

第二十三条 民办学校的法定代表人由理事长、董事长或者校长担任。

第二十四条 民办学校参照同级同类公办学校校长任职的条件聘任校长，年龄可以适当放宽。

第二十五条 民办学校校长负责学校的教育教学和行政管理工作，行使下列职权：

（一）执行学校理事会、董事会或者其他形式决策机构的决定；

（二）实施发展规划，拟订年度工作计划、财务预算和学校规章制度；

（三）聘任和解聘学校工作人员，实施奖惩；

（四）组织教育教学、科学研究活动，保证教育教学质量；

（五）负责学校日常管理工作；

（六）学校理事会、董事会或者其他形式决策机构的其他授权。

第二十六条 民办学校对招收的学生，根据其类别、修业年限、学业成绩，可以根据国家有关规定发给学历证书、结业证书或者培训合格证书。

对接受职业技能培训的学生，经备案的职业技能鉴定机构鉴定合格的，可以发给国家职业资格证书。

第二十七条 民办学校依法通过以教师为主体的教职工代表大会等形式，保障教职工参与民主管理和监督。

民办学校的教师和其他工作人员，有权依照工会法，建立工会组织，维护其合法权益。

第四章 教师与受教育者

第二十八条 民办学校的教师、受教育者与公办学校的教师、受教育者具有同等的法律地位。

第二十九条 民办学校聘任的教师，应当具有国家规定的任教资格。

第三十条 民办学校应当对教师进行思想品德教育和业务培训。

第三十一条 民办学校应当依法保障教职工的工资、福利待遇和其他合法权益，并为教职工缴纳社会保险费。

国家鼓励民办学校按照国家规定为教职工办理补充养老保险。

第三十二条 民办学校教职工在业务培训、职务聘任、教龄和工龄计算、表彰奖励、社会活动等方面依法享有与公办学校教职工同等权利。

第三十三条 民办学校依法保障受教育者的合法权益。

民办学校按照国家规定建立学籍管理制度，对受教育者实施奖励或者处分。

第三十四条 民办学校的受教育者在升学、就业、社会优待以及参加先进评选等方面享有与同级同类公办学校的受教育者同等权利。

第五章　学校资产与财务管理

第三十五条 民办学校应当依法建立财务、会计制度和资产管理制度，并按照国家有关规定设置会计帐簿。

第三十六条 民办学校对举办者投入民办学校的资产、国有资产、受赠的财产以及办学积累，享有法人财产权。

第三十七条 民办学校存续期间，所有资产由民办学校依法管理和使用，任何组织和个人不得侵占。

任何组织和个人都不得违反法律、法规向民办教育机构收取任何费用。

第三十八条 民办学校收取费用的项目和标准根据办学成本、市场需求等因素确定，向社会公示，并接受有关主管部门的监督。

非营利性民办学校收费的具体办法，由省、自治区、直辖市人民政府制定；营利性民办学校的收费标准，实行市场调节，由学校自主决定。

民办学校收取的费用应当主要用于教育教学活动、改善办学条件和保障教职工待遇。

第三十九条 民办学校资产的使用和财务管理受审批机关和其他有关部门的监督。

民办学校应当在每个会计年度结束时制作财务会计报告，委托会计师事务所依法进行审计，并公布审计结果。

第六章　管理与监督

第四十条 教育行政部门及有关部门应当对民办学校的教育教学工作、教师培训工作进行指导。

第四十一条 教育行政部门及有关部门依法对民办学校实行督导，建立民办学校信息公示和信用档案制度，促进提高办学质量；组织或者委托社会中介组织评估办学水平和教育质量，并将评估结果向社会公布。

第四十二条 民办学校的招生简章和广告，应当报审批机关备案。

第四十三条 民办学校侵犯受教育者的合法权益，受教育者及其亲属有权向教育行政部门和其他有关部门申诉，有关部门应当及时予以处理。

第四十四条 国家支持和鼓励社会中介组织为民办学校提供服务。

第七章 扶持与奖励

第四十五条 县级以上各级人民政府可以设立专项资金，用于资助民办学校的发展，奖励和表彰有突出贡献的集体和个人。

第四十六条 县级以上各级人民政府可以采取购买服务、助学贷款、奖助学金和出租、转让闲置的国有资产等措施对民办学校予以扶持；对非营利性民办学校还可以采取政府补贴、基金奖励、捐资激励等扶持措施。

第四十七条 民办学校享受国家规定的税收优惠政策；其中，非营利性民办学校享受与公办学校同等的税收优惠政策。

第四十八条 民办学校依照国家有关法律、法规，可以接受公民、法人或者其他组织的捐赠。

国家对向民办学校捐赠财产的公民、法人或者其他组织按照有关规定给予税收优惠，并予以表彰。

第四十九条 国家鼓励金融机构运用信贷手段，支持民办教育事业的发展。

第五十条 人民政府委托民办学校承担义务教育任务，应当按照委托协议拨付相应的教育经费。

第五十一条 新建、扩建非营利性民办学校，人民政府应当按照与公办学校同等原则，以划拨等方式给予用地优惠。新建、扩建营利性民办学校，人民政府应当按照国家规定供给土地。

教育用地不得用于其他用途。

第五十二条 国家采取措施，支持和鼓励社会组织和个人到少数民族地区、边远贫困地区举办民办学校，发展教育事业。

第八章 变更与终止

第五十三条 民办学校的分立、合并，在进行财务清算后，由学校理事会或者董事会报审批机关批准。

申请分立、合并民办学校的，审批机关应当自受理之日起三个月内以书面形式答复；其中申请分立、合并民办高等学校的，审批机关也可以自受理之日起六个月内以书面形式答复。

第五十四条 民办学校举办者的变更，须由举办者提出，在进行财务清算后，经学校理事会或者董事会同意，报审批机关核准。

第五十五条 民办学校名称、层次、类别的变更，由学校理事会或者董事会报审批机关批准。

申请变更为其他民办学校，审批机关应当自受理之日起三个月内以书面形式答复；其中申请变更为民办高等学校的，审批机关也可以自受理之日起六个月内以书面形式答复。

第五十六条 民办学校有下列情形之一的，应当终止：

（一）根据学校章程规定要求终止，并经审批机关批准的；

（二）被吊销办学许可证的；

（三）因资不抵债无法继续办学的。

第五十七条 民办学校终止时，应当妥善安置在校学生。实施义务教育的民办学校终止时，审批机关应当协助学校安排学生继续就学。

第五十八条 民办学校终止时，应当依法进行财务清算。

民办学校自己要求终止的，由民办学校组织清算；被审批机关依法撤销的，由审批机关组织清算；因资不抵债无法继续办学而被终止的，由人民法院组织清算。

第五十九条 对民办学校的财产按照下列顺序清偿：

（一）应退受教育者学费、杂费和其他费用；

（二）应发教职工的工资及应缴纳的社会保险费用；

（三）偿还其他债务。

非营利性民办学校清偿上述债务后的剩余财产继续用于其他非营利性学校办学；营利性民办学校清偿上述债务后的剩余财产，依照公司法的有关规定处理。

第六十条 终止的民办学校，由审批机关收回办学许可证和销毁印章，并注销登记。

第九章　法 律 责 任

第六十一条 民办学校在教育活动中违反教育法、教师法规定的，依照教育法、教师法的有关规定给予处罚。

第六十二条 民办学校有下列行为之一的，由县级以上人民政府教育行政部门、人力资源社会保障行政部门或者其他有关部门责令限期改正，并予以警告；有违法所得的，退还所收费用后没收违法所得；情节严重的，责令停止招生、吊销办学许可证；构成犯罪的，依法追究刑事责任：

（一）擅自分立、合并民办学校的；

（二）擅自改变民办学校名称、层次、类别和举办者的；

（三）发布虚假招生简章或者广告，骗取钱财的；

（四）非法颁发或者伪造学历证书、结业证书、培训证书、职业资格证书的；

（五）管理混乱严重影响教育教学，产生恶劣社会影响的；

（六）提交虚假证明文件或者采取其他欺诈手段隐瞒重要事实骗取办学许可证的；

（七）伪造、变造、买卖、出租、出借办学许可证的，

（八）恶意终止办学、抽逃资金或者挪用办学经费的。

第六十三条 县级以上人民政府教育行政部门、人力资源社会保障行政部门或者其他有关部门有下列行为之一的，由上级机关责令其改正；情节严重的，对直接负责的主管人员和其他直接责任人员，依法给予处分；造成经济损失的，依法承担赔偿责任；构成犯罪的，依法追究刑事责任：

（一）已受理设立申请，逾期不予答复的；

（二）批准不符合本法规定条件申请的；

（三）疏于管理，造成严重后果的；

（四）违反国家有关规定收取费用的；

（五）侵犯民办学校合法权益的；

（六）其他滥用职权、徇私舞弊的。

第六十四条 违反国家有关规定擅自举办民办学校的，由所在地县级以上地方人民政府教育行政部门或者人力资源社会保障行政部门会同同级公安、民政或者市场监督管理等有关部门责令停止办学、退还所收费用，并对举办者处违法所得一倍以上五倍以下罚款；构成违反治安管理行为的，由公安机关依法给予治安管理处罚；构成犯罪的，依法追究刑事责任。

第十章 附 则

第六十五条 本法所称的民办学校包括依法举办的其他民办教育机构。

本法所称的校长包括其他民办教育机构的主要行政负责人。

第六十六条 境外的组织和个人在中国境内合作办学的办法，由国务院规定。

第六十七条 本法自2003年9月1日起施行。1997年7月31日国务院颁布的《社会力量办学条例》同时废止。

失业保险条例

（1998 年 12 月 26 日国务院第 11 次常务会议通过
1999 年 1 月 22 日中华人民共和国国务院令第 258 号发布
自发布之日起施行）

第一章　总　　则

第一条　为了保障失业人员失业期间的基本生活，促进其再就业，制定本条例。

第二条　城镇企业事业单位、城镇企业事业单位职工依照本条例的规定，缴纳失业保险费。

城镇企业事业单位失业人员依照本条例的规定，享受失业保险待遇。

本条所称城镇企业，是指国有企业、城镇集体企业、外商投资企业、城镇私营企业以及其他城镇企业。

第三条　国务院劳动保障行政部门主管全国的失业保险工作。县级以上地方各级人民政府劳动保障行政部门主管本行政区域内的失业保险工作。劳动保障行政部门按照国务院规定设立的经办失业保险业务的社会保险经办机构依照本条例的规定，具体承办失业保险工作。

第四条　失业保险费按照国家有关规定征缴。

第二章　失业保险基金

第五条　失业保险基金由下列各项构成：

（一）城镇企业事业单位、城镇企业事业单位职工缴纳的失业保险费；

（二）失业保险基金的利息；

（三）财政补贴；

（四）依法纳入失业保险基金的其他资金。

第六条　城镇企业事业单位按照本单位工资总额的百分之二缴纳失业保险费。城镇企业事业单位职工按照本人工资的百分之一缴纳失业保险费。城镇企业事业单位招用的农民合同制工人本人不缴纳失业保险费。

第七条　失业保险基金在直辖市和设区的市实行全市统筹；其他地区的统筹层次由

省、自治区人民政府规定。

第八条 省、自治区可以建立失业保险调剂金。

失业保险调剂金以统筹地区依法应当征收的失业保险费为基数，按照省、自治区人民政府规定的比例筹集。

统筹地区的失业保险基金不敷使用时，由失业保险调剂金调剂、地方财政补贴。

失业保险调剂金的筹集、调剂使用以及地方财政补贴的具体办法，由省、自治区人民政府规定。

第九条 省、自治区、直辖市人民政府根据本行政区域失业人员数量和失业保险基金数额，报经国务院批准，可以适当调整本行政区域失业保险费的费率。

第十条 失业保险基金用于下列支出：

（一）失业保险金；

（二）领取失业保险金期间的医疗补助金；

（三）领取失业保险金期间死亡的失业人员的丧葬补助金和其供养的配偶、直系亲属的抚恤金；

（四）领取失业保险金期间接受职业培训、职业介绍的补贴，补贴的办法和标准由省、自治区、直辖市人民政府规定；

（五）国务院规定或者批准的与失业保险有关的其他费用。

第十一条 失业保险基金必须存入财政部门在国有商业银行开设的社会保障基金财政专户，实行收支两条线管理，由财政部门依法进行监督。

存入银行和按照国家规定购买国债的失业保险基金，分别按照城乡居民同期存款利率和国债利息计息。失业保险基金的利息并入失业保险基金。

失业保险基金专款专用，不得挪作他用，不得用于平衡财政收支。

第十二条 失业保险基金收支的预算、决算，由统筹地区社会保险经办机构编制，经同级劳动保障行政部门复核、同级财政部门审核，报同级人民政府审批。

第十三条 失业保险基金的财务制度和会计制度按照国家有关规定执行。

第三章 失业保险待遇

第十四条 具备下列条件的失业人员，可以领取失业保险金：

（一）按照规定参加失业保险，所在单位和本人已按照规定履行缴费义务满1年的；

（二）非因本人意愿中断就业的；

（三）已办理失业登记，并有求职要求的。

失业人员在领取失业保险金期间，按照规定同时享受其他失业保险待遇。

第十五条 失业人员在领取失业保险金期间有下列情形之一的，停止领取失业保险金，并同时停止享受其他失业保险待遇：

（一）重新就业的；

（二）应征服兵役的；

（三）移居境外的；

（四）享受基本养老保险待遇的；

（五）被判刑收监执行或者被劳动教养的；

（六）无正当理由，拒不接受当地人民政府指定的部门或者机构介绍的工作的；

（七）有法律、行政法规规定的其他情形的。

第十六条 城镇企业事业单位应当及时为失业人员出具终止或者解除劳动关系的证明，告知其按照规定享受失业保险待遇的权利，并将失业人员的名单自终止或者解除劳动关系之日起7日内报社会保险经办机构备案。

城镇企业事业单位职工失业后，应当持本单位为其出具的终止或者解除劳动关系的证明，及时到指定的社会保险经办机构办理失业登记。失业保险金自办理失业登记之日起计算。

失业保险金由社会保险经办机构按月发放。社会保险经办机构为失业人员开具领取失业保险金的单证，失业人员凭单证到指定银行领取失业保险金。

第十七条 失业人员失业前所在单位和本人按照规定累计缴费时间满1年不足5年的，领取失业保险金的期限最长为12个月；累计缴费时间满5年不足10年的，领取失业保险金的期限最长为18个月；累计缴费时间10年以上的，领取失业保险金的期限最长为24个月。重新就业后，再次失业的，缴费时间重新计算，领取失业保险金的期限可以与前次失业应领取而尚未领取的失业保险金的期限合并计算，但是最长不得超过24个月。

第十八条 失业保险金的标准，按照低于当地最低工资标准、高于城市居民最低生活保障标准的水平，由省、自治区、直辖市人民政府确定。

第十九条 失业人员在领取失业保险金期间患病就医的，可以按照规定向社会保险经办机构申请领取医疗补助金。医疗补助金的标准由省、自治区、直辖市人民政府规定。

第二十条 失业人员在领取失业保险金期间死亡的，参照当地对在职职工的规定，对其家属一次性发给丧葬补助金和抚恤金。

第二十一条 单位招用的农民合同制工人连续工作满1年，本单位并已缴纳失业保险费，劳动合同期满未续订或者提前解除劳动合同的，由社会保险经办机构根据其工作时间长短，对其支付一次性生活补助。补助的办法和标准由省、自治区、直辖市人民政府规定。

第二十二条 城镇企业事业单位成建制跨统筹地区转移，失业人员跨统筹地区流动的，失业保险关系随之转迁。

第二十三条 失业人员符合城市居民最低生活保障条件的，按照规定享受城市居民最低生活保障待遇。

第四章 管理和监督

第二十四条 劳动保障行政部门管理失业保险工作，履行下列职责：

（一）贯彻实施失业保险法律、法规；

（二）指导社会保险经办机构的工作；

（三）对失业保险费的征收和失业保险待遇的支付进行监督检查。

第二十五条 社会保险经办机构具体承办失业保险工作，履行下列职责：

（一）负责失业人员的登记、调查、统计；

（二）按照规定负责失业保险基金的管理；

（三）按照规定核定失业保险待遇，开具失业人员在指定银行领取失业保险金和其他补助金的单证；

（四）拨付失业人员职业培训、职业介绍补贴费用；

（五）为失业人员提供免费咨询服务；

（六）国家规定由其履行的其他职责。

第二十六条 财政部门和审计部门依法对失业保险基金的收支、管理情况进行监督。

第二十七条 社会保险经办机构所需经费列入预算，由财政拨付。

第五章 罚 则

第二十八条 不符合享受失业保险待遇条件，骗取失业保险金和其他失业保险待遇的，由社会保险经办机构责令退还；情节严重的，由劳动保障行政部门处骗取金额1倍以上3倍以下的罚款。

第二十九条 社会保险经办机构工作人员违反规定向失业人员开具领取失业保险金或者享受其他失业保险待遇单证，致使失业保险基金损失的，由劳动保障行政部门责令追回；情节严重的，依法给予行政处分。

第三十条 劳动保障行政部门和社会保险经办机构的工作人员滥用职权、徇私舞弊、玩忽职守，造成失业保险基金损失的，由劳动保障行政部门追回损失的失业保险基金；构成犯罪的，依法追究刑事责任；尚不构成犯罪的，依法给予行政处分。

第三十一条 任何单位、个人挪用失业保险基金的，追回挪用的失业保险基金；有违法所得的，没收违法所得，并入失业保险基金；构成犯罪的，依法追究刑事责任；尚不构成犯罪的，对直接负责的主管人员和其他直接责任人员依法给予行政处分。

第六章　附　　则

第三十二条　省、自治区、直辖市人民政府根据当地实际情况，可以决定本条例适用于本行政区域内的社会团体及其专职人员、民办非企业单位及其职工、有雇工的城镇个体工商户及其雇工。

第三十三条　本条例自发布之日起施行。1993 年 4 月 12 日国务院发布的《国有企业职工待业保险规定》同时废止。

中华人民共和国中外合作办学条例

（2003年3月1日中华人民共和国国务院令第372号公布
根据2013年7月18日《国务院关于废止和修改部分行政法规的决定》
第一次修订　根据2019年3月2日《国务院关于修改
部分行政法规的决定》第二次修订）

第一章　总　　则

第一条　为了规范中外合作办学活动，加强教育对外交流与合作，促进教育事业的发展，根据《中华人民共和国教育法》、《中华人民共和国职业教育法》和《中华人民共和国民办教育促进法》，制定本条例。

第二条　外国教育机构同中国教育机构（以下简称中外合作办学者）在中国境内合作举办以中国公民为主要招生对象的教育机构（以下简称中外合作办学机构）的活动，适用本条例。

第三条　中外合作办学属于公益性事业，是中国教育事业的组成部分。

国家对中外合作办学实行扩大开放、规范办学、依法管理、促进发展的方针。

国家鼓励引进外国优质教育资源的中外合作办学。

国家鼓励在高等教育、职业教育领域开展中外合作办学，鼓励中国高等教育机构与外国知名的高等教育机构合作办学。

第四条　中外合作办学者、中外合作办学机构的合法权益，受中国法律保护。

中外合作办学机构依法享受国家规定的优惠政策，依法自主开展教育教学活动。

第五条　中外合作办学必须遵守中国法律，贯彻中国的教育方针，符合中国的公共道德，不得损害中国的国家主权、安全和社会公共利益。

中外合作办学应当符合中国教育事业发展的需要，保证教育教学质量，致力于培养中国社会主义建设事业的各类人才。

第六条　中外合作办学者可以合作举办各级各类教育机构。但是，不得举办实施义务教育和实施军事、警察、政治等特殊性质教育的机构。

第七条　外国宗教组织、宗教机构、宗教院校和宗教教职人员不得在中国境内从事合作办学活动。

中外合作办学机构不得进行宗教教育和开展宗教活动。

第八条 国务院教育行政部门负责全国中外合作办学工作的统筹规划、综合协调和宏观管理。国务院教育行政部门、劳动行政部门和其他有关行政部门在国务院规定的职责范围内负责有关的中外合作办学工作。

省、自治区、直辖市人民政府教育行政部门负责本行政区域内中外合作办学工作的统筹规划、综合协调和宏观管理。省、自治区、直辖市人民政府教育行政部门、劳动行政部门和其他有关行政部门在其职责范围内负责本行政区域内有关的中外合作办学工作。

第二章 设 立

第九条 申请设立中外合作办学机构的教育机构应当具有法人资格。

第十条 中外合作办学者可以用资金、实物、土地使用权、知识产权以及其他财产作为办学投入。

中外合作办学者的知识产权投入不得超过各自投入的1/3。但是，接受国务院教育行政部门、劳动行政部门或者省、自治区、直辖市人民政府邀请前来中国合作办学的外国教育机构的知识产权投入可以超过其投入的1/3。

第十一条 中外合作办学机构应当具备《中华人民共和国教育法》、《中华人民共和国职业教育法》、《中华人民共和国高等教育法》等法律和有关行政法规规定的基本条件，并具有法人资格。但是，外国教育机构同中国实施学历教育的高等学校设立的实施高等教育的中外合作办学机构，可以不具有法人资格。

设立中外合作办学机构，参照国家举办的同级同类教育机构的设置标准执行。

第十二条 申请设立实施本科以上高等学历教育的中外合作办学机构，由国务院教育行政部门审批；申请设立实施高等专科教育和非学历高等教育的中外合作办学机构，由拟设立机构所在地的省、自治区、直辖市人民政府审批。

申请设立实施中等学历教育和自学考试助学、文化补习、学前教育等的中外合作办学机构，由拟设立机构所在地的省、自治区、直辖市人民政府教育行政部门审批。

申请设立实施职业技能培训的中外合作办学机构，由拟设立机构所在地的省、自治区、直辖市人民政府劳动行政部门审批。

第十三条 设立中外合作办学机构，分为筹备设立和正式设立两个步骤。但是，具备办学条件，达到设置标准的，可以直接申请正式设立。

第十四条 申请筹备设立中外合作办学机构，应当提交下列文件：

（一）申办报告，内容应当主要包括：中外合作办学者、拟设立中外合作办学机构的名称、培养目标、办学规模、办学层次、办学形式、办学条件、内部管理体制、经费筹措与管理使用等；

（二）合作协议，内容应当包括：合作期限、争议解决办法等；

（三）资产来源、资金数额及有效证明文件，并载明产权；

（四）属捐赠性质的校产须提交捐赠协议，载明捐赠人的姓名、所捐资产的数额、用途和管理办法及相关有效证明文件；

（五）不低于中外合作办学者资金投入15%的启动资金到位证明。

第十五条 申请筹备设立中外合作办学机构的，审批机关应当自受理申请之日起45个工作日内作出是否批准的决定。批准的，发给筹备设立批准书；不批准的，应当书面说明理由。

第十六条 经批准筹备设立中外合作办学机构的，应当自批准之日起3年内提出正式设立申请；超过3年的，中外合作办学者应当重新申报。

筹备设立期内，不得招生。

第十七条 完成筹备设立申请正式设立的，应当提交下列文件：

（一）正式设立申请书；

（二）筹备设立批准书；

（三）筹备设立情况报告；

（四）中外合作办学机构的章程，首届理事会、董事会或者联合管理委员会组成人员名单；

（五）中外合作办学机构资产的有效证明文件；

（六）校长或者主要行政负责人、教师、财会人员的资格证明文件。

直接申请正式设立中外合作办学机构的，应当提交前款第（一）项、第（四）项、第（五）项、第（六）项和第十四条第（二）项、第（三）项、第（四）项所列文件。

第十八条 申请正式设立实施非学历教育的中外合作办学机构的，审批机关应当自受理申请之日起3个月内作出是否批准的决定；申请正式设立实施学历教育的中外合作办学机构的，审批机关应当自受理申请之日起6个月内作出是否批准的决定。批准的，颁发统一格式、统一编号的中外合作办学许可证；不批准的，应当书面说明理由。

中外合作办学许可证由国务院教育行政部门制定式样，由国务院教育行政部门和劳动行政部门按照职责分工分别组织印制；中外合作办学许可证由国务院教育行政部门统一编号，具体办法由国务院教育行政部门会同劳动行政部门确定。

第十九条 申请正式设立实施学历教育的中外合作办学机构的，审批机关受理申请后，应当组织专家委员会评议，由专家委员会提出咨询意见。

第二十条 中外合作办学机构取得中外合作办学许可证后，应当依照有关的法律、行政法规进行登记，登记机关应当依照有关规定即时予以办理。

第三章 组织与管理

第二十一条 具有法人资格的中外合作办学机构应当设立理事会或者董事会，不具有法人资格的中外合作办学机构应当设立联合管理委员会。理事会、董事会或者联合管理委员会的中方组成人员不得少于1/2。

理事会、董事会或者联合管理委员会由5人以上组成，设理事长、副理事长，董事长、副董事长或者主任、副主任各1人。中外合作办学者一方担任理事长、董事长或者主任的，由另一方担任副理事长、副董事长或者副主任。

具有法人资格的中外合作办学机构的法定代表人，由中外合作办学者协商，在理事长、董事长或者校长中确定。

第二十二条 中外合作办学机构的理事会、董事会或者联合管理委员会由中外合作办学者的代表、校长或者主要行政负责人、教职工代表等组成，其中1/3以上组成人员应当具有5年以上教育、教学经验。

中外合作办学机构的理事会、董事会或者联合管理委员会组成人员名单应当报审批机关备案。

第二十三条 中外合作办学机构的理事会、董事会或者联合管理委员会行使下列职权：

（一）改选或者补选理事会、董事会或者联合管理委员会组成人员；

（二）聘任、解聘校长或者主要行政负责人；

（三）修改章程，制定规章制度；

（四）制定发展规划，批准年度工作计划；

（五）筹集办学经费，审核预算、决算；

（六）决定教职工的编制定额和工资标准；

（七）决定中外合作办学机构的分立、合并、终止；

（八）章程规定的其他职权。

第二十四条 中外合作办学机构的理事会、董事会或者联合管理委员会每年至少召开一次会议。经1/3以上组成人员提议，可以召开理事会、董事会或者联合管理委员会临时会议。

中外合作办学机构的理事会、董事会或者联合管理委员会讨论下列重大事项，应当经2/3以上组成人员同意方可通过：

（一）聘任、解聘校长或者主要行政负责人；

（二）修改章程；

（三）制定发展规划；

（四）决定中外合作办学机构的分立、合并、终止；

（五）章程规定的其他重大事项。

第二十五条 中外合作办学机构的校长或者主要行政负责人，应当具有中华人民共和国国籍，在中国境内定居，热爱祖国，品行良好，具有教育、教学经验，并具备相应的专业水平。

第二十六条 中外合作办学机构的校长或者主要行政负责人行使下列职权：

（一）执行理事会、董事会或者联合管理委员会的决定；

（二）实施发展规划，拟订年度工作计划、财务预算和规章制度；

（三）聘任和解聘工作人员，实施奖惩；

（四）组织教育教学、科学研究活动，保证教育教学质量；

（五）负责日常管理工作；

（六）章程规定的其他职权。

第二十七条 中外合作办学机构依法对教师、学生进行管理。

中外合作办学机构聘任的外籍教师和外籍管理人员，应当具备学士以上学位和相应的职业证书，并具有 2 年以上教育、教学经验。

外方合作办学者应当从本教育机构中选派一定数量的教师到中外合作办学机构任教。

第二十八条 中外合作办学机构应当依法维护教师、学生的合法权益，保障教职工的工资、福利待遇，并为教职工缴纳社会保险费。

中外合作办学机构的教职工依法建立工会等组织，并通过教职工代表大会等形式，参与中外合作办学机构的民主管理。

第二十九条 中外合作办学机构的外籍人员应当遵守外国人在中国就业的有关规定。

第四章 教育教学

第三十条 中外合作办学机构应当按照中国对同级同类教育机构的要求开设关于宪法、法律、公民道德、国情等内容的课程。

国家鼓励中外合作办学机构引进国内急需、在国际上具有先进性的课程和教材。

中外合作办学机构应当将所开设的课程和引进的教材报审批机关备案。

第三十一条 中外合作办学机构根据需要，可以使用外国语言文字教学，但应当以普通话和规范汉字为基本教学语言文字。

第三十二条 实施高等学历教育的中外合作办学机构招收学生，纳入国家高等学校招生计划。实施其他学历教育的中外合作办学机构招收学生，按照省、自治区、直辖市人民政府教育行政部门的规定执行。

中外合作办学机构招收境外学生，按照国家有关规定执行。

第三十三条 中外合作办学机构的招生简章和广告应当报审批机关备案。

中外合作办学机构应当将办学类型和层次、专业设置、课程内容和招生规模等有关情况，定期向社会公布。

第三十四条 中外合作办学机构实施学历教育的，按照国家有关规定颁发学历证书或者其他学业证书；实施非学历教育的，按照国家有关规定颁发培训证书或者结业证书。

对于接受职业技能培训的学生，经政府批准的职业技能鉴定机构鉴定合格的，可以按照国家有关规定颁发相应的国家职业资格证书。

中外合作办学机构实施高等学历教育的，可以按照国家有关规定颁发中国相应的学位证书。

中外合作办学机构颁发的外国教育机构的学历、学位证书，应当与该教育机构在其所属国颁发的学历、学位证书相同，并在该国获得承认。

中国对中外合作办学机构颁发的外国教育机构的学历、学位证书的承认，依照中华人民共和国缔结或者加入的国际条约办理，或者按照国家有关规定办理。

第三十五条 国务院教育行政部门或者省、自治区、直辖市人民政府教育行政部门及劳动行政部门等其他有关行政部门应当加强对中外合作办学机构的日常监督，组织或者委托社会中介组织对中外合作办学机构的办学水平和教育质量进行评估，并将评估结果向社会公布。

第五章　资产与财务

第三十六条 中外合作办学机构应当依法建立健全财务、会计制度和资产管理制度，并按照国家有关规定设置会计账簿。

第三十七条 中外合作办学机构存续期间，所有资产由中外合作办学机构依法享有法人财产权，任何组织和个人不得侵占。

第三十八条 中外合作办学机构的收费项目和标准，依照国家有关政府定价的规定确定并公布；未经批准，不得增加项目或者提高标准。

中外合作办学机构应当以人民币计收学费和其他费用，不得以外汇计收学费和其他费用。

第三十九条 中外合作办学机构收取的费用应当主要用于教育教学活动和改善办学条件。

第四十条 中外合作办学机构的外汇收支活动以及开设和使用外汇账户，应当遵守国家外汇管理规定。

第四十一条 中外合作办学机构应当在每个会计年度结束时制作财务会计报告，委托社会审计机构依法进行审计，向社会公布审计结果，并报审批机关备案。

第六章　变更与终止

第四十二条 中外合作办学机构的分立、合并，在进行财务清算后，由该机构理事会、董事会或者联合管理委员会报审批机关批准。

申请分立、合并实施非学历教育的中外合作办学机构的，审批机关应当自受理申请之日起 3 个月内以书面形式答复；申请分立、合并实施学历教育的中外合作办学机构的，审批机关应当自受理申请之日起6个月内以书面形式答复。

第四十三条 中外合作办学机构合作办学者的变更，应当由合作办学者提出，在进行财务清算后，经该机构理事会、董事会或者联合管理委员会同意，报审批机关核准，并办理相应的变更手续。

中外合作办学机构住所、法定代表人的变更，应当经审批机关核准，并办理相应的变更手续。中外合作办学机构校长或者主要行政负责人的变更，应当及时办理变更手续。

第四十四条 中外合作办学机构名称、层次、类别的变更，由该机构理事会、董事会或者联合管理委员会报审批机关批准。

申请变更为实施非学历教育的中外合作办学机构的，审批机关应当自受理申请之日起3个月内以书面形式答复；申请变更为实施学历教育的中外合作办学机构的，审批机关应当自受理申请之日起6个月内以书面形式答复。

第四十五条 中外合作办学机构有下列情形之一的，应当终止：

（一）根据章程规定要求终止，并经审批机关批准的；

（二）被吊销中外合作办学许可证的；

（三）因资不抵债无法继续办学，并经审批机关批准的。

中外合作办学机构终止，应当妥善安置在校学生；中外合作办学机构提出终止申请时，应当同时提交妥善安置在校学生的方案。

第四十六条 中外合作办学机构终止时，应当依法进行财务清算。

中外合作办学机构自己要求终止的，由中外合作办学机构组织清算；被审批机关依法撤销的，由审批机关组织清算；因资不抵债无法继续办学而被终止的，依法请求人民法院组织清算。

第四十七条 中外合作办学机构清算时，应当按照下列顺序清偿：

（一）应当退还学生的学费和其他费用；

（二）应当支付给教职工的工资和应当缴纳的社会保险费用；

（三）应当偿还的其他债务。

中外合作办学机构清偿上述债务后的剩余财产，依照有关法律、行政法规的规定处理。

第四十八条 中外合作办学机构经批准终止或者被吊销中外合作办学许可证的，应当将中外合作办学许可证和印章交回审批机关，依法办理注销登记。

第七章 法律责任

第四十九条 中外合作办学审批机关及其工作人员，利用职务上的便利收取他人财物或者获取其他利益，滥用职权、玩忽职守，对不符合本条例规定条件者颁发中外合作办学许可证，或者发现违法行为不予以查处，造成严重后果，触犯刑律的，对负有责任的主管人员和其他直接责任人员，依照刑法关于受贿罪、滥用职权罪、玩忽职守罪或者其他罪的规定，依法追究刑事责任；尚不够刑事处罚的，依法给予行政处分。

第五十条 违反本条例的规定，超越职权审批中外合作办学机构的，其批准文件无效，由上级机关责令改正；对负有责任的主管人员和其他直接责任人员，依法给予行政处分；致使公共财产、国家和人民利益遭受重大损失的，依照刑法关于滥用职权罪或者其他罪的规定，依法追究刑事责任。

第五十一条 违反本条例的规定，未经批准擅自设立中外合作办学机构，或者以不正当手段骗取中外合作办学许可证的，由教育行政部门、劳动行政部门按照职责分工予以取缔或者会同公安机关予以取缔，责令退还向学生收取的费用，并处以10万元以下的罚款；触犯刑律的，依照刑法关于诈骗罪或者其他罪的规定，依法追究刑事责任。

第五十二条 违反本条例的规定，在中外合作办学机构筹备设立期间招收学生的，由教育行政部门、劳动行政部门按照职责分工责令停止招生，责令退还向学生收取的费用，并处以10万元以下的罚款；情节严重，拒不停止招生的，由审批机关撤销筹备设立批准书。

第五十三条 中外合作办学者虚假出资或者在中外合作办学机构成立后抽逃出资的，由教育行政部门、劳动行政部门按照职责分工责令限期改正；逾期不改正的，由教育行政部门、劳动行政部门按照职责分工处以虚假出资金额或者抽逃出资金额2倍以下的罚款。

第五十四条 伪造、变造和买卖中外合作办学许可证的，依照刑法关于伪造、变造、买卖国家机关证件罪或者其他罪的规定，依法追究刑事责任。

第五十五条 中外合作办学机构未经批准增加收费项目或者提高收费标准的，由教育行政部门、劳动行政部门按照职责分工责令退还多收的费用，并由市场监督管理部门依照有关法律、行政法规的规定予以处罚。

第五十六条 中外合作办学机构管理混乱、教育教学质量低下，造成恶劣影响的，由教育行政部门、劳动行政部门按照职责分工责令限期整顿并予以公告；情节严重、逾期不整顿或者经整顿仍达不到要求的，由教育行政部门、劳动行政部门按照职责分工责令停止招生、吊销中外合作办学许可证。

第五十七条 违反本条例的规定，发布虚假招生简章，骗取钱财的，由教育行政部门、劳动行政部门按照职责分工，责令限期改正并予以警告；有违法所得的，退还所收费用后没收违法所得，并可处以10万元以下的罚款；情节严重的，责令停止招生、吊销中外合作办学许可证；构成犯罪的，依照刑法关于诈骗罪或者其他罪的规定，依法追究刑事责任。

中外合作办学机构发布虚假招生广告的，依照《中华人民共和国广告法》的有关规定追究其法律责任。

第五十八条 中外合作办学机构被处以吊销中外合作办学许可证行政处罚的，其理事长或者董事长、校长或者主要行政负责人自中外合作办学许可证被吊销之日起 10 年内不得担任任何中外合作办学机构的理事长或者董事长、校长或者主要行政负责人。

违反本条例的规定，触犯刑律被依法追究刑事责任的，自刑罚执行期满之日起 10 年内不得从事中外合作办学活动。

第八章 附　　则

第五十九条 香港特别行政区、澳门特别行政区和台湾地区的教育机构与内地教育机构合作办学的，参照本条例的规定执行。

第六十条 在市场监督管理部门登记注册的经营性的中外合作举办的培训机构的管理办法，由国务院另行规定。

第六十一条 外国教育机构同中国教育机构在中国境内合作举办以中国公民为主要招生对象的实施学历教育和自学考试助学、文化补习、学前教育等的合作办学项目的具体审批和管理办法，由国务院教育行政部门制定。

外国教育机构同中国教育机构在中国境内合作举办以中国公民为主要招生对象的实施职业技能培训的合作办学项目的具体审批和管理办法，由国务院劳动行政部门制定。

第六十二条 外国教育机构、其他组织或者个人不得在中国境内单独设立以中国公民为主要招生对象的学校及其他教育机构。

第六十三条 本条例施行前依法设立的中外合作办学机构，应当补办本条例规定的中外合作办学许可证。其中，不完全具备本条例所规定条件的，应当在本条例施行之日起 2 年内达到本条例规定的条件；逾期未达到本条例规定条件的，由审批机关予以撤销。

第六十四条 本条例自 2003 年 9 月 1 日起施行。

劳动保障监察条例

（2004年10月26日国务院第68次常务会议通过　2004年11月1日中华人民共和国国务院令第423号公布　自2004年12月1日起施行）

第一章　总　　则

第一条　为了贯彻实施劳动和社会保障（以下称劳动保障）法律、法规和规章，规范劳动保障监察工作，维护劳动者的合法权益，根据劳动法和有关法律，制定本条例。

第二条　对企业和个体工商户（以下称用人单位）进行劳动保障监察，适用本条例。

对职业介绍机构、职业技能培训机构和职业技能考核鉴定机构进行劳动保障监察，依照本条例执行。

第三条　国务院劳动保障行政部门主管全国的劳动保障监察工作。县级以上地方各级人民政府劳动保障行政部门主管本行政区域内的劳动保障监察工作。

县级以上各级人民政府有关部门根据各自职责，支持、协助劳动保障行政部门的劳动保障监察工作。

第四条　县级、设区的市级人民政府劳动保障行政部门可以委托符合监察执法条件的组织实施劳动保障监察。

劳动保障行政部门和受委托实施劳动保障监察的组织中的劳动保障监察员应当经过相应的考核或者考试录用。

劳动保障监察证件由国务院劳动保障行政部门监制。

第五条　县级以上地方各级人民政府应当加强劳动保障监察工作。劳动保障监察所需经费列入本级财政预算。

第六条　用人单位应当遵守劳动保障法律、法规和规章，接受并配合劳动保障监察。

第七条　各级工会依法维护劳动者的合法权益，对用人单位遵守劳动保障法律、法规和规章的情况进行监督。

劳动保障行政部门在劳动保障监察工作中应当注意听取工会组织的意见和建议。

第八条　劳动保障监察遵循公正、公开、高效、便民的原则。

实施劳动保障监察，坚持教育与处罚相结合，接受社会监督。

第九条　任何组织或者个人对违反劳动保障法律、法规或者规章的行为，有权向劳动保障行政部门举报。

劳动者认为用人单位侵犯其劳动保障合法权益的，有权向劳动保障行政部门投诉。

劳动保障行政部门应当为举报人保密；对举报属实，为查处重大违反劳动保障法律、法规或者规章的行为提供主要线索和证据的举报人，给予奖励。

第二章 劳动保障监察职责

第十条 劳动保障行政部门实施劳动保障监察，履行下列职责：

（一）宣传劳动保障法律、法规和规章，督促用人单位贯彻执行；

（二）检查用人单位遵守劳动保障法律、法规和规章的情况；

（三）受理对违反劳动保障法律、法规或者规章的行为的举报、投诉；

（四）依法纠正和查处违反劳动保障法律、法规或者规章的行为。

第十一条 劳动保障行政部门对下列事项实施劳动保障监察：

（一）用人单位制定内部劳动保障规章制度的情况；

（二）用人单位与劳动者订立劳动合同的情况；

（三）用人单位遵守禁止使用童工规定的情况；

（四）用人单位遵守女职工和未成年工特殊劳动保护规定的情况；

（五）用人单位遵守工作时间和休息休假规定的情况；

（六）用人单位支付劳动者工资和执行最低工资标准的情况；

（七）用人单位参加各项社会保险和缴纳社会保险费的情况；

（八）职业介绍机构、职业技能培训机构和职业技能考核鉴定机构遵守国家有关职业介绍、职业技能培训和职业技能考核鉴定的规定的情况；

（九）法律、法规规定的其他劳动保障监察事项。

第十二条 劳动保障监察员依法履行劳动保障监察职责，受法律保护。

劳动保障监察员应当忠于职守，秉公执法，勤政廉洁，保守秘密。

任何组织或者个人对劳动保障监察员的违法违纪行为，有权向劳动保障行政部门或者有关机关检举、控告。

第三章 劳动保障监察的实施

第十三条 对用人单位的劳动保障监察，由用人单位用工所在地的县级或者设区的市级劳动保障行政部门管辖。

上级劳动保障行政部门根据工作需要，可以调查处理下级劳动保障行政部门管辖的案件。劳动保障行政部门对劳动保障监察管辖发生争议的，报请共同的上一级劳动保障行政部门指定管辖。

省、自治区、直辖市人民政府可以对劳动保障监察的管辖制定具体办法。

第十四条 劳动保障监察以日常巡视检查、审查用人单位按照要求报送的书面材料以及接受举报投诉等形式进行。

劳动保障行政部门认为用人单位有违反劳动保障法律、法规或者规章的行为，需要进行调查处理的，应当及时立案。

劳动保障行政部门或者受委托实施劳动保障监察的组织应当设立举报、投诉信箱和电话。

对因违反劳动保障法律、法规或者规章的行为引起的群体性事件，劳动保障行政部门应当根据应急预案，迅速会同有关部门处理。

第十五条 劳动保障行政部门实施劳动保障监察，有权采取下列调查、检查措施：

（一）进入用人单位的劳动场所进行检查；

（二）就调查、检查事项询问有关人员；

（三）要求用人单位提供与调查、检查事项相关的文件资料，并作出解释和说明，必要时可以发出调查询问书；

（四）采取记录、录音、录像、照相或者复制等方式收集有关情况和资料；

（五）委托会计师事务所对用人单位工资支付、缴纳社会保险费的情况进行审计；

（六）法律、法规规定可以由劳动保障行政部门采取的其他调查、检查措施。

劳动保障行政部门对事实清楚、证据确凿、可以当场处理的违反劳动保障法律、法规或者规章的行为有权当场予以纠正。

第十六条 劳动保障监察员进行调查、检查，不得少于2人，并应当佩戴劳动保障监察标志、出示劳动保障监察证件。

劳动保障监察员办理的劳动保障监察事项与本人或者其近亲属有直接利害关系的，应当回避。

第十七条 劳动保障行政部门对违反劳动保障法律、法规或者规章的行为的调查，应当自立案之日起60个工作日内完成；对情况复杂的，经劳动保障行政部门负责人批准，可以延长30个工作日。

第十八条 劳动保障行政部门对违反劳动保障法律、法规或者规章的行为，根据调查、检查的结果，作出以下处理：

（一）对依法应当受到行政处罚的，依法作出行政处罚决定；

（二）对应当改正未改正的，依法责令改正或者作出相应的行政处理决定；

（三）对情节轻微且已改正的，撤销立案。

发现违法案件不属于劳动保障监察事项的，应当及时移送有关部门处理；涉嫌犯罪的，应当依法移送司法机关。

第十九条 劳动保障行政部门对违反劳动保障法律、法规或者规章的行为作出行政处罚或者行政处理决定前，应当听取用人单位的陈述、申辩；作出行政处罚或者行政处理决定，应当告知用人单位依法享有申请行政复议或者提起行政诉讼的权利。

第二十条 违反劳动保障法律、法规或者规章的行为在 2 年内未被劳动保障行政部门发现，也未被举报、投诉的，劳动保障行政部门不再查处。

前款规定的期限，自违反劳动保障法律、法规或者规章的行为发生之日起计算；违反劳动保障法律、法规或者规章的行为有连续或者继续状态的，自行为终了之日起计算。

第二十一条 用人单位违反劳动保障法律、法规或者规章，对劳动者造成损害的，依法承担赔偿责任。劳动者与用人单位就赔偿发生争议的，依照国家有关劳动争议处理的规定处理。

对应当通过劳动争议处理程序解决的事项或者已经按照劳动争议处理程序申请调解、仲裁或者已经提起诉讼的事项，劳动保障行政部门应当告知投诉人依照劳动争议处理或者诉讼的程序办理。

第二十二条 劳动保障行政部门应当建立用人单位劳动保障守法诚信档案。用人单位有重大违反劳动保障法律、法规或者规章的行为的，由有关的劳动保障行政部门向社会公布。

第四章 法 律 责 任

第二十三条 用人单位有下列行为之一的，由劳动保障行政部门责令改正，按照受侵害的劳动者每人 1 000 元以上 5 000 元以下的标准计算，处以罚款：

（一）安排女职工从事矿山井下劳动、国家规定的第四级体力劳动强度的劳动或者其他禁忌从事的劳动的；

（二）安排女职工在经期从事高处、低温、冷水作业或者国家规定的第三级体力劳动强度的劳动的；

（三）安排女职工在怀孕期间从事国家规定的第三级体力劳动强度的劳动或者孕期禁忌从事的劳动的；

（四）安排怀孕 7 个月以上的女职工夜班劳动或者延长其工作时间的；

（五）女职工生育享受产假少于 90 天的；

（六）安排女职工在哺乳未满 1 周岁的婴儿期间从事国家规定的第三级体力劳动强度的劳动或者哺乳期禁忌从事的其他劳动，以及延长其工作时间或者安排其夜班劳动的；

（七）安排未成年工从事矿山井下、有毒有害、国家规定的第四级体力劳动强度的劳动或者其他禁忌从事的劳动的；

（八）未对未成年工定期进行健康检查的。

第二十四条 用人单位与劳动者建立劳动关系不依法订立劳动合同的，由劳动保障行政部门责令改正。

第二十五条 用人单位违反劳动保障法律、法规或者规章延长劳动者工作时间的，由劳动保障行政部门给予警告，责令限期改正，并可以按照受侵害的劳动者每人 100 元以上 500 元以下的标准计算，处以罚款。

第二十六条 用人单位有下列行为之一的，由劳动保障行政部门分别责令限期支付劳动者的工资报酬、劳动者工资低于当地最低工资标准的差额或者解除劳动合同的经济补偿；逾期不支付的，责令用人单位按照应付金额 50%以上 1 倍以下的标准计算，向劳动者加付赔偿金：

（一）克扣或者无故拖欠劳动者工资报酬的；

（二）支付劳动者的工资低于当地最低工资标准的；

（三）解除劳动合同未依法给予劳动者经济补偿的。

第二十七条 用人单位向社会保险经办机构申报应缴纳的社会保险费数额时，瞒报工资总额或者职工人数的，由劳动保障行政部门责令改正，并处瞒报工资数额 1 倍以上 3 倍以下的罚款。

骗取社会保险待遇或者骗取社会保险基金支出的，由劳动保障行政部门责令退还，并处骗取金额 1 倍以上 3 倍以下的罚款；构成犯罪的，依法追究刑事责任。

第二十八条 职业介绍机构、职业技能培训机构或者职业技能考核鉴定机构违反国家有关职业介绍、职业技能培训或者职业技能考核鉴定的规定的，由劳动保障行政部门责令改正，没收违法所得，并处 1 万元以上 5 万元以下的罚款；情节严重的，吊销许可证。

未经劳动保障行政部门许可，从事职业介绍、职业技能培训或者职业技能考核鉴定的组织或者个人，由劳动保障行政部门、工商行政管理部门依照国家有关无照经营查处取缔的规定查处取缔。

第二十九条 用人单位违反《中华人民共和国工会法》，有下列行为之一的，由劳动保障行政部门责令改正：

（一）阻挠劳动者依法参加和组织工会，或者阻挠上级工会帮助、指导劳动者筹建工会的；

（二）无正当理由调动依法履行职责的工会工作人员的工作岗位，进行打击报复的；

（三）劳动者因参加工会活动而被解除劳动合同的；

（四）工会工作人员因依法履行职责被解除劳动合同的。

第三十条 有下列行为之一的，由劳动保障行政部门责令改正；对有第（一）项、第（二）项或者第（三）项规定的行为的，处 2 000 元以上 2 万元以下的罚款：

（一）无理抗拒、阻挠劳动保障行政部门依照本条例的规定实施劳动保障监察的；

（二）不按照劳动保障行政部门的要求报送书面材料，隐瞒事实真相，出具伪证或者隐匿、毁灭证据的；

（三）经劳动保障行政部门责令改正拒不改正，或者拒不履行劳动保障行政部门的行政处理决定的；

（四）打击报复举报人、投诉人的。

违反前款规定，构成违反治安管理行为的，由公安机关依法给予治安管理处罚；构成犯罪的，依法追究刑事责任。

第三十一条 劳动保障监察员滥用职权、玩忽职守、徇私舞弊或者泄露在履行职责过程中知悉的商业秘密的，依法给予行政处分；构成犯罪的，依法追究刑事责任。

劳动保障行政部门和劳动保障监察员违法行使职权，侵犯用人单位或者劳动者的合法权益的，依法承担赔偿责任。

第三十二条 属于本条例规定的劳动保障监察事项，法律、其他行政法规对处罚另有规定的，从其规定。

第五章　附　　则

第三十三条 对无营业执照或者已被依法吊销营业执照，有劳动用工行为的，由劳动保障行政部门依照本条例实施劳动保障监察，并及时通报工商行政管理部门予以查处取缔。

第三十四条 国家机关、事业单位、社会团体执行劳动保障法律、法规和规章的情况，由劳动保障行政部门根据其职责，依照本条例实施劳动保障监察。

第三十五条 劳动安全卫生的监督检查，由卫生部门、安全生产监督管理部门、特种设备安全监督管理部门等有关部门依照有关法律、行政法规的规定执行。

第三十六条 本条例自 2004 年 12 月 1 日起施行。

中华人民共和国民办教育促进法实施条例

（2004年3月5日中华人民共和国国务院令第399号公布
2021年4月7日中华人民共和国国务院令第741号修订）

第一章 总 则

第一条 根据《中华人民共和国民办教育促进法》（以下简称民办教育促进法），制定本条例。

第二条 国家机构以外的社会组织或者个人可以利用非国家财政性经费举办各级各类民办学校；但是，不得举办实施军事、警察、政治等特殊性质教育的民办学校。

民办教育促进法和本条例所称国家财政性经费，是指财政拨款、依法取得并应当上缴国库或者财政专户的财政性资金。

第三条 各级人民政府应当依法支持和规范社会力量举办民办教育，保障民办学校依法办学、自主管理，鼓励、引导民办学校提高质量、办出特色，满足多样化教育需求。

对于举办民办学校表现突出或者为发展民办教育事业做出突出贡献的社会组织或者个人，按照国家有关规定给予奖励和表彰。

第四条 民办学校应当坚持中国共产党的领导，坚持社会主义办学方向，坚持教育公益性，对受教育者加强社会主义核心价值观教育，落实立德树人根本任务。

民办学校中的中国共产党基层组织贯彻党的方针政策，依照法律、行政法规和国家有关规定参与学校重大决策并实施监督。

第二章 民办学校的设立

第五条 国家机构以外的社会组织或者个人可以单独或者联合举办民办学校。联合举办民办学校的，应当签订联合办学协议，明确合作方式、各方权利义务和争议解决方式等。

国家鼓励以捐资、设立基金会等方式依法举办民办学校。以捐资等方式举办民办学校，无举办者的，其办学过程中的举办者权责由发起人履行。

在中国境内设立的外商投资企业以及外方为实际控制人的社会组织不得举办、参与举办或者实际控制实施义务教育的民办学校；举办其他类型民办学校的，应当符合国家有关外商投资的规定。

第六条 举办民办学校的社会组织或者个人应当有良好的信用状况。举办民办学校可以用货币出资，也可以用实物、建设用地使用权、知识产权等可以用货币估价并可以依法转让的非货币财产作价出资；但是，法律、行政法规规定不得作为出资的财产除外。

第七条 实施义务教育的公办学校不得举办或者参与举办民办学校，也不得转为民办学校。其他公办学校不得举办或者参与举办营利性民办学校。但是，实施职业教育的公办学校可以吸引企业的资本、技术、管理等要素，举办或者参与举办实施职业教育的营利性民办学校。

公办学校举办或者参与举办民办学校，不得利用国家财政性经费，不得影响公办学校教学活动，不得仅以品牌输出方式参与办学，并应当经其主管部门批准。公办学校举办或者参与举办非营利性民办学校，不得以管理费等方式取得或者变相取得办学收益。

公办学校举办或者参与举办的民办学校应当具有独立的法人资格，具有与公办学校相分离的校园、基本教育教学设施和独立的专任教师队伍，按照国家统一的会计制度独立进行会计核算，独立招生，独立颁发学业证书。

举办或者参与举办民办学校的公办学校依法享有举办者权益，依法履行国有资产管理义务。

第八条 地方人民政府不得利用国有企业、公办教育资源举办或者参与举办实施义务教育的民办学校。

以国有资产参与举办民办学校的，应当根据国家有关国有资产监督管理的规定，聘请具有评估资格的中介机构依法进行评估，根据评估结果合理确定出资额，并报对该国有资产负有监管职责的机构备案。

第九条 国家鼓励企业以独资、合资、合作等方式依法举办或者参与举办实施职业教育的民办学校。

第十条 举办民办学校，应当按时、足额履行出资义务。民办学校存续期间，举办者不得抽逃出资，不得挪用办学经费。

举办者可以依法募集资金举办营利性民办学校，所募集资金应当主要用于办学，不得擅自改变用途，并按规定履行信息披露义务。民办学校及其举办者不得以赞助费等名目向学生、学生家长收取或者变相收取与入学关联的费用。

第十一条 举办者依法制定学校章程，负责推选民办学校首届理事会、董事会或者其他形式决策机构的组成人员。

举办者可以依据法律、法规和学校章程规定的程序和要求参加或者委派代表参加理事会、董事会或者其他形式决策机构，并依据学校章程规定的权限行使相应的决策权、管理权。

第十二条 民办学校举办者变更的，应当签订变更协议，但不得涉及学校的法人财产，也不得影响学校发展，不得损害师生权益；现有民办学校的举办者变更的，可以根据其依法享有的合法权益与继任举办者协议约定变更收益。

民办学校的举办者不再具备法定条件的，应当在6个月内向审批机关提出变更；逾期不变更的，由审批机关责令变更。

举办者为法人的，其控股股东和实际控制人应当符合法律、行政法规规定的举办民办学校的条件，控股股东和实际控制人变更的，应当报主管部门备案并公示。

举办者变更，符合法定条件的，审批机关应当在规定的期限内予以办理。

第十三条 同时举办或者实际控制多所民办学校的，举办者或者实际控制人应当具备与其所开展办学活动相适应的资金、人员、组织机构等条件与能力，并对所举办民办学校承担管理和监督职责。

同时举办或者实际控制多所民办学校的举办者或者实际控制人向所举办或者实际控制的民办学校提供教材、课程、技术支持等服务以及组织教育教学活动，应当符合国家有关规定并建立相应的质量标准和保障机制。

同时举办或者实际控制多所民办学校的，应当保障所举办或者实际控制的民办学校依法独立开展办学活动，存续期间所有资产由学校依法管理和使用；不得改变所举办或者实际控制的非营利性民办学校的性质，直接或者间接取得办学收益；也不得滥用市场支配地位，排除、限制竞争。

任何社会组织和个人不得通过兼并收购、协议控制等方式控制实施义务教育的民办学校、实施学前教育的非营利性民办学校。

第十四条 实施国家认可的教育考试、职业资格考试和职业技能等级考试等考试的机构，举办或者参与举办与其所实施的考试相关的民办学校应当符合国家有关规定。

第十五条 设立民办学校的审批权限，依照有关法律、法规的规定执行。

地方人民政府及其有关部门应当依法履行实施义务教育的职责。设立实施义务教育的民办学校，应当符合当地义务教育发展规划。

第十六条 国家鼓励民办学校利用互联网技术在线实施教育活动。

利用互联网技术在线实施教育活动应当符合国家互联网管理有关法律、行政法规的规定。利用互联网技术在线实施教育活动的民办学校应当取得相应的办学许可。

民办学校利用互联网技术在线实施教育活动，应当依法建立并落实互联网安全管理制度和安全保护技术措施，发现法律、行政法规禁止发布或者传输的信息的，应当立即停止传输，采取消除等处置措施，防止信息扩散，保存有关记录，并向有关主管部门报告。

外籍人员利用互联网技术在线实施教育活动，应当遵守教育和外国人在华工作管理等有关法律、行政法规的规定。

第十七条 民办学校的举办者在获得筹设批准书之日起3年内完成筹设的，可以提出正式设立申请。

民办学校在筹设期内不得招生。

第十八条 申请正式设立实施学历教育的民办学校的，审批机关受理申请后，应当组织专家委员会评议，由专家委员会提出咨询意见。

第十九条 民办学校的章程应当规定下列主要事项：

（一）学校的名称、住所、办学地址、法人属性；

（二）举办者的权利义务，举办者变更、权益转让的办法；

（三）办学宗旨、发展定位、层次、类型、规模、形式等；

（四）学校开办资金、注册资本，资产的来源、性质等；

（五）理事会、董事会或者其他形式决策机构和监督机构的产生方法、人员构成、任期、议事规则等；

（六）学校党组织负责人或者代表进入学校决策机构和监督机构的程序；

（七）学校的法定代表人；

（八）学校自行终止的事由，剩余资产处置的办法与程序；

（九）章程修改程序。

民办学校应当将章程向社会公示，修订章程应当事先公告，征求利益相关方意见。完成修订后，报主管部门备案或者核准。

第二十条 民办学校只能使用一个名称。

民办学校的名称应当符合有关法律、行政法规的规定，不得损害社会公共利益，不得含有可能引发歧义的文字或者含有可能误导公众的其他法人名称。营利性民办学校可以在学校牌匾、成绩单、毕业证书、结业证书、学位证书及相关证明、招生广告和简章上使用经审批机关批准的法人简称。

第二十一条 民办学校开办资金、注册资本应当与学校类型、层次、办学规模相适应。民办学校正式设立时，开办资金、注册资本应当缴足。

第二十二条 对批准正式设立的民办学校，审批机关应当颁发办学许可证，并向社会公告。

办学许可的期限应当与民办学校的办学层次和类型相适应。民办学校在许可期限内无违法违规行为的，有效期届满可以自动延续、换领新证。

民办学校办学许可证的管理办法由国务院教育行政部门、人力资源社会保障行政部门依据职责分工分别制定。

第二十三条 民办学校增设校区应当向审批机关申请地址变更；设立分校应当向分校所在地审批机关单独申请办学许可，并报原审批机关备案。

第二十四条 民办学校依照有关法律、行政法规的规定申请法人登记，登记机关应当依法予以办理。

第三章　民办学校的组织与活动

第二十五条　民办学校理事会、董事会或者其他形式决策机构的负责人应当具有中华人民共和国国籍，具有政治权利和完全民事行为能力，在中国境内定居，品行良好，无故意犯罪记录或者教育领域不良从业记录。

民办学校法定代表人应当由民办学校决策机构负责人或者校长担任。

第二十六条　民办学校的理事会、董事会或者其他形式决策机构应当由举办者或者其代表、校长、党组织负责人、教职工代表等共同组成。鼓励民办学校理事会、董事会或者其他形式决策机构吸收社会公众代表，根据需要设独立理事或者独立董事。实施义务教育的民办学校理事会、董事会或者其他形式决策机构组成人员应当具有中华人民共和国国籍，且应当有审批机关委派的代表。

民办学校的理事会、董事会或者其他形式决策机构每年至少召开 2 次会议。经 1/3 以上组成人员提议，可以召开理事会、董事会或者其他形式决策机构临时会议。讨论下列重大事项，应当经 2/3 以上组成人员同意方可通过：

（一）变更举办者；

（二）聘任、解聘校长；

（三）修改学校章程；

（四）制定发展规划；

（五）审核预算、决算；

（六）决定学校的分立、合并、终止；

（七）学校章程规定的其他重大事项。

第二十七条　民办学校应当设立监督机构。监督机构应当有党的基层组织代表，且教职工代表不少于 1/3。教职工人数少于 20 人的民办学校可以只设 1 至 2 名监事。

监督机构依据国家有关规定和学校章程对学校办学行为进行监督。监督机构负责人或者监事应当列席学校决策机构会议。

理事会、董事会或者其他形式决策机构组成人员及其近亲属不得兼任、担任监督机构组成人员或者监事。

第二十八条　民办学校校长依法独立行使教育教学和行政管理职权。

民办学校内部组织机构的设置方案由校长提出，报理事会、董事会或者其他形式决策机构批准。

第二十九条　民办学校依照法律、行政法规和国家有关规定，自主开展教育教学活动；使用境外教材的，应当符合国家有关规定。

实施高等教育和中等职业技术学历教育的民办学校，可以按照办学宗旨和培养目标自主设置专业、开设课程、选用教材。

实施普通高中教育、义务教育的民办学校可以基于国家课程标准自主开设有特色的课程，实施教育教学创新，自主设置的课程应当报主管教育行政部门备案。实施义务教育的民办学校不得使用境外教材。

实施学前教育的民办学校开展保育和教育活动，应当遵循儿童身心发展规律，设置、开发以游戏、活动为主要形式的课程。

实施以职业技能为主的职业资格培训、职业技能培训的民办学校可以按照与培训专业（职业、工种）相对应的国家职业标准及相关职业培训要求开展培训活动，不得教唆、组织学员规避监管，以不正当手段获取职业资格证书、成绩证明等。

第三十条 民办学校应当按照招生简章或者招生广告的承诺，开设相应课程，开展教育教学活动，保证教育教学质量。

民办学校应当提供符合标准的校舍和教育教学设施设备。

第三十一条 实施学前教育、学历教育的民办学校享有与同级同类公办学校同等的招生权，可以在审批机关核定的办学规模内，自主确定招生的标准和方式，与公办学校同期招生。

实施义务教育的民办学校应当在审批机关管辖的区域内招生，纳入审批机关所在地统一管理。实施普通高中教育的民办学校应当主要在学校所在设区的市范围内招生，符合省、自治区、直辖市人民政府教育行政部门有关规定的可以跨区域招生。招收接受高等学历教育学生的应当遵守国家有关规定。

县级以上地方人民政府教育行政部门、人力资源社会保障行政部门应当为外地的民办学校在本地招生提供平等待遇，不得设置跨区域招生障碍实行地区封锁。

民办学校招收学生应当遵守招生规则，维护招生秩序，公开公平公正录取学生。实施义务教育的民办学校不得组织或者变相组织学科知识类入学考试，不得提前招生。

民办学校招收境外学生，按照国家有关规定执行。

第三十二条 实施高等学历教育的民办学校符合学位授予条件的，依照有关法律、行政法规的规定经审批同意后，可以获得相应的学位授予资格。

第四章　教师与受教育者

第三十三条 民办学校聘任的教师或者教学人员应当具备相应的教师资格或者其他相应的专业资格、资质。

民办学校应当有一定数量的专任教师；其中，实施学前教育、学历教育的民办学校应当按照国家有关规定配备专任教师。

鼓励民办学校创新教师聘任方式，利用信息技术等手段提高教学效率和水平。

第三十四条 民办学校自主招聘教师和其他工作人员，并应当与所招聘人员依法签订劳动或者聘用合同，明确双方的权利义务等。

民办学校聘任专任教师，在合同中除依法约定必备条款外，还应当对教师岗位及其职责要求、师德和业务考核办法、福利待遇、培训和继续教育等事项作出约定。

公办学校教师未经所在学校同意不得在民办学校兼职。

民办学校聘任外籍人员，按照国家有关规定执行。

第三十五条 民办学校应当建立教师培训制度，为受聘教师接受相应的思想政治培训和业务培训提供条件。

第三十六条 民办学校应当依法保障教职工待遇，按照学校登记的法人类型，按时足额支付工资，足额缴纳社会保险费和住房公积金。国家鼓励民办学校按照有关规定为教职工建立职业年金或者企业年金等补充养老保险。

实施学前教育、学历教育的民办学校应当从学费收入中提取一定比例建立专项资金或者基金，由学校管理，用于教职工职业激励或者增加待遇保障。

第三十七条 教育行政部门应当会同有关部门建立民办幼儿园、中小学专任教师劳动、聘用合同备案制度，建立统一档案，记录教师的教龄、工龄，在培训、考核、专业技术职务评聘、表彰奖励、权利保护等方面，统筹规划、统一管理，与公办幼儿园、中小学聘任的教师平等对待。

民办职业学校、高等学校按照国家有关规定自主开展教师专业技术职务评聘。

教育行政部门应当会同有关部门完善管理制度，保证教师在公办学校和民办学校之间的合理流动；指导和监督民办学校建立健全教职工代表大会制度。

第三十八条 实施学历教育的民办学校应当依法建立学籍和教学管理制度，并报主管部门备案。

第三十九条 民办学校及其教师、职员、受教育者申请政府设立的有关科研项目、课题等，享有与同级同类公办学校及其教师、职员、受教育者同等的权利。相关项目管理部门应当按规定及时足额拨付科研项目、课题资金。

各级人民政府应当保障民办学校的受教育者在升学、就业、社会优待、参加先进评选，以及获得助学贷款、奖助学金等国家资助等方面，享有与同级同类公办学校的受教育者同等的权利。

实施学历教育的民办学校应当建立学生资助、奖励制度，并按照不低于当地同级同类公办学校的标准，从学费收入中提取相应资金用于资助、奖励学生。

第四十条 教育行政部门、人力资源社会保障行政部门和其他有关部门，组织有关的评奖评优、文艺体育活动和课题、项目招标，应当为民办学校及其教师、职员、受教育者提供同等的机会。

第五章　民办学校的资产与财务管理

第四十一条 民办学校应当依照《中华人民共和国会计法》和国家统一的会计制度

进行会计核算，编制财务会计报告。

第四十二条 民办学校应当建立办学成本核算制度，基于办学成本和市场需求等因素，遵循公平、合法和诚实信用原则，考虑经济效益与社会效益，合理确定收费项目和标准。对公办学校参与举办、使用国有资产或者接受政府生均经费补助的非营利性民办学校，省、自治区、直辖市人民政府可以对其收费制定最高限价。

第四十三条 民办学校资产中的国有资产的监督、管理，按照国家有关规定执行。

民办学校依法接受的捐赠财产的使用和管理，依照有关法律、行政法规执行。

第四十四条 非营利性民办学校收取费用、开展活动的资金往来，应当使用在有关主管部门备案的账户。有关主管部门应当对该账户实施监督。

营利性民办学校收入应当全部纳入学校开设的银行结算账户，办学结余分配应当在年度财务结算后进行。

第四十五条 实施义务教育的民办学校不得与利益关联方进行交易。其他民办学校与利益关联方进行交易的，应当遵循公开、公平、公允的原则，合理定价、规范决策，不得损害国家利益、学校利益和师生权益。

民办学校应当建立利益关联方交易的信息披露制度。教育、人力资源社会保障以及财政等有关部门应当加强对非营利性民办学校与利益关联方签订协议的监管，并按年度对关联交易进行审查。

前款所称利益关联方是指民办学校的举办者、实际控制人、校长、理事、董事、监事、财务负责人等以及与上述组织或者个人之间存在互相控制和影响关系、可能导致民办学校利益被转移的组织或者个人。

第四十六条 在每个会计年度结束时，民办学校应当委托会计师事务所对年度财务报告进行审计。非营利性民办学校应当从经审计的年度非限定性净资产增加额中，营利性民办学校应当从经审计的年度净收益中，按不低于年度非限定性净资产增加额或者净收益的 10%的比例提取发展基金，用于学校的发展。

第六章 管理与监督

第四十七条 县级以上地方人民政府应当建立民办教育工作联席会议制度。教育、人力资源社会保障、民政、市场监督管理等部门应当根据职责会同有关部门建立民办学校年度检查和年度报告制度，健全日常监管机制。

教育行政部门、人力资源社会保障行政部门及有关部门应当建立民办学校信用档案和举办者、校长执业信用制度，对民办学校进行执法监督的情况和处罚、处理结果应当予以记录，由执法、监督人员签字后归档，并依法依规公开执法监督结果。相关信用档案和信用记录依法纳入全国信用信息共享平台、国家企业信用信息公示系统。

第四十八条 审批机关应当及时公开民办学校举办者情况、办学条件等审批信息。

教育行政部门、人力资源社会保障行政部门应当依据职责分工，定期组织或者委托第三方机构对民办学校的办学水平和教育质量进行评估，评估结果应当向社会公开。

第四十九条 教育行政部门及有关部门应当制定实施学前教育、学历教育民办学校的信息公示清单，监督民办学校定期向社会公开办学条件、教育质量等有关信息。

营利性民办学校应当通过全国信用信息共享平台、国家企业信用信息公示系统公示相关信息。

有关部门应当支持和鼓励民办学校依法建立行业组织，研究制定相应的质量标准，建立认证体系，制定推广反映行业规律和特色要求的合同示范文本。

第五十条 民办学校终止的，应当交回办学许可证，向登记机关办理注销登记，并向社会公告。

民办学校自己要求终止的，应当提前6个月发布拟终止公告，依法依章程制定终止方案。

民办学校无实际招生、办学行为的，办学许可证到期后自然废止，由审批机关予以公告。民办学校自行组织清算后，向登记机关办理注销登记。

对于因资不抵债无法继续办学而被终止的民办学校，应当向人民法院申请破产清算。

第五十一条 国务院教育督导机构及省、自治区、直辖市人民政府负责教育督导的机构应当对县级以上地方人民政府及其有关部门落实支持和规范民办教育发展法定职责的情况进行督导、检查。

县级以上人民政府负责教育督导的机构依法对民办学校进行督导并公布督导结果，建立民办中小学、幼儿园责任督学制度。

第七章 支持与奖励

第五十二条 各级人民政府及有关部门应当依法健全对民办学校的支持政策，优先扶持办学质量高、特色明显、社会效益显著的民办学校。

县级以上地方人民政府可以参照同级同类公办学校生均经费等相关经费标准和支持政策，对非营利性民办学校给予适当补助。

地方人民政府出租、转让闲置的国有资产应当优先扶持非营利性民办学校。

第五十三条 民办学校可以依法以捐赠者的姓名、名称命名学校的校舍或者其他教育教学设施、生活设施。捐赠者对民办学校发展做出特殊贡献的，实施高等学历教育的民办学校经国务院教育行政部门按照国家规定的条件批准，其他民办学校经省、自治区、直辖市人民政府教育行政部门或者人力资源社会保障行政部门按照国家规定的条件批准，可以以捐赠者的姓名或者名称作为学校校名。

第五十四条 民办学校享受国家规定的税收优惠政策；其中，非营利性民办学校享受与公办学校同等的税收优惠政策。

第五十五条 地方人民政府在制定闲置校园综合利用方案时，应当考虑当地民办教育发展需求。

新建、扩建非营利性民办学校，地方人民政府应当按照与公办学校同等原则，以划拨等方式给予用地优惠。

实施学前教育、学历教育的民办学校使用土地，地方人民政府可以依法以协议、招标、拍卖等方式供应土地，也可以采取长期租赁、先租后让、租让结合的方式供应土地，土地出让价款和租金可以在规定期限内按合同约定分期缴纳。

第五十六条 在西部地区、边远地区和少数民族地区举办的民办学校申请贷款用于学校自身发展的，享受国家相关的信贷优惠政策。

第五十七条 县级以上地方人民政府可以根据本行政区域的具体情况，设立民办教育发展专项资金，用于支持民办学校提高教育质量和办学水平、奖励举办者等。

国家鼓励社会力量依法设立民办教育发展方面的基金会或者专项基金，用于支持民办教育发展。

第五十八条 县级人民政府根据本行政区域实施学前教育、义务教育或者其他公共教育服务的需要，可以与民办学校签订协议，以购买服务等方式，委托其承担相应教育任务。

委托民办学校承担普惠性学前教育、义务教育或者其他公共教育任务的，应当根据当地相关教育阶段的委托协议，拨付相应的教育经费。

第五十九条 县级以上地方人民政府可以采取政府补贴、以奖代补等方式鼓励、支持非营利性民办学校保障教师待遇。

第六十条 国家鼓励、支持保险机构设立适合民办学校的保险产品，探索建立行业互助保险等机制，为民办学校重大事故处理、终止善后、教职工权益保障等事项提供风险保障。

金融机构可以在风险可控前提下开发适合民办学校特点的金融产品。民办学校可以以未来经营收入、知识产权等进行融资。

第六十一条 除民办教育促进法和本条例规定的支持与奖励措施外，省、自治区、直辖市人民政府还可以根据实际情况，制定本地区促进民办教育发展的支持与奖励措施。

各级人民政府及有关部门在对现有民办学校实施分类管理改革时，应当充分考虑有关历史和现实情况，保障受教育者、教职工和举办者的合法权益，确保民办学校分类管理改革平稳有序推进。

第八章 法律责任

第六十二条 民办学校举办者及实际控制人、决策机构或者监督机构组成人员有下列情形之一的，由县级以上人民政府教育行政部门、人力资源社会保障行政部门或者其他有关部门依据职责分工责令限期改正，有违法所得的，退还所收费用后没收违法所得；情节严重的，1 至 5 年内不得新成为民办学校举办者或实际控制人、决策机构或者监督机构组成人员；情节特别严重、社会影响恶劣的，永久不得新成为民办学校举办者或实际控制人、决策机构或者监督机构组成人员；构成违反治安管理行为的，由公安机关依法给予治安管理处罚；构成犯罪的，依法追究刑事责任：

（一）利用办学非法集资，或者收取与入学关联的费用的；

（二）未按时、足额履行出资义务，或者抽逃出资、挪用办学经费的；

（三）侵占学校法人财产或者非法从学校获取利益的；

（四）与实施义务教育的民办学校进行关联交易，或者与其他民办学校进行关联交易损害国家利益、学校利益和师生权益的；

（五）伪造、变造、买卖、出租、出借办学许可证的；

（六）干扰学校办学秩序或者非法干预学校决策、管理的；

（七）擅自变更学校名称、层次、类型和举办者的；

（八）有其他危害学校稳定和安全、侵犯学校法人权利或者损害教职工、受教育者权益的行为的。

第六十三条 民办学校有下列情形之一的，依照民办教育促进法第六十二条规定给予处罚：

（一）违背国家教育方针，偏离社会主义办学方向，或者未保障学校党组织履行职责的；

（二）违反法律、行政法规和国家有关规定开展教育教学活动的；

（三）理事会、董事会或者其他形式决策机构未依法履行职责的；

（四）教学条件明显不能满足教学要求、教育教学质量低下，未及时采取措施的；

（五）校舍、其他教育教学设施设备存在重大安全隐患，未及时采取措施的；

（六）侵犯受教育者的合法权益，产生恶劣社会影响的；

（七）违反国家规定聘任、解聘教师，或者未依法保障教职工待遇的；

（八）违反规定招生，或者在招生过程中弄虚作假的；

（九）超出办学许可范围，擅自改变办学地址或者设立分校的；

（十）未依法履行公示办学条件和教育质量有关材料、财务状况等信息披露义务，或者公示的材料不真实的；

（十一）未按照国家统一的会计制度进行会计核算、编制财务会计报告，财务、资产管理混乱，或者违反法律、法规增加收费项目、提高收费标准的；

（十二）有其他管理混乱严重影响教育教学的行为的。

法律、行政法规对前款规定情形的处罚另有规定的，从其规定。

第六十四条 民办学校有民办教育促进法第六十二条或者本条例第六十三条规定的

违法情形的，由县级以上人民政府教育行政部门、人力资源社会保障行政部门或者其他有关部门依据职责分工对学校决策机构负责人、校长及直接责任人予以警告；情节严重的，1 至 5 年内不得新成为民办学校决策机构负责人或者校长；情节特别严重、社会影响恶劣的，永久不得新成为民办学校决策机构负责人或者校长。

同时举办或者实际控制多所民办学校的举办者或者实际控制人违反本条例规定，对所举办或者实际控制的民办学校疏于管理，造成恶劣影响的，由县级以上教育行政部门、人力资源社会保障行政部门或者其他有关部门依据职责分工责令限期整顿；拒不整改或者整改后仍发生同类问题的，1 至 5 年内不得举办新的民办学校，情节严重的，10 年内不得举办新的民办学校。

第六十五条 违反本条例规定举办、参与举办民办学校或者在民办学校筹设期内招生的，依照民办教育促进法第六十四条规定给予处罚。

第九章 附 则

第六十六条 本条例所称现有民办学校，是指 2016 年 11 月 7 日《全国人民代表大会常务委员会关于修改〈中华人民共和国民办教育促进法〉的决定》公布前设立的民办学校。

第六十七条 本条例规定的支持与奖励措施适用于中外合作办学机构。

第六十八条 本条例自 2021 年 9 月 1 日起施行。

中共中央、国务院文件

中共中央办公厅　国务院办公厅印发《关于加强新时代高技能人才队伍建设的意见》

（新华社北京10月7日电　近日，中共中央办公厅、国务院办公厅印发了《关于加强新时代高技能人才队伍建设的意见》，并发出通知，要求各地区各部门结合实际认真贯彻落实。）

技能人才是支撑中国制造、中国创造的重要力量。加强高级工以上的高技能人才队伍建设，对巩固和发展工人阶级先进性，增强国家核心竞争力和科技创新能力，缓解就业结构性矛盾，推动高质量发展具有重要意义。为贯彻落实党中央、国务院决策部署，加强新时代高技能人才队伍建设，现提出如下意见。

一、总体要求

（一）指导思想。以习近平新时代中国特色社会主义思想为指导，深入贯彻党的十九大和十九届历次全会精神，全面贯彻习近平总书记关于做好新时代人才工作的重要思想，坚持党管人才，立足新发展阶段，贯彻新发展理念，服务构建新发展格局，推动高质量发展，深入实施新时代人才强国战略，以服务发展、稳定就业为导向，大力弘扬劳模精神、劳动精神、工匠精神，全面实施"技能中国行动"，健全技能人才培养、使用、评价、激励制度，构建党委领导、政府主导、政策支持、企业主体、社会参与的高技能人才工作体系，打造一支爱党报国、敬业奉献、技艺精湛、素质优良、规模宏大、结构合理的高技能人才队伍。

（二）目标任务。到"十四五"时期末，高技能人才制度政策更加健全、培养体系更加完善、岗位使用更加合理、评价机制更加科学、激励保障更加有力，尊重技能尊重劳动的社会氛围更加浓厚，技能人才规模不断壮大、素质稳步提升、结构持续优化、收入稳定增加，技能人才占就业人员的比例达到30%以上，高技能人才占技能人才的比例达到1/3，东部省份高技能人才占技能人才的比例达到35%。力争到2035年，技能人才规模持续壮大、素质大幅提高，高技能人才数量、结构与基本实现社会主义现代化的要求相适应。

二、加大高技能人才培养力度

（三）健全高技能人才培养体系。构建以行业企业为主体、职业学校（含技工院校，下同）为基础、政府推动与社会支持相结合的高技能人才培养体系。行业主管部门和行业组织要结合本行业生产、技术发展趋势，做好高技能人才供需预测和培养规划。鼓励各类企业结合实际把高技能人才培养纳入企业发展总体规划和年度计划，依托企业培训中心、产教融合实训基地、高技能人才培训基地、公共实训基地、技能大师工作室、劳模和工匠人才创新工作室、网络学习平台等，大力培养高技能人才。国有企业要结合实际将高技能人才培养规划的制定和实施情况纳入考核评价体系。鼓励各类企业事业组织、社会团体及其他社会组织以独资、合资、合作等方式依法参与举办职业教育培训机构，积极参与承接政府购买服务。对纳入产教融合型企业建设培育范围的企业兴办职业教育符合条件的投资，可依据有关规定按投资额的30%抵免当年应缴教育费附加和地方教育附加。

（四）创新高技能人才培养模式。探索中国特色学徒制。深化产教融合、校企合作，开展订单式培养、套餐制培训，创新校企双制、校中厂、厂中校等方式。对联合培养高技能人才成效显著的企业，各级政府按规定予以表扬和相应政策支持。完善项目制培养模式，针对不同类别不同群体高技能人才实施差异化培养项目。鼓励通过名师带徒、技能研修、岗位练兵、技能竞赛、技术交流等形式，开放式培训高技能人才。建立技能人才继续教育制度，推广求学圆梦行动，定期组织开展研修交流活动，促进技能人才知识更新与技术创新、工艺改造、产业优化升级要求相适应。

（五）加大急需紧缺高技能人才培养力度。围绕国家重大战略、重大工程、重大项目、重点产业对高技能人才的需求，实施高技能领军人才培育计划。支持制造业企业围绕转型升级和产业基础再造工程项目，实施制造业技能根基工程。围绕建设网络强国、数字中国，实施提升全民数字素养与技能行动，建立一批数字技能人才培养试验区，打造一批数字素养与技能提升培训基地，举办全民数字素养与技能提升活动，实施数字教育培训资源开放共享行动。围绕乡村振兴战略，实施乡村工匠培育计划，挖掘、保护和传承民间传统技艺，打造一批“工匠园区”。

（六）发挥职业学校培养高技能人才的基础性作用。优化职业教育类型、院校布局和专业设置。采取中等职业学校和普通高中同批次并行招生等措施，稳定中等职业学校招生规模。在技工院校中普遍推行工学一体化技能人才培养模式。允许职业学校开展有偿性社会培训、技术服务或创办企业，所取得的收入可按一定比例作为办学经费自主安排使用；公办职业学校所取得的收入可按一定比例作为绩效工资来源，用于支付本校教师和其他培训教师的劳动报酬。合理保障职业学校师资受公派临时出国（境）参加培训访学、进修学习、技能交流等学术交流活动相关费用。切实保障职业学校学生在升学、就业、职业发展等方面与同层次普通学校学生享有平等机会。实施现代职业教育质量提升计划，支持职业学校改善办学条件。

（七）优化高技能人才培养资源和服务供给。实施国家乡村振兴重点帮扶地区职业技能提升工程，加大东西部协作和对口帮扶力度。健全公共职业技能培训体系，实施职业技能培训共建共享行动，开展县域职业技能培训共建共享试点。加快探索“互联网+职业技能培训”，构建线上线下相结合的培训模式。依托“金保工程”，加快推进职业技能培训实名制管理工作，建立以社会保障卡为载体的劳动者终身职业技能培训电子档案。

三、完善技能导向的使用制度

（八）健全高技能人才岗位使用机制。企业可设立技能津贴、班组长津贴、带徒津贴等，支持鼓励高技能人才在岗位上发挥技能、管理班组、带徒传技。鼓励企业根据需要，建立高技能领军人才“揭榜领题”以及参与重大生产决策、重大技术革新和技术攻关项目的制度。实行“技师+工程师”等团队合作模式，在科研和技术攻关中发挥高技能人才创新能力。鼓励支持高技能人才兼任职业学校实习实训指导教师。注重青年高技能人才选用。高技能人才配置状况应作为生产经营性企业及其他实体参加重大工程项目招投标、评优和资质评估的重要因素。

（九）完善技能要素参与分配制度。引导企业建立健全基于岗位价值、能力素质和业绩贡献的技能人才薪酬分配制度，实现多劳者多得、技高者多得，促进人力资源优化配置。国有企业在工资分配上要发挥向技能人才倾斜的示范作用。完善企业薪酬调查和信息发布制度，鼓励有条件的地区发布分职业（工种、岗位）、分技能等级的工资价位信息，为企业与技能人才协商确定工资水平提供信息参考。用人单位在聘的高技能人才在学习进修、岗位聘任、职务晋升、工资福利等方面，分别比照相应层级专业技术人员享受同等待遇。完善科技成果转化收益分享机制，对在技术革新或技术攻关中作出突出贡献的高技能人才给予奖励。高技能人才可实行年薪制、协议工资制，企业可对作出突出贡献的优秀高技能人才实行特岗特酬，鼓励符合条件的企业积极运用中长期激励工具，加大对高技能人才的激励力度。畅通为高技能人才建立企业年金的机制，鼓励和引导企业为包括高技能人才在内的职工建立企业年金。完善高技能特殊人才特殊待遇政策。

（十）完善技能人才稳才留才引才机制。鼓励和引导企业关心关爱技能人才，依法保障技能人才合法权益，合理确定劳动报酬。健全人才服务体系，促进技能人才合理流动，提高技能人才配置效率。建立健全技能人才柔性流动机制，鼓励技能人才通过兼职、服务、技术攻关、项目合作等方式更好发挥作用。畅通高技能人才向专业技术岗位或管理岗位流动渠道。引导企业规范开展共享用工。支持各地结合产业发展需求实际，将急需紧缺技能人才纳入人才引进目录，引导技能人才向欠发达地区、基层一线流动。支持各地将高技能人才纳入城市直接落户范围，高技能人才的配偶、子女按有关规定享受公共就业、教育、住房等保障服务。

四、建立技能人才职业技能等级制度和多元化评价机制

（十一）拓宽技能人才职业发展通道。建立健全技能人才职业技能等级制度。对设有

高级技师的职业（工种），可在其上增设特级技师和首席技师技术职务（岗位），在初级工之下补设学徒工，形成由学徒工、初级工、中级工、高级工、技师、高级技师、特级技师、首席技师构成的“八级工”职业技能等级（岗位）序列。鼓励符合条件的专业技术人员按有关规定申请参加相应职业（工种）的职业技能评价。支持各地面向符合条件的技能人才招聘事业单位工作人员，重视从技能人才中培养选拔党政干部。建立职业资格、职业技能等级与相应职称、学历的双向比照认定制度，推进学历教育学习成果、非学历教育学习成果、职业技能等级学分转换互认，建立国家资历框架。

（十二）健全职业标准体系和评价制度。健全符合我国国情的现代职业分类体系，完善新职业信息发布制度。完善由国家职业标准、行业企业评价规范、专项职业能力考核规范等构成的多层次、相互衔接的职业标准体系。探索开展技能人员职业标准国际互通、证书国际互认工作，各地可建立境外技能人员职业资格认可清单制度。健全以职业资格评价、职业技能等级认定和专项职业能力考核等为主要内容的技能人才评价机制。完善以职业能力为导向、以工作业绩为重点，注重工匠精神培育和职业道德养成的技能人才评价体系，推动职业技能评价与终身职业技能培训制度相适应，与使用、待遇相衔接。深化职业资格制度改革，完善职业资格目录，实行动态调整。围绕新业态、新技术和劳务品牌、地方特色产业、非物质文化遗产传承项目等，加大专项职业能力考核项目开发力度。

（十三）推行职业技能等级认定。支持符合条件的企业自主确定技能人才评价职业（工种）范围，自主设置岗位等级，自主开发制定岗位规范，自主运用评价方式开展技能人才职业技能等级评价；企业对新招录或未定级职工，可根据其日常表现、工作业绩，结合职业标准和企业岗位规范要求，直接认定相应的职业技能等级。打破学历、资历、年龄、比例等限制，对技能高超、业绩突出的一线职工，可直接认定高级工以上职业技能等级。对解决重大工艺技术难题和重大质量问题、技术创新成果获得省部级以上奖项、“师带徒”业绩突出的高技能人才，可破格晋升职业技能等级。推进“学历证书+若干职业技能证书”制度实施。强化技能人才评价规范管理，加大对社会培训评价组织的征集遴选力度，优化遴选条件，构建政府监管、机构自律、社会监督的质量监督体系，保障评价认定结果的科学性、公平性和权威性。

（十四）完善职业技能竞赛体系。广泛深入开展职业技能竞赛，完善以世界技能大赛为引领、全国职业技能大赛为龙头、全国行业和地方各级职业技能竞赛以及专项赛为主体、企业和院校职业技能比赛为基础的中国特色职业技能竞赛体系。依托现有资源，加强世界技能大赛综合训练中心、研究（研修）中心、集训基地等平台建设，推动世界技能大赛成果转化。定期举办全国职业技能大赛，推动省、市、县开展综合性竞赛活动。鼓励行业开展特色竞赛活动，举办乡村振兴职业技能大赛。举办世界职业院校技能大赛、全国职业院校技能大赛等职业学校技能竞赛。健全竞赛管理制度，推行“赛展演会”结合的办赛模式，建立政府、企业和社会多方参与的竞赛投入保障机制，加强竞赛专兼职队伍建设，提高竞赛科学化、规范化、专业化水平。完善并落实竞赛获奖选手表彰奖励、升学、职业技能等级晋升等政策。鼓励企业对竞赛获奖选手建立与岗位使用及薪酬待遇挂钩的长效激励机制。

五、建立高技能人才表彰激励机制

（十五）加大高技能人才表彰奖励力度。建立以国家表彰为引领、行业企业奖励为主体、社会奖励为补充的高技能人才表彰奖励体系。完善评选表彰中华技能大奖获得者和全国技术能手制度。国家级荣誉适当向高技能人才倾斜。加大高技能人才在全国劳动模范和先进工作者、国家科学技术奖等相关表彰中的评选力度，积极推荐高技能人才享受政府特殊津贴，对符合条件的高技能人才按规定授予五一劳动奖章、青年五四奖章、青年岗位能手、三八红旗手、巾帼建功标兵等荣誉，提高全社会对技能人才的认可认同。

（十六）健全高技能人才激励机制。加强对技能人才的政治引领和政治吸纳，注重做好党委（党组）联系服务高技能人才工作。将高技能人才纳入各地人才分类目录。注重依法依章程推荐高技能人才为人民代表大会代表候选人、政治协商会议委员人选、群团组织代表大会代表或委员会委员候选人。进一步提高高技能人才在职工代表大会中的比例，支持高技能人才参与企业管理。按照有关规定，选拔推荐优秀高技能人才到工会、共青团、妇联等群团组织挂职或兼职。建立高技能人才休假疗养制度，鼓励支持分级开展高技能人才休假疗养、研修交流和节日慰问等活动。

六、保障措施

（十七）强化组织领导。坚持党对高技能人才队伍建设的全面领导，确保正确政治方向。各级党委和政府要将高技能人才工作纳入本地区经济社会发展、人才队伍建设总体部署和考核范围。在本级人才工作领导小组统筹协调下，建立组织部门牵头抓总、人力资源社会保障部门组织实施、有关部门各司其职、行业企业和社会各方广泛参与的高技能人才工作机制。各地区各部门要大力宣传技能人才在经济社会发展中的作用和贡献，进一步营造重视、关心、尊重高技能人才的社会氛围，形成劳动光荣、技能宝贵、创造伟大的时代风尚。

（十八）加强政策支持。各级政府要统筹利用现有资金渠道，按规定支持高技能人才工作。企业要按规定足额提取和使用职工教育经费，60%以上用于一线职工教育和培训。落实企业职工教育经费税前扣除政策，有条件的地方可探索建立省级统一的企业职工教育经费使用管理制度。各地要按规定发挥好有关教育经费等各类资金作用，支持职业教育发展。

（十九）加强技能人才基础工作。充分利用大数据、云计算等新一代信息技术，加强技能人才工作信息化建设。建立健全高技能人才库。加强高技能人才理论研究和成果转化。大力推进符合高技能人才培养需求的精品课程、教材和师资建设，开发高技能人才培养标准和一体化课程。加强国际交流合作，推动实施技能领域“走出去”“引进来”合作项目，支持青年学生、毕业生参与青年国际实习交流计划，推进与各国在技能领域的交流互鉴。

国务院关于推行终身职业技能培训制度的意见

国发〔2018〕11号

各省、自治区、直辖市人民政府，国务院各部委、各直属机构：

职业技能培训是全面提升劳动者就业创业能力、缓解技能人才短缺的结构性矛盾、提高就业质量的根本举措，是适应经济高质量发展、培育经济发展新动能、推进供给侧结构性改革的内在要求，对推动大众创业万众创新、推进制造强国建设、提高全要素生产率、推动经济迈上中高端具有重要意义。为全面提高劳动者素质，促进就业创业和经济社会发展，根据党的十九大精神和“十三五”规划纲要相关要求，现就推行终身职业技能培训制度提出以下意见。

一、总体要求

（一）指导思想。

以习近平新时代中国特色社会主义思想为指导，全面深入贯彻党的十九大和十九届二中、三中全会精神，认真落实党中央、国务院决策部署，统筹推进“五位一体”总体布局和协调推进“四个全面”战略布局，坚持以人民为中心的发展思想，牢固树立新发展理念，深入实施就业优先战略和人才强国战略，适应经济转型升级、制造强国建设和劳动者就业创业需要，深化人力资源供给侧结构性改革，推行终身职业技能培训制度，大规模开展职业技能培训，着力提升培训的针对性和有效性，建设知识型、技能型、创新型劳动者大军，为全面建成社会主义现代化强国、实现中华民族伟大复兴的中国梦提供强大支撑。

（二）基本原则。

促进普惠均等。针对城乡全体劳动者，推进基本职业技能培训服务普惠性、均等化，注重服务终身，保障人人享有基本职业技能培训服务，全面提升培训质量、培训效益和群众满意度。

坚持需求导向。坚持以促进就业创业为目标，瞄准就业创业和经济社会发展需求确定培训内容，加强对就业创业重点群体的培训，提高培训后的就业创业成功率，着力缓解劳动者素质结构与经济社会发展需求不相适应、结构性就业矛盾突出的问题。

创新体制机制。推进职业技能培训市场化、社会化改革，充分发挥企业主体作用，鼓励支持社会力量参与，建立培训资源优化配置、培训载体多元发展、劳动者按需选择、政府加强监管服务的体制机制。

坚持统筹推进。加强职业技能开发和职业素质培养，全面做好技能人才培养、评价、选拔、使用、激励等工作，着力加强高技能人才队伍建设，形成有利于技能人才发展的制度体系和社会环境，促进技能振兴与发展。

（三）目标任务。

建立并推行覆盖城乡全体劳动者、贯穿劳动者学习工作终身、适应就业创业和人才成长需要以及经济社会发展需求的终身职业技能培训制度，实现培训对象普惠化、培训资源市场化、培训载体多元化、培训方式多样化、培训管理规范化，大规模开展高质量的职业技能培训，力争2020年后基本满足劳动者培训需要，努力培养造就规模宏大的高技能人才队伍和数以亿计的高素质劳动者。

二、构建终身职业技能培训体系

（四）完善终身职业技能培训政策和组织实施体系。面向城乡全体劳动者，完善从劳动预备开始，到劳动者实现就业创业并贯穿学习和职业生涯全过程的终身职业技能培训政策。以政府补贴培训、企业自主培训、市场化培训为主要供给，以公共实训机构、职业院校（含技工院校，下同）、职业培训机构和行业企业为主要载体，以就业技能培训、岗位技能提升培训和创业创新培训为主要形式，构建资源充足、布局合理、结构优化、载体多元、方式科学的培训组织实施体系。（人力资源社会保障部、教育部等按职责分工负责。列第一位者为牵头单位，下同）

（五）围绕就业创业重点群体，广泛开展就业技能培训。持续开展高校毕业生技能就业行动，增强高校毕业生适应产业发展、岗位需求和基层就业工作能力。深入实施农民工职业技能提升计划——“春潮行动”，将农村转移就业人员和新生代农民工培养成为高素质技能劳动者。配合化解过剩产能职工安置工作，实施失业人员和转岗职工特别职业培训计划。实施新型职业农民培育工程和农村实用人才培训计划，全面建立职业农民制度。对城乡未继续升学的初、高中毕业生开展劳动预备制培训。对即将退役的军人开展退役前技能储备培训和职业指导，对退役军人开展就业技能培训。面向符合条件的建档立卡贫困家庭、农村“低保”家庭、困难职工家庭和残疾人，开展技能脱贫攻坚行动，实施“雨露计划”、技能脱贫千校行动、残疾人职业技能提升计划。对服刑人员、强制隔离戒毒人员，开展以顺利回归社会为目的的就业技能培训。（人力资源社会保障部、教育部、工业和信息化部、民政部、司法部、住房城乡建设部、农业农村部、退役军人事务部、国务院国资委、国务院扶贫办、全国总工会、共青团中央、全国妇联、中国残联等按职责分工负责）

（六）充分发挥企业主体作用，全面加强企业职工岗位技能提升培训。将企业职工培训作为职业技能培训工作的重点，明确企业培训主体地位，完善激励政策，支持企业大规模开展职业技能培训，鼓励规模以上企业建立职业培训机构开展职工培训，并积极面向中小企业和社会承担培训任务，降低企业兴办职业培训机构成本，提高企业积极性。对接国民经济和社会发展中长期规划，适应高质量发展要求，推动企业健全职工培训制度，制定职工培训规划，采取岗前培训、学徒培训、在岗培训、脱产培训、业务研修、岗位练兵、技术比武、技能竞赛等方式，大幅提升职工技能水平。全面推行企业新型学徒制度，对企业新招用和转岗的技能岗位人员，通过校企合作方式，进行系统职业技能培训。发挥失业保险促进就业作用，支持符合条件的参保职工提升职业技能。健全校企合作制度，探索推进产教融合试点。（人力资源社会保障部、教育部、工业和信息化部、住房城乡建设部、国务院国资委、全国总工会等按职责分工负责）

（七）适应产业转型升级需要，着力加强高技能人才培训。面向经济社会发展急需紧缺职业（工种），大力开展高技能人才培训，增加高技能人才供给。深入实施国家高技能人才振兴计划，紧密结合战略性新兴产业、先进制造业、现代服务业等发展需求，开展技师、高级技师培训。对重点关键岗位的高技能人才，通过开展新知识、新技术、新工艺等方面培训以及技术研修攻关等方式，进一步提高他们的专业知识水平、解决实际问题能力和创新创造能力。支持高技能领军人才更多参与国家科研项目。发挥高技能领军人才在带徒传技、技能推广等方面的重要作用。（人力资源社会保障部、教育部、工业和信息化部、住房城乡建设部、国务院国资委、全国总工会等按职责分工负责）

（八）大力推进创业创新培训。组织有创业意愿和培训需求的人员参加创业创新培训。以高等学校和职业院校毕业生、科技人员、留学回国人员、退役军人、农村转移就业和返乡下乡创业人员、失业人员和转岗职工等群体为重点，依托高等学校、职业院校、职业培训机构、创业培训（实训）中心、创业孵化基地、众创空间、网络平台等，开展创业意识教育、创新素质培养、创业项目指导、开业指导、企业经营管理等培训，提升创业创新能力。健全以政策支持、项目评定、孵化实训、科技金融、创业服务为主要内容的创业创新支持体系，将高等学校、职业院校学生在校期间开展的“试创业”实践活动纳入政策支持范围。发挥技能大师工作室、劳模和职工创新工作室作用，开展集智创新、技术攻关、技能研修、技艺传承等群众性技术创新活动，做好创新成果总结命名推广工作，加大对劳动者创业创新的扶持力度。（人力资源社会保障部、教育部、科技部、工业和信息化部、住房城乡建设部、农业农村部、退役军人事务部、国务院国资委、国务院扶贫办、全国总工会、共青团中央、全国妇联、中国残联等按职责分工负责）

（九）强化工匠精神和职业素质培育。大力弘扬和培育工匠精神，坚持工学结合、知行合一、德技并修，完善激励机制，增强劳动者对职业理念、职业责任和职业使命的认识与理解，提高劳动者践行工匠精神的自觉性和主动性。广泛开展“大国工匠进校园”活动。加强职业素质培育，将职业道德、质量意识、法律意识、安全环保和健康卫生等要求贯穿职业培训全过程。(人力资源社会保障部、教育部、科技部、工业和信息化部、住房城乡建设部、国务院国资委、国家市场监督管理总局、全国总工会、共青团中央等按职责分工负责)

三、深化职业技能培训体制机制改革

（十）建立职业技能培训市场化社会化发展机制。加大政府、企业、社会等各类培训资源优化整合力度，提高培训供给能力。广泛发动社会力量，大力发展民办职业技能培训。鼓励企业建设培训中心、职业院校、企业大学，开展职业训练院试点工作，为社会培育更多高技能人才。鼓励支持社会组织积极参与行业人才需求发布、就业状况分析、培训指导等工作。政府补贴的职业技能培训项目全部向具备资质的职业院校和培训机构开放。(人力资源社会保障部、教育部、工业和信息化部、民政部、国家市场监督管理总局、全国总工会等按职责分工负责)

（十一）建立技能人才多元评价机制。健全以职业能力为导向、以工作业绩为重点、注重工匠精神培育和职业道德养成的技能人才评价体系。建立与国家职业资格制度相衔接、与终身职业技能培训制度相适应的职业技能等级制度。完善职业资格评价、职业技能等级认定、专项职业能力考核等多元化评价方式，促进评价结果有机衔接。健全技能人才评价管理服务体系，加强对评价质量的监管。建立以企业岗位练兵和技术比武为基础、以国家和行业竞赛为主体、国内竞赛与国际竞赛相衔接的职业技能竞赛体系，大力组织开展职业技能竞赛活动，积极参与世界技能大赛，拓展技能人才评价选拔渠道。(人力资源社会保障部、教育部、工业和信息化部、住房城乡建设部、国务院国资委、全国总工会、共青团中央、中国残联等按职责分工负责)

（十二）建立职业技能培训质量评估监管机制。对职业技能培训公共服务项目实施目录清单管理，制定政府补贴培训目录、培训机构目录、鉴定评价机构目录、职业资格目录，及时向社会公开并实行动态调整。建立以培训合格率、就业创业成功率为重点的培训绩效评估体系，对培训机构、培训过程进行全方位监管。结合国家“金保工程”二期，建立基于互联网的职业技能培训公共服务平台，提升技能培训和鉴定评价信息化水平。探索建立劳动者职业技能培训电子档案，实现培训信息与就业、社会保障信息联通共享。(人力资源社会保障部、财政部等按职责分工负责)

（十三）建立技能提升多渠道激励机制。支持劳动者凭技能提升待遇，建立健全技能人才培养、评价、使用、待遇相统一的激励机制。指导企业不唯学历和资历，建立基于岗位价值、能力素质、业绩贡献的工资分配机制，强化技能价值激励导向。制定企业技术工人技能要素和创新成果按贡献参与分配的办法，推动技术工人享受促进科技成果转化的有关政策，鼓励企业对高技能人才实行技术创新成果入股、岗位分红和股权期权等激励方式，鼓励凭技能创造财富、增加收入。落实技能人才积分落户、岗位聘任、职务职级晋升、参与职称评审、学习进修等政策。支持用人单位对聘用的高级工、技师、高级技师，比照相应层级工程技术人员确定其待遇。完善以国家奖励为导向、用人单位奖励为主体、社会奖励为补充的技能人才表彰奖励制度。（人力资源社会保障部、教育部、工业和信息化部、公安部、国务院国资委、国家公务员局等按职责分工负责）

四、提升职业技能培训基础能力

（十四）加强职业技能培训服务能力建设。推进职业技能培训公共服务体系建设，为劳动者提供市场供求信息咨询服务，引导培训机构按市场和产业发展需求设立培训项目，引导劳动者按需自主选择培训项目。推进培训内容和方式创新，鼓励开展新产业、新技术、新业态培训，大力推广“互联网+职业培训”模式，推动云计算、大数据、移动智能终端等信息网络技术在职业技能培训领域的应用，提高培训便利度和可及性。（人力资源社会保障部、国家发展改革委等按职责分工负责）

（十五）加强职业技能培训教学资源建设。紧跟新技术、新职业发展变化，建立职业分类动态调整机制，加快职业标准开发工作。建立国家基本职业培训包制度，促进职业技能培训规范化发展。支持弹性学习，建立学习成果积累和转换制度，促进职业技能培训与学历教育沟通衔接。实行专兼职教师制度，完善教师在职培训和企业实践制度，职业院校和培训机构可根据需要和条件自主招用企业技能人才任教。大力开展校长等管理人员培训和师资培训。发挥院校、行业企业作用，加强职业技能培训教材开发，提高教材质量，规范教材使用。（人力资源社会保障部、教育部等按职责分工负责）

（十六）加强职业技能培训基础平台建设。推进高技能人才培训基地、技能大师工作室建设，建成一批高技能人才培养培训、技能交流传承基地。加强公共实训基地、职业农民培育基地和创业孵化基地建设，逐步形成覆盖全国的技能实训和创业实训网络。对接世界技能大赛标准，加强竞赛集训基地建设，提升我国职业技能竞赛整体水平和青年技能人才培养质量。积极参与走出去战略和“一带一路”建设中的技能合作与交流。（人力资源社会保障部、国家发展改革委、教育部、科技部、工业和信息化部、财政部、农业农村部、商务部、国务院国资委、国家国际发展合作署等按职责分工负责）

五、保障措施

（十七）加强组织领导。地方各级人民政府要按照党中央、国务院的总体要求，把推行终身职业技能培训制度作为推进供给侧结构性改革的重要任务，根据经济社会发展、促进就业和人才发展总体规划，制定中长期职业技能培训规划并大力组织实施，推进政策落实。要建立政府统一领导，人力资源社会保障部门统筹协调，相关部门各司其职、密切配合，有关人民团体和社会组织广泛参与的工作机制，不断加大职业技能培训工作力度。（人力资源社会保障部等部门、单位和各省级人民政府按职责分工负责）

（十八）做好公共财政保障。地方各级人民政府要加大投入力度，落实职业技能培训补贴政策，发挥好政府资金的引导和撬动作用。合理调整就业补助资金支出结构，保障培训补贴资金落实到位。加大对用于职业技能培训各项补贴资金的整合力度，提高使用效益。完善经费补贴拨付流程，简化程序，提高效率。要规范财政资金管理，依法加强对培训补贴资金的监督，防止骗取、挪用，保障资金安全和效益。有条件的地区可安排经费，对职业技能培训教材开发、新职业研究、职业技能标准开发、师资培训、职业技能竞赛、评选表彰等基础工作给予支持。（人力资源社会保障部、教育部、财政部、审计署等按职责分工负责）

（十九）多渠道筹集经费。加大职业技能培训经费保障，建立政府、企业、社会多元投入机制，通过就业补助资金、企业职工教育培训经费、社会捐助赞助、劳动者个人缴费等多种渠道筹集培训资金。通过公益性社会团体或者县级以上人民政府及其部门用于职业教育的捐赠，依照税法相关规定在税前扣除。鼓励社会捐助、赞助职业技能竞赛活动。（人力资源社会保障部、教育部、工业和信息化部、民政部、财政部、国务院国资委、税务总局、全国总工会等按职责分工负责）

（二十）进一步优化社会环境。加强职业技能培训政策宣传，创新宣传方式，提升社会影响力和公众知晓度。积极开展技能展示交流，组织开展好职业教育活动周、世界青年技能日、技能中国行等活动，宣传校企合作、技能竞赛、技艺传承等成果，提高职业技能培训吸引力。大力宣传优秀技能人才先进事迹，大力营造劳动光荣的社会风尚和精益求精的敬业风气。（人力资源社会保障部、教育部、全国总工会、共青团中央等按职责分工负责）

国务院

2018 年 5 月 3 日

（资料来源：中国政府网）

人力资源社会保障部文件

人力资源社会保障部关于进一步规范职业技能培训管理工作的通知

人社部发〔2024〕5号

各省、自治区、直辖市及新疆生产建设兵团人力资源社会保障厅（局）：

为贯彻落实习近平总书记重要批示精神，巩固职业技能培训和评价专项整治工作成果，进一步规范职业技能培训管理，促进劳动者技能就业，经商财政部同意，现就有关工作通知如下。

一、强化就业导向建好“两目录一系统”

（一）聚焦重点产业和急需紧缺职业（工种）设置职业技能培训需求指导目录。各省（区、市）人力资源社会保障部门要强化培训促就业导向，商同级财政部门指导各市县根据当地产业发展和就业需求，发布职业技能培训需求指导目录，明确急需紧缺职业技能培训项目，可包括培训类型、职业（工种）名称、补贴标准等内容，及时公开并动态调整。优先纳入战略性新兴产业、先进制造业、现代服务业和地方支柱特色产业、劳务品牌等急需紧缺职业（工种）。培训课时可参考国家职业标准、行业企业评价规范、专项职业能力考核规范、培训计划等，结合区域产业发展、企业岗位需求等情况确定。对不符合区域产业发展、企业岗位需求或劳动者培训就业意愿的低效无效培训项目，要及时移出目录。

（二）及时公开和动态调整培训机构目录。结合实际对开展政府补贴培训项目的职业院校、技工院校、民办职业技能培训学校、其他学校或者教育机构以及企业、社会组织梳理汇总，形成培训机构目录，及时公开并动态调整。目录应包括机构名称、地址、办学性质及可开展的培训项目等内容。培训机构应具有独立开展培训的师资、场地、设施设备以及课程体系、培训教学资源等，符合消防、卫生、安全、防疫等要求。

（三）推进职业技能培训实名制信息管理系统应用。加快建设和应用省级集中的职业技能培训实名制信息管理系统，推动人力资源社会保障部门、培训机构通过系统管理和开展工作。加快培训、就业、社保信息互通共享，提供培训就业一体化服务。有条件的地区可探索开展培训信息推送，推进项目找人、人策匹配，大力推进与有关部门信息系统互联互通，加强享受培训补贴人员数据共享校验，设置风控预警功能，为参训人员身份识别、培训项目筛查比对、远程实时监管等提供技术支撑。

二、加强职业技能培训和考核评价流程管理

（四）强化培训过程监管。对培训项目建立真实性完备性审核制度，实行开班申请、过程检查、结业考核制度。开班申请包括培训学员名册、教学计划、授课师资、教学资源（教材、数字课程等）、考核方案等要素。完善远程监控、视频录制等监管技术手段，实现培训过程有记录、可查询、可追溯。对享受政府补贴的培训机构，要实地核实培训场地和设施设备条件。探索引入第三方监督机制，对培训机构、培训对象、培训过程、培训质量和培训补贴资金申领发放等实施常态化跟踪管理和评估。可结合实际探索对拟申领补贴的培训机构和参训人员预先告知培训组织实施要求、补贴申领条件、违规违纪违法责任等内容，培训机构承诺对培训全过程及真实性负责，参训人员承诺对身份条件真实性负责。

（五）严格组织开展考核评价。指导培训机构在培训结束后，及时组织结业考核或职业技能评价（含职业资格评价、职业技能等级认定和专项职业能力考核）。结业考核内容应充分体现职业（工种）或专项能力的核心技能，兼顾理论和实操能力，并有适当难易区分度。对考核合格人员核发培训合格证书，要如实记载培训机构名称、培训项目、时间等。省级人力资源社会保障部门要加强培训合格证书的管理，可统一证书序列号、参训人员姓名、身份信息、培训项目名称、培训起止日期、培训机构名称、发证日期等相关内容式样要求。探索加强对培训合格人员就业跟踪服务，将培训后就业效果作为培训机构办学督导、信用评定、品牌建设的重要内容。

（六）规范开展职业技能评价。统筹做好职业技能培训和评价一体化管理工作。要根据经济社会发展实际、劳动者就业状况和企业需求，优化职业技能评价机构、评价职业（工种）的管理和规划布局，控制数量，提高质量，从严从优遴选社会评价机构。对职业技能评价机构要加强技术指导、质量督导与服务支持，加强评价过程管理、考务管理、题库资源建设、评分结果档案记录、证书数据管理等，保证评价质量。职业技能评价机构要切实履行主体责任，认真审核参评人员资格条件，严格考核流程和考试纪律，按照国家职业标准和评价规范开展评价。对评价合格人员，要加快职业技能等级证书发放进度。对不符合报考条件、伪造报名资格、降低考试难度、伪造试卷、编造虚假资料、不考试就发证、滥发倒卖证书等行为，取消参评人员评价结果，追回相应补贴资金，限期整改；未按期整改或整改不到位的，按有关规定进行处理；涉嫌犯罪的，移送司法机关。

（七）规范“互联网+职业技能培训”。利用互联网技术在线实施职业技能培训活动应当符合国家互联网管理有关法律、行政法规的规定。线上培训平台应具备实名验证、人脸识别、学习行为控制、学习记录查询统计、即时互动和培训质量管控等技术功能，确保平台安全稳定运行。政府部门组织开展的培训项目，如需应用线上平台培训，可根据

培训项目特点，合理确定线上线下课时比例，公开征集遴选并公布线上培训平台，建立线上培训平台及数字资源质量评估与动态调整机制，明确落实监管职责。禁止线上培训平台篡改数据、线上学习记录造假、同一账号同时多端口登录、多页面非前端播放课程、刷课、挂课、替课、刷考、替考等行为。对出现违规违纪违法行为的线上培训平台和享受补贴、代领补贴的培训机构，应根据情形及时中止培训活动、责令整改、追回补贴资金、移出目录，依法依规给予行政处罚；涉嫌犯罪的，移送司法机关。

三、加强职业技能培训基础能力建设

（八）建设培育优质培训载体。推行“技能培训+就业服务”深度融合模式，培育一批对接市场紧密、行业特色鲜明、师资设备强、服务就业好的培训机构品牌。充分发挥职业院校、技工院校、龙头企业等培训资源优势，引导支持其积极服务重点群体，开展订单定岗定向式培训。分类分档建设一批国家级高技能人才培训基地和技能大师工作室，基本形成覆盖重点产业行业和急需紧缺职业（工种）的高技能人才培养培训和技能推广网络。加强制造业和现代服务业高技能人才培养培训和研修交流。

（九）加强教学资源建设和管理。指导培训机构做好教材、数字课程等教学资源选用工作，积极选用国家基本职业培训包和国家级职业培训规划教材，从正规图书发行渠道征订。加强技能人才通用素质、中国特色企业新型学徒制、高技能人才研修等重点领域，以及新产业、新技术、新职业、数字技能等新兴领域职业培训教材及教辅材料开发与更新，推进职业培训资源数字化建设。

（十）抓好师资队伍建设。指导培训机构配备与办学规模和职业（工种）相适应的专兼职教师队伍和管理人员，确保培训组织实施效果。授课教师应具备相应的资格（含职业资格、职业技能等级、专业技术职称）或长期从事相关工作、具有丰富的实践经验。培训机构可面向企业、行业、高校和科研机构聘请具有丰富生产实践经验和技术专长的高技能人才、能工巧匠等承担授课任务。鼓励各地建立健全培训机构教师培养培训制度，组织师资培训、研修交流、教学能力竞赛等活动。

（十一）规范培训机构办学行为。加大对培训机构监督检查力度，可结合实际探索建立年度检查、协议管理、信用评定等制度，采取“双随机一公开”、办学督导、定期考核、第三方评估等方式，加强对享受政府补贴的培训机构、授课师资、实训安全、考核发证、广告宣传、招生活动、收费等方面监管，三年内质量检查全覆盖，促进规范办学。严禁培训机构以招生费等名义直接或变相买卖符合补贴条件的生源，以联合办学、培训合作等名义违规转包政府补贴的培训项目，与参训人员串通提供虚假信息骗取套取资金等行为。对不以就业创业为目的，为拼凑人数领取补贴组织开展的“兴趣式培训”“滥竽充数式”培训的培训机构，依法责令限期整改；未按期整改的，移出目录。对出现违规套补、造假骗补、冒领补贴、违规转包获利等情形的培训机构，要采取追回补贴资金、暂停招生、责令整改、移出目录、吊销办学许可证、追究责任等不同处理方式，并按照职业教育法、民办教育促进法及实施条例、劳动保障监察条例等法律法规给予行政处罚；涉嫌犯罪的，移送司法机关。

四、加强补贴资金统筹使用和监管

（十二）强化培训资金统筹。统筹用好就业补助资金、失业保险基金、职业技能提升行动专账资金，支持保障职业技能培训工作，对符合条件的参训人员按规定给予职业培训补贴和生活费补助等。同一职业（工种）的同一等级不可重复申领培训补贴（含参保职工技能提升补贴），获得高等级证书的不得再申领同一职业（工种）低等级证书补贴。

（十三）探索制定差异化补贴标准。可探索根据不同职业（工种）急需紧缺程度、培训成本，以及培训后取得证书（含职业资格证书、职业技能等级证书、专项职业能力证书、培训合格证书等）、实现就业创业等情况，实施差异化补贴政策。

（十四）压实资金管理主体责任。要与组织开展培训项目的相关部门（单位）明确补贴资金管理职责和具体要求，按照“谁使用、谁负责”的原则，压实工作责任。要紧盯报名开班、结业审核、补贴申领、资金拨付等重点环节，加强补贴对象、补贴标准、考勤记录等关键要素审核和数据比对核查，加大制防、人防、技防和群防协同监管力度，切实保障培训资金安全和使用效能。各级人力资源社会保障、财政部门应当做好补贴资金使用情况信息公示，公示内容包括享受各项补贴的单位名称和人员有关信息（含隐藏部分位数的身份证号码、工作单位和职业工种名称）、补贴标准、补贴金额和培训内容等。

五、加强组织领导和管理服务

（十五）强化部门协同。在各级人才工作领导小组、就业工作相关领导小组等领导下，人力资源社会保障部门要加强统筹协调，发挥有关行业主管部门作用，共同组织好重点群体培训需求摸底调查和组织实施工作，形成省级统筹、部门参与、市县实施的工作格局。合理确定年度工作计划，分解工作任务，压实管理责任，抓好督促落实。支持县级（含）以上政府统筹设置重点支持的培训项目，统一培训标准，开展高质量培训。

（十六）提供便捷高效服务。依托政府部门门户网站、公共就业服务信息平台、官方微信公众号等，向社会公开职业技能培训需求指导目录，方便劳动者查询和按需选择。支持引导劳动者按照自愿参加、自主选择的原则，可通过先垫后补、信用支付等方式报名参训。劳动者在享受政府补贴之外分担培训成本，补贴发放以直补个人为主，企业和培训机构按有关管理规定申领补贴，提高劳动者参与培训和监督培训效果的积极主动性。会同财政部门进一步优化补贴申领流程、办理条件、申请材料、办理时限等，为劳动者提供高效服务。推进使用社会保障卡发放职业技能培训相关补贴补助，做好规范管理工作。

（十七）严肃执纪执法。积极会同有关部门依法打击靠训吃训、内外串通、套取骗补培训资金等违纪违法问题，确保政治效果、法律效果和社会效果相统一。建立要情通报制度，发现涉及培训资金安全线索，第一时间向本级政府和上级主管部门报告。综合利用多种形态常态化开展警示教育和廉政教育，进一步增强党员干部、工作人员纪律意识和规矩意识。教育引导培训机构、评价机构管理人员和工作人员严格遵守廉洁自律要求，严禁滥用职权、徇私舞弊、造假牟利。案件办理过程中，发现公职人员涉嫌职务违法犯罪问题线索，要及时移交。

（十八）强化政策宣传解读。充分运用报刊广播、电视、门户网站、政务微博、政务微信、手机客户端等平台载体，加大技能人才有关政策宣传力度，帮助企业、培训机构和劳动者进一步了解、用足用好政策。积极推广地方技能人才培养典型经验、劳动者技能就业致富先进事迹、职业技能培训品牌化建设成果，营造技能成才良好环境，推动培训事业健康发展。

各省级人力资源社会保障部门要做好本通知与职业技能培训和评价专项整治，以及地方现行政策的统筹衔接，推动专项整治成果转化，可根据实际情况，进一步明确各级人力资源社会保障部门职责任务，细化具体实施举措，确保工作落实落细，取得实效。

人力资源社会保障部

2024 年 1 月 3 日

人力资源社会保障部关于印发数字人社建设行动实施方案的通知

人社部发〔2023〕34号

各省、自治区、直辖市及新疆生产建设兵团人力资源社会保障厅（局），部属各单位：

为贯彻落实党的二十大精神和党中央、国务院关于数字中国、数字政府建设的决策部署，按照《数字中国建设整体布局规划》《国务院关于加强数字政府建设的指导意见》等文件要求，我部决定实施数字人社建设行动，全面推行数字化改革，为推进人力资源社会保障领域治理体系和治理能力现代化提供有力支撑。现将《数字人社建设行动实施方案》印发给你们，请结合实际认真贯彻落实。

人力资源社会保障部

2023年6月19日

数字人社建设行动实施方案

根据《数字中国建设整体布局规划》《国务院关于加强数字政府建设的指导意见》和“十四五”系列规划部署要求，为实施数字人社建设行动，增强人力资源社会保障（以下简称人社）部门履职效能，推进人社领域治理体系和治理能力现代化，制定本方案。

一、总体要求

（一）指导思想

以习近平新时代中国特色社会主义思想为指导，全面贯彻落实党的二十大精神和党中央、国务院决策部署，深入贯彻习近平总书记关于网络强国的重要思想和数字中国的重要论述，强化人社业务与数字技术的深度融合，构建一体化、数字化、智能化人社工作新形态，发展数字政务、赋能数字经济、助力数字社会，以数字人社助力中国式现代化。

（二）基本原则

坚持党的全面领导。把党的领导贯穿数字人社建设各方面各环节，贯穿人社数字化改革和制度创新全过程，确保数字人社建设正确方向。

坚持以人民为中心。站稳人民立场，把握人民愿望，着力破解企业群众反映强烈的急难愁盼问题，让数字人社建设成果更多更公平惠及全体人民，促进共同富裕和人口高质量发展。

坚持数据赋能。树立数字化思维，强化全流程进系统，形成全周期数据链，充分发挥数据作为新型生产要素的先导作用，让数据在政策实施、支持决策、服务群众、配置资源等方面发挥更大作用，提升人社领域管理服务水平，赋能政府治理和经济社会发展。

坚持改革引领。突出问题导向、目标导向、结果导向，注重制度创新和技术创新双轮驱动、顶层设计和基层探索有机结合，以数字化改革推动人社领域经办、服务、监管、决策模式的全方位变革。

坚持整体协同。强化系统观念，增强系统集成，联通业务，打通数据，贯通上下，促进技术融合、业务融合、数据融合，提升跨层级、跨地域、跨系统、跨部门、跨业务的协同管理和服务水平。

坚持安全可控。贯彻总体国家安全观，统筹发展和安全，构建制度、管理和技术衔接配套的安全防护体系，强化基础设施、数据资源和应用平台等安全保障能力，加强个人信息保护，守牢网络和数据安全底线。

（三）主要目标

总体目标是，依托金保工程等信息化项目，全面推行人社数字化改革，推进理念重塑、制度重构、流程再造，深化一体化、发展数字化、迈向智能化，优化数字社保、就业和人力资源服务，加强数字新就业形态劳动权益保障，实现一体化办理、精准化服务、智能化监管、科学化决策、生态化发展，引领和支撑人社事业高质量发展。

到 2025 年，数字人社建设体系初步形成，人社数字化底座基本建立，“全数据共享、全服务上网、全业务用卡”成效更加广泛，人社数字化应用场景不断涌现，业务实现有机联动，建成横向打通、纵向贯通、协同高效的人社一体化发展格局。

到 2027 年，数字人社建设取得显著成效，数字化管理新体系、服务新模式、监管新局面、决策新途径、生态发展新格局全面形成，全国人社领域数字化治理体系和治理能力成熟完备，实现整体“智治”。

（四）整体框架

数字人社建设行动按照“1532”的整体框架进行布局。“1”即 1 个总体目标，深化一体化、发展数字化、迈向智能化，提升人社领域治理体系和治理能力现代化水平；“5”即着力打造一体化办理、精准化服务、智能化监管、科学化决策、生态化发展 5 类对内对外应用场景，引领各类业务工作；“3”即持续完善人社一体化信息平台、人社大数据平台、公共基础设施 3 项能力底座，夯实发展基础；“2”即建立健全政策标准、安全保障 2 个工作支柱，提供有力有效支撑。

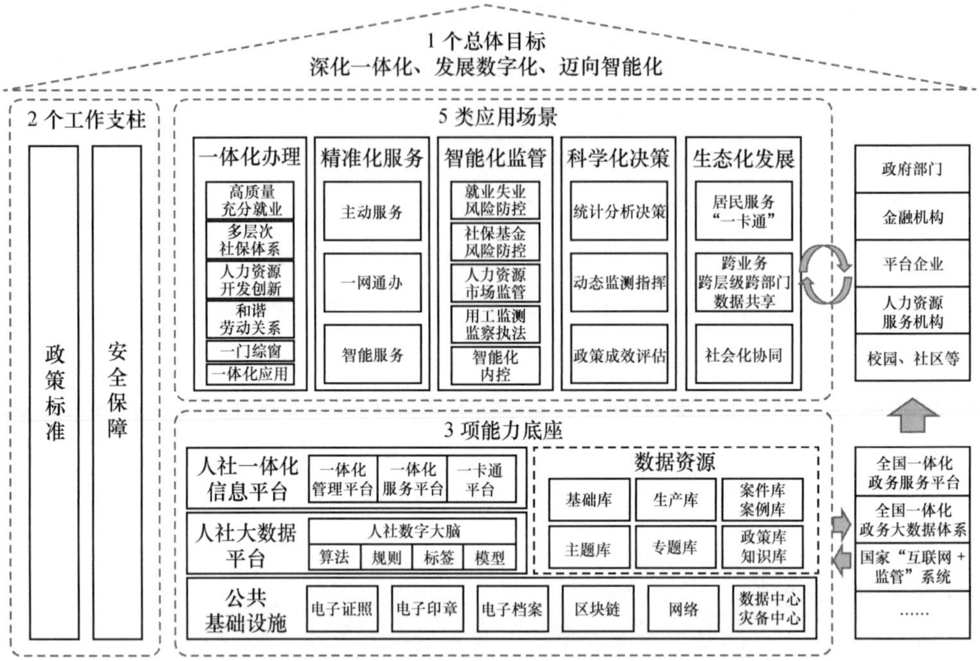

数字人社建设行动整体框架图

二、推进一体化办理，塑造数字化管理新体系

（五）以数字化推动政策精准落实，支持建立高质量充分就业工作体系。建成全省统一的就业信息资源库和就业信息平台，对内实现业务统一办理、对外实现服务统一提供。推进招聘求职、政策申领、职业指导等在线服务，支持劳动者和企业便捷享受就业政策和服务。汇聚人社全领域数据资源，共享相关部门和市场机构数据，实现政策申领、就业管理和就业服务等信息“一库管理”，做准、做实、做全服务对象底数。打造全国就业公共服务平台，开通就业失业登记、就业见习、就业政策服务等全国统一服务入口，支持全国性、跨地区就业业务线上办理。完善中国公共招聘网和“就业在线”，提升全国一站式招聘求职服务能力。构建全国就业信息资源库，实时归集就业管理和服务数据，支持业务办理和形势分析研判。（责任单位：就业司、信息中心按职责分工负责）

（六）以数字化推动经办服务升级，支持健全多层次社会保障体系。深入推进社保经办数字化转型，实行“全险合一”的社保经办管理服务，实现社保业务在省内无差别受理，全省通办。实现社保业务、财务、档案联动管理，实现“社税共享”“社银直联”，协同推进“社税财银”四方对账。实现工伤认定、劳动能力鉴定、工伤待遇申领协同办理，实现工伤保险协议机构省内及跨省联网直接结算。强化职业伤害保障等新就业形态劳动者社保服务支撑能力。健全社保数据准实时归集共享机制，实现企业（职业）年金数据汇聚、个人养老金数据共享，搭建多层次社会保障体系数字全景图。加大“数据找人”工作力度，精准扩大参保覆盖面。（责任单位：社保中心、养老保险司、工伤保险

司、失业保险司、农保司、基金监管局、信息中心按职责分工负责）

（七）以数字化推动人才精准培养和有效供给，支持人力资源开发创新。健全终身职业技能培训工作体系，发展覆盖职业生涯全过程的数字化职业技能培训，动态感知市场需求，形成以社会保障卡为载体的终身职业培训电子档案。建立全国统一的技工教育数字资源服务平台，推动与有关部门信息互联互认。加强职称评审、高层次人才管理服务信息化，推进相关人才信息归集共享，健全专业技术人才和技能人才库。完善技能人才评价工作网，建立职业技能评价服务监管平台，实现职业技能评价全过程信息记录和监管预警。加强事业单位工资管理信息化，推动事业单位工作人员职业生涯全周期管理。（责任单位：职业能力司、专技司、工资司、事业管理司、信息中心、指导中心、考试中心、专家中心按职责分工负责）

（八）以数字化推进劳动维权便利化，支持构建和谐劳动关系。推广应用电子劳动合同，拓宽在人社服务中的应用场景。推进“互联网+调解仲裁”、数字仲裁庭、智能仲裁院建设。推进劳动关系协同治理，调解、仲裁、劳动保障监察联动处置，实现案件信息共享、查证事实互认。与法院等部门实现裁审信息衔接比对和案件协查，开展劳动人事争议“总对总”在线诉调对接工作，促进调解仲裁与诉讼有效衔接。统筹推进农民工信息采集归集，加强农民工实名信息管理。（责任单位：劳动关系司、农民工司、调解仲裁司、监察局、信息中心按职责分工负责）

（九）全面推行“一门综窗”。将各级人社服务大厅的“单一窗口”整合为“综合窗口”，大力推行受办分离模式，现场办理事项“只进一扇门、一窗全办结”。向有条件的街道乡镇、社区行政村、银行、邮政下沉人社服务窗口，建立覆盖广泛的自助服务体系，推行全天候随时办服务。通过数据共享，进一步精简办事环节和材料。（责任单位：就业司、信息中心、社保中心、部属相关单位按职责分工负责）

（十）深化人社业务一体化应用。深入推进人社领域系统互联互通、数据融合共享、业务协同联动、部省纵向贯通，推动更多关联事项“智能联办”。以就业为牵引，持续推动业务整合、事项重组、岗责优化。统一办理就业失业登记、社保登记、劳动用工备案。聚焦个人全生命周期、单位用人全过程，深化人社领域关联事项“一件事”打包办，联合相关部门推进新生儿出生、企业开办、员工录用、灵活就业、军人退役、职工退休、公民身后等重要阶段关联事项的“一件事一次办”。探索灵活就业和新就业形态人员就业、社保等相关业务联办。（责任单位：行风办、就业司、劳动关系司、信息中心、社保中心、部属相关单位按职责分工负责）

三、推行精准化服务，构建优质便捷服务新模式

（十一）大力推行主动服务。运用大数据精准识别政策享受对象，实现“政策找人”“人策匹配”，主动推送政策信息和相关服务，实现政策待遇“免申即享”“民生直达”

"直补快办"。运用多源数据为服务对象精准"画像"，线上核验办事群众身份，自动核对办事材料，实行"免证办""智能秒批"。推广"辅助帮办""全程代办"，为老年人、残疾人等群体提供暖心服务。在线发布本地区政策清单，实现惠企惠民政策及其兑现操作办法同步发布，"一网全查、一看就懂"。（责任单位：部属相关单位按职责分工负责）

（十二）持续推进"一网通办"服务。全面实现人社政务服务事项"应上尽上、全程网办"，向移动客户端、自助终端、服务热线延伸，线上线下事项统一、服务联动、多端协同。推动全国人社"一网通办"服务事项下沉至地方服务渠道。推动更多事项"跨省通办"，强化就业失业登记、社保关系转移接续、流动人员人事档案转递、劳动维权、社会保障卡服务等高频事项协同办理，扩大异地经营企业和流动人员的"跨省通办"事项范围，实现相关人社政策待遇享受资格的异地共认或跨地区核验。实现就业、职业技能培训和评价、社保、职业资格、技工院校毕业证书、劳动维权等个人权益信息全国一键查询，实现多支柱养老保险账户权益信息的联动查询。推进京津冀、长三角、粤港澳、川渝等区域联动协作。（责任单位：就业司、流动管理司、职业能力司、专技司、劳动关系司、基金监管局、调解仲裁司、监察局、信息中心、社保中心、指导中心、考试中心、部属相关单位按职责分工负责）

（十三）加快发展智能服务。积极探索新技术应用，打造面向未来的智能化、沉浸式服务体验。建设集中统一、共享共用、动态更新的人社政策文件库，推进政策信息智能关联解读，实现政策赋能。构建全国智能化政策问答知识库，推进12333电话智能语音、在线智能客服、智能外呼等服务，加强话务数据分析，创新电话办事方式，逐步实现"一线通答"。建立智能化的业务规则引擎，以事项引导方式实现智能导办，同一事项同要素管理、同标准办理。运用知识图谱、数字孪生等新技术，提供"数字柜员"24小时在线服务。在部分业务探索开展系统自动受理审核服务。（责任单位：办公厅、法规司、信息中心、部属相关单位按职责分工负责）

四、实施智能化监管，开创精确风险防控新局面

（十四）加强就业失业风险防控。全面推行就业管理和职业技能培训实名制，推进就业补助资金等拨付发放全流程数字化。通过数据比对、智能核查，对相关补助资金实施事前事中事后精准管控。通过对政策享受数据的关联分析，开展相关补助资金使用效能评估。加强失业动态监测和预警，探索与相关部门联合开展就业运行监测，提升就业失业风险预判和应对能力。（责任单位：就业司、职业能力司、失业保险司按职责分工负责）

（十五）深化社保基金管理风险防控。基于大数据技术，建立常态化疑点数据筛查核查机制。健全业务规则，建立风控模型，优化系统风控预警功能，实现对社保关键业务环节和高风险业务智能化监控。依托生产库数据，全面加强社保基金非现场监督。深化

社保待遇支付和工伤保险就医结算费用支出合规性智能监控。持续提升养老保障基金投资运营信息化监管能力。开展个人养老金运行信息核验，对相关政策进行运行监管。（责任单位：基金监管局、社保中心、养老保险司、失业保险司、工伤保险司、信息中心按职责分工负责）

（十六）推进人力资源市场监管。共享市场监管等部门信息，健全人力资源服务机构、劳务派遣单位、职业技能培训和评价机构名录库，动态掌握机构经营服务情况。健全违法查处机制，依托国家“互联网+监管”系统多元数据汇聚功能，打击造假、欺诈、侵权、骗取补助资金等行为。将人力资源服务、劳务派遣、职业技能培训和评价机构重大违法违规案件纳入信用记录，共享至全国信用信息平台和企业信用信息公示系统。（责任单位：流动管理司、职业能力司、劳动关系司、监察局按职责分工负责）

（十七）提升用工监测和监察执法精准度。加强与相关部门数据共享，建立企业用工风险预警机制，重点加强工程建设领域农民工工资欠薪预警监管。开展拖欠农民工工资失信联合惩戒，联动处置根治欠薪反映线索。依托系统开展企业劳动保障守法诚信等级评价，对违法风险较高的企业提高“双随机、一公开”抽查频次，实施重点监督。探索开展远程监管、移动监管、信息监管等非现场监管。探索归集平台企业用工信息，加强平台企业劳动用工情况监测。动态分析舆情和投诉热点，联动处置违法违规线索。（责任单位：劳动关系司、监察局、宣传中心按职责分工负责）

（十八）推动智能化内控。人社各项业务纳入一体化信息平台，实现全流程数字化运行。建立覆盖全领域、防控全过程、全员全岗有责的人社数字化内控监督体系，将管理手段融入工作流程，将风控规则嵌入信息系统，实现事前预警、事中管控、事后核查。基于“中台化”“原子业务”等模式，深化企业职工基本养老保险全国统筹“大管控”应用，建立就业、职业技能培训和评价、社保其他险种等部省联动管控机制，在部级逐步实现对关键业务环节和高风险业务的实时管控。建立相关领域的案件库和案例库，形成专家知识图谱，基于大数据、人工智能等技术，辅助支持工伤认定、劳动能力鉴定、劳动争议办案。利用5G、视频、区块链等技术，辅助远程实现工伤事故调查、劳动能力鉴定。全面实现非涉密人社信息系统通过电子社保卡扫码登录。（责任单位：就业司、职业能力司、养老保险司、工伤保险司、调解仲裁司、信息中心、社保中心、部属相关单位按职责分工负责）

五、支撑科学化决策，开拓数字化监测分析新途径

（十九）加强统计分析决策。推动实现从业务系统直接提取统计数据，加快构建统计现代化采集体系，严防统计造假。运用大数据技术，对就业趋势变化、社保基金收支平衡、养老待遇测算调整等开展挖掘分析、预测预警和模拟仿真，完善“用数据说话”的循证决策机制。推进人社大数据在经济运行研判和社会治理等领域的深层次应用。（责任

单位：规划司、就业司、养老保险司、信息中心、社保中心、部属相关单位按职责分工负责）

（二十）强化动态监测指挥。全面梳理反映人社部门履职效能的核心指标。完善人社监测指挥平台，实现数据指标的动态展示和“随查随用”。重点建设就业形势、社保基金运行、人才流动、劳动用工、农民工权益和流动、舆情热点等动态监测预警，完善人力资源市场供求信息监测，形成即时感知、主动应对的治理模式。实现对各级人社服务大厅的实时监控，对人事考试、根治欠薪及重大舆情、重大要情、网络安全等突发事件的调度指挥。（责任单位：规划司、就业司、流动管理司、农民工司、劳动关系司、养老保险司、监察局、行风办、宣传中心、信息中心、社保中心、考试中心按职责分工负责）

（二十一）加强政策成效评估。基于大数据和模型，对高质量充分就业、社会保障等重大改革和关系群众切身利益的重要政策实施效果开展分析评估，构建“决策—执行—评估—改进”的量化闭环，推动实现精准施策。（责任单位：部属相关单位按职责分工负责）

六、加快生态化发展，构筑高效共享协同新格局

（二十二）积极推广居民服务“一卡通”。将社会保障卡作为政府民生服务的基础性载体，实现人社领域全面用卡，推行惠民惠农财政补贴资金“一卡通”发放。推广社会保障卡在政务服务、就医购药、养老服务、交通出行、文化体验、旅游观光、乡村振兴等方面应用，在相关区域探索实现“同城待遇”，积极扩大在校园、企业、园区、社区的应用。支持银行、商户、服务商等多方共建“一卡通”应用生态。推进电子社保卡与政务服务码等互通互认，持续深化“多卡合一”“多码融合”，实现应用赋能。依托社会保障卡构建统一身份认证体系和支付结算模式，建立“区块链+电子社保卡”个人信息授权使用机制。（责任单位：信息中心、宣传中心、部属相关单位按职责分工负责）

（二十三）加强跨业务跨层级跨部门数据共享。制定人社部门内部及跨部门数据共享目录并及时更新，全面实现人社部门内部跨业务精准高效共享应用，加强各级人社部门与相关民生服务、经济产业、公安、司法等部门数据按需共享。深化人社领域跨层级跨部门共享应用，实现业务联动、状态联查、服务联通。基于部省两级的人社数据资源，依托全国一体化政务大数据体系，面向相关政府部门提供数据共享和比对服务，实现数据赋能。（责任单位：信息中心、部属相关单位按职责分工负责）

（二十四）加强社会化协同应用。在确保数据安全的前提下，探索推动人社领域公共数据资源开发利用，助力优化营商环境。按需对接市场机构和平台企业的社会数据，促进人社领域公共数据和相关社会数据融合应用。支持人力资源服务产业园和相关人力资源服务机构共享使用人力资源市场供需信息，充分运用电子劳动合同、电子证照等服务资源，促进人力资源服务数字化转型升级。探索与重点企业人力资源管理系统对接，打

造“政企智联”服务模式，实现相关人社业务的衔接办理。（责任单位：流动管理司、劳动关系司、专技司、信息中心、社保中心、指导中心按职责分工负责）

七、夯实数字化底座，打牢人社数字化改革技术基础

（二十五）健全人社一体化信息平台。健全人社一体化管理平台。建成省级集中部署、业务协同联动、实时联网管控的人社一体化管理平台，推进信息系统整合，探索开辟应用创新区，支持市县两级开展数字化创新应用，实现平台赋能。完善全国集中性、跨地区业务系统功能，加强金保工程建设成果推广应用。健全人社一体化服务平台。推进全国人社政务服务平台与省级平台联动建设，做好与全国一体化政务服务平台对接，持续提升全国就业公共服务平台、国家社会保险公共服务平台服务能力，推进跨平台共享服务资源，提升掌上12333、电子社保卡移动端的智能化服务能力，实现服务赋能。健全社会保障卡“一卡通”平台。推进部省社会保障卡“一卡通”平台数字化升级，实现区域“一卡通”应用接入全国“一卡通”专区。构建持卡人数字空间，归集整合持卡人信息，实现“一卡一人一档”。提升社会保障卡社银联动服务水平，探索推进社会保障卡加载数字人民币支付功能。（责任单位：信息中心、规划司、部属相关单位按职责分工负责）

（二十六）建立人社大数据平台。持续完善人社数据指标体系和技术标准。建立部省两级人社数据资源目录，实行“一数一源一标准”，实现动态管理。加强人社数据汇聚融合和全生命周期治理，开展“清数”专项工作，加强数据资产管理，健全全国人社数据归集机制。建立部省两级人社大数据平台，完善持卡人员、用人单位基础库，建立就业创业、社会保障、人才人事、劳动关系等主题库和应用场景专题库，加载算法，训练模型，形成“人社数字大脑”。按信息主体健全人社电子档案袋，开展标签画像，提供精确感知、精准识别、分类评价、监管决策能力，支持场景化数字化应用。建立安全有序的数据回流机制，部级向省级、省级向有需求的地市回流相关人社数据，支持定制大数据应用。（责任单位：信息中心、部属相关单位按职责分工负责）

（二十七）完善公共基础设施。建设部省联动的人社区块链基础支撑服务平台、电子印章系统、电子证照库，实现全国共建共用、互通互认。建设省级电子档案库，实现相关纸质档案电子化、证照化。提升部省两级数据中心实时业务支撑能力、全国主干网络承载能力，完善部省两级灾备系统。开展人社领域核心业务系统的测试验证，积极探索、稳妥推进安全可靠技术和产品应用，提高自主可控水平。（责任单位：信息中心、部属相关单位按职责分工负责）

八、筑牢工作支柱，支撑人社数字化改革

（二十八）完善政策标准。加快完善与数字人社相适应的体制机制，修订清理不相适应的政策制度、管理规定，以数字化改革驱动人社业务流程再造、事项整合。继续推行

基本公共服务标准化，统一全省服务标准，规范服务入口，持续完善事项要素、电子档案等标准，动态调整人社政务服务事项清单，统一发布“跨省通办”事项办事指南。推广全国统一的社保经办服务技术标准。全面推行证明事项告知承诺制，拓展容缺办理事项。改变以表单为载体的传统办事模式，实现系统自动提取数据、自动预填申报等。合理界定岗位职责，加强监督管理、风险防控、数据治理和应用等岗位的人力配置。（责任单位：规划司、人事司、行风办、社保中心、部属相关单位按职责分工负责）

（二十九）强化安全保障。全面落实网络和数据安全责任，建立制度规范、技术防护、运行管理三位一体的安全保障体系，健全安全评估、监测预警、应急演练、事件处置等机制。实现与当地政务云的安全有效衔接。注重供应链安全，加强安全教育和运维人员管理。落实人社行业数据分类分级规范，强化数据全生命周期安全保护。加强关键信息基础设施安全保护，落实网络安全等级保护，开展密码应用安全性评估。开展对新技术新应用的安全评估，探索对算法的审核管理。加强安全态势感知平台建设应用。（责任单位：信息中心、部属相关单位按职责分工负责）

九、加强数字人社建设组织实施

（三十）加强组织领导。各级人社部门要建立数字人社建设协调机制，将数字人社建设作为“一把手”工程，主要负责同志统筹协调，分管负责同志具体抓落实，综合、业务、信息化等各部门全程参与。省级人社部门制定本地实施方案，参照本方案任务安排及部内责任分工，分解具体任务和时间节点，明确本地牵头部门和参与单位，强化业务驱动，配备专门力量。多渠道筹集经费，创新重大任务和工程的资金投入方式，引导金融资源和社会资本规范参与建设。（责任单位：部网信办、部属相关单位按职责分工负责）

（三十一）加强创新实践。部里发布数字人社参考应用场景，建立全国“揭榜领题”攻关机制，支持有条件的地区选择部分场景先行探索实践，适时总结推广。各地应从“小切口”破题，围绕难点痛点，研究提出本年度重点应用场景，并报部里备案。加强对数字人社建设成果和创新实践的宣传报道，营造良好舆论氛围。（责任单位：部网信办、宣传中心、部属相关单位按职责分工负责）

（三十二）加强调度评估。部里牵头制定数字人社建设评估体系，定期开展工作调度，重点分析评估统筹管理、实施进度、改革措施、应用成效等情况。省级人社部门定期开展跟踪调度和调查研究，建立创新容错机制，将数字人社建设作为绩效考核的重要内容。（责任单位：部网信办、部属相关单位按职责分工负责）

（三十三）加强队伍建设。分层级组织人社干部数字化业务能力培训，把数字素养纳入业务技能练兵比武活动。持续加强作风建设。加强人社数字化专业队伍建设，创新专业人才的引进培养交流使用机制，形成一支讲政治、懂业务、精技术的复合型干部队伍。（责任单位：行风办、人事司按职责分工负责）

人力资源社会保障部　财政部关于印发《国家级高技能人才培训基地和技能大师工作室建设项目实施方案》的通知

人社部发〔2022〕62号

各省、自治区、直辖市及新疆生产建设兵团人力资源社会保障厅（局）、财政厅（局）：

为深入贯彻落实中共中央、国务院《新时期产业工人队伍建设改革方案》和中央人才工作会议有关要求，根据《“十四五”职业技能培训规划》安排部署，继续做好高技能人才培训基地和技能大师工作室建设工作，人力资源社会保障部、财政部制定了《国家级高技能人才培训基地和技能大师工作室建设项目实施方案》。现印发给你们，请结合实际贯彻执行。

人力资源社会保障部

财政部

2022年9月14日

国家级高技能人才培训基地和技能大师工作室建设项目实施方案

为深入贯彻落实中共中央、国务院《新时期产业工人队伍建设改革方案》和中央人才工作会议有关要求，培养造就更多高技能人才、能工巧匠、大国工匠，根据《“十四五”职业技能培训规划》安排部署，2022—2025年继续实施国家级高技能人才培训基地和技能大师工作室建设项目，特制定本方案。

一、任务目标

2022—2025年，国家重点支持建设400个以上国家级高技能人才培训基地（含新建和已建）和500个以上国家级技能大师工作室，引领带动各地、有关行业企业建设各级各类高技能人才培训基地和技能大师工作室。按照“工学一体、产训结合、引领示范、高质量发展”原则，打造集技能培训、技能评价、技能竞赛、技能交流、工匠精神传播等为一体的综合型高技能人才培养培训服务载体，基本形成覆盖重点产业行业和急需紧缺职业工种的高技能人才培养培训和技能推广网络。

二、条件要求

（一）国家级高技能人才培训基地建设项目

优先支持建设先进制造业、战略性新兴产业及托育、护理、康养、家政等民生重点领域国家级高技能人才培训基地，加强相关领域急需紧缺职业工种高技能人才培养力度。各省级人力资源社会保障部门可会同财政部门结合地方产业布局和发展实际，坚持高标准、严要求、强质量、抓产出的原则，在以下基本条件的基础上制定项目详细遴选标准。具体包括新建和已建两类：

1. 新建项目应同时满足以下基本条件：（1）具有较强的管理能力和高效的组织管理体系，建立规范的培训管理、财务管理等制度；遵守国家有关法律法规，近3年未受过刑事行政处罚和失信联合惩戒。（2）培训场所和设施设备符合国家建设和安全标准，能满足年培训2 000人次以上的需要。（3）具有5个以上职业工种与经济发展急需紧缺高技能人才培训特色专业相匹配的实习实训条件，建立信息化管理与服务平台。（4）按照国家职业技能标准和职业培训包规范开展职业技能培训，积极开展中国特色企业新型学徒制培训。（5）积极面向社会或本行业开展培训服务，承担政府补贴性职业技能培训任务，组织和承担职业培训师资研修培训、教材教法研发等工作。

2. 已建项目应从2011—2020年确定的国家级高技能人才培训基地中选取，同时满足以下基本条件：（1）经省级人力资源社会保障部门会同财政部门考核评估确定的，管理规范、资金使用安全、高技能人才培养成效显著的单位。具体考核分批次进行。（2）符合新建项目遴选条件。（3）在先进制造业、战略性新兴产业及托育、护理、康养、家政等民生重点领域，建立了覆盖课程设置、教材开发、师资建设、培训装备、能力评价、技能竞赛等方面的较为完备系统的高技能人才培养培训体系。（4）年度开展培训规模3 000人次以上，其中高技能人才不少于1 000人次。（5）年度培训合格率达到90%以上，企业及劳动者调查评价满意率达到90%以上。

（二）国家级技能大师工作室建设项目

项目应具备固定的场所和必要的工作条件，定期开展培训、研修、攻关、交流等活动；建立有完善的管理制度、办法并规范运作；积极开展技术革新、技能攻关和推广活动和企业新型学徒制任务。工作室带头人一般应具有高级技师职业技能水平，技能拔尖、技艺精湛并具有较强创新创造能力和社会影响力，或具有绝技绝活并在积极挖掘和传承传统工艺上作出较大贡献。各省级人力资源社会保障部门可会同财政部门根据实际制定具体遴选标准。已确定为国家级技能大师工作室的高技能人才，不得以相同单位再次申报。

三、项目遴选程序

（一）项目申报。各省级人力资源社会保障部门会同财政部门组织开展项目申报和遴选评审工作。各地可根据区域经济发展、产业结构调整和新兴战略性产业发展需要，确定项目布局和数量，原则上每省（区、市）每年建设项目不超过5个（含新建和已建，下同）。项目申报单位应提交《国家级高技能人才培训基地建设项目申报表》和《国家级技能大师工作室建设项目申报表》，各地可根据本地实际补充其他申报材料。

（二）项目评审。各省级人力资源社会保障部门会同财政部门组织专家进行评审，确定项目单位并向社会公示。各地要建立专家库，随机抽取评审专家，科学把握评审标准，规范评审程序，严格评审纪律，确保评审公平、公正、公开。

（三）项目备案。各省级人力资源社会保障部门、财政部门将项目评审报告及评审材料（包括2个附件），分别报送人力资源社会保障部和财政部备案。评审报告内容包括：项目申请、评审专家组成以及评审程序、评审方法、评审结果、公示等情况。已建项目申请的，需同时报送项目建设考核评估报告，内容包括：考核评估基本情况、项目建成后的管理运行情况、培训效能发挥情况、资金使用情况等。备案截止日期为每年10月31日，逾期不报视为当年无申报项目。

四、工作要求

（一）加强组织领导。各省级人力资源社会保障部门和财政部门要加大统筹协调力度，共同做好组织实施工作。建立项目实施情况的监督指导、考核评估机制，定期了解项目建设运行情况，总结和推广先进工作经验。

（二）全面考核评估。各地要对2011—2020年期间确定的国家级高技能人才培训基地和技能大师工作室，分批次进行全面考核评估，确保2025年底前实现考核评估全覆盖。每年申请项目备案时，同步报送本年度考核评估情况报告。对完成建设目标、正常运行、充分发挥效能的项目单位可申请支持，对不符合建设要求、运行停滞、不能达到产出目标的，取消项目称号。

（三）提升项目资金绩效。2022—2025年新建的国家级高技能人才培训基地和技能大师工作室项目，建设期一般不超过2年，并建立项目绩效管理机制。省级人力资源社会保障部门和财政部门，在项目建设期内要加强工作指导和监督检查，项目建设期满要进行项目验收和绩效评价。不符合建设条件或未达到项目绩效目标的限期整改，一年内整改后仍不能满足要求的，取消项目称号。

（四）分类分档给予经费支持。国家级高技能人才培训基地和技能大师工作室项目由各地报人力资源社会保障部、财政部共同备案，在下一年度按两部相关规定分类分档予以后补助支持。原则上每个国家级高技能人才培训基地补助300万~700万元，每个国家级技能大师工作室补助10万~30万元。中央财政通过就业补助资金对国家级高技能人才培训基地和技能大师工作室项目予以适当支持，地方政府和项目建设单位要积极落实项目建设主体责任，进一步加强经费保障。

（五）完善资金使用管理制度。国家级高技能人才培训基地建设补助资金，主要用于购置技能研修实训设备、完善培训基础设施、聘用指导教师、开发高技能人才培训课程、开展与教学有关的科研、评价、竞赛活动等。国家级技能大师工作室建设补助资金，主要用于培训设施设备材料购置、技能交流推广等。各地要建立完善资金使用监督机制，切实保障财政资金规范使用，不得挤占、挪用和截留。项目建设单位要建立专项资金管理制度，做好项目资金使用管理，确保资金安全和有效。

附件：1. 国家级高技能人才培训基地建设项目申报表（略）

2. 国家级技能大师工作室建设项目申报表（略）

人力资源社会保障部　工业和信息化部 国务院国资委关于印发《制造业技能根基工程实施方案》的通知

人社部发〔2022〕33号

各省、自治区、直辖市及新疆生产建设兵团人力资源社会保障厅（局）、工业和信息化主管部门、国资委：

为深入贯彻习近平总书记关于技能人才工作重要指示精神，实施新修订的《中华人民共和国职业教育法》，全面落实《“十四五”职业技能培训规划》，加快培养制造业高质量发展急需的高素质技能人才，人力资源社会保障部、工业和信息化部、国务院国资委联合制定了《制造业技能根基工程实施方案》。现印发给你们，请结合实际贯彻执行。

人力资源社会保障部

工业和信息化部

国务院国资委

2022年6月2日

制造业技能根基工程实施方案

为深入贯彻习近平总书记关于技能人才工作重要指示精神，实施新修订的《中华人民共和国职业教育法》，全面落实《“十四五”职业技能培训规划》，加快培养制造业高质量发展急需的高素质技能人才，特制定本方案。

一、工作背景

制造业是国民经济的主体，是科技创新的主战场，是立国之本、兴国之器、强国之基。技能人才是支撑中国制造、中国创造的重要力量，是联接技术创新与生产实践最核心最基础的劳动要素。党中央、国务院高度重视制造业技能人才工作，适应制造强国、质量强国建设，推行终身职业技能培训制度，组织实施高技能人才振兴计划和职业技能提升行动，大规模培养技能人才。

当前，我国进入新发展阶段，新一轮科技革命和产业变革深入发展，制造业高质量发展急需一大批爱岗敬业、掌握精湛技能的高素质技能人才、能工巧匠、大国工匠。但技能人才培养培训、评价激励制度和发展使用环境有待优化，技能就业、技能成才对劳动者特别是青年吸引力不强，迫切需要把制造业技能人才培养放在更加突出的位置，健全多层次培养体系，加大制造业技能人才培养工作力度。

二、总体要求

（一）加强思想政治引领。突出技能人才思想政治引领，加强理想信念教育，强化质量意识培育，大力弘扬劳模精神、劳动精神、工匠精神，引导制造业广大职工和技能劳动者勤学苦练、深入钻研，勇于创新、敢为人先，不断提高技术技能水平，为推动高质量发展、实施制造强国战略、全面建设社会主义现代化国家贡献智慧和力量。

（二）明确任务目标。2022 年至 2025 年，聚焦制造业重点领域建立一批国家技能根基工程培训基地，加大制造业高新技术、数字技能和急需紧缺职业工种政府补贴培训支持力度，全面推进制造业企业技能人才培养评价工作，促进制造业技能人才“人人持证”，优化使用发展环境和激励机制配套支撑，打造数量充足、结构合理、素质优良、充满活力的制造业技能人才队伍。

三、主要任务

（三）遴选建设国家技能根基工程培训基地。重点依托国家制造业高质量发展试验区、国家先进制造业集群等遴选制造业龙头企业、单项冠军企业、专精特新“小巨人”企业和优质技工院校，建设国家技能根基工程培训基地，重点开展高技能人才特别是技师、高级技师、特级技师、首席技师培训研修，形成规模化培训示范效应。支持其面向产业链上下游中小微企业职工提供培训服务，促进制造业技术迭代和质量升级。推动技工院校与先进制造业企业合作共建，推行工学一体化技能人才培养模式，探索组建一批聚焦制造、突出创新、效益显著的技工教育联盟（集团），提高制造业技能人才培养针对性和有效性。

（四）制定制造业政府补贴职业技能培训目录。完善制造业职业分类，动态发布新技术应用和自主技术创新应用产生的新职业，加快制定国家职业技能标准。坚持市场引导和政府补贴职业技能培训共同推进，各地要制定公布制造业政府补贴职业技能培训目录，并动态征集和调整优质培训项目，加大对制造业技能人才培养的支持力度。各地可突出“高精尖缺”导向，结合新一代信息技术和自主信息技术产业、高端工业母机和机器人、航空航天装备、船舶与海洋工程装备、关键软件、数字技能等领域以及工业和信息化职业技能提升培训指导目录，优先将其中适合当地制造业技能人才培养需要的相关职业工种纳入政府补贴职业技能培训目录，并适当提高补贴标准。鼓励实施“揭榜挂帅”机制开展项目制培训。

（五）在制造业企业全面推行中国特色企业新型学徒制。引导制造业企业按照岗位总量的一定比例设立学徒岗位，通过企校双师带徒、工学结合模式对新招用职工、在岗职工和转岗职工进行学徒培训。聚焦企业生产重点领域、关键环节，通过名师带高徒、师徒结对子、建立技能大师工作室等形式，培养高质量企业新型学徒，不断提升学徒关键核心工艺水平和技术创新能力。支持企业建立学徒奖学金、师带徒津贴等，激发师徒积极性和主动性。

（六）加强制造业高技能领军人才选拔评聘。支持制造业企业全面推行职业技能等级制度，推动符合条件的规模以上制造业企业全部备案纳入培训评价机构目录，健全八级技能岗位等级设置，自主开展职业技能等级认定。以工业“六基”“卡脖子”关键核心技术等领域为重点，选拔一批技能高超、业绩突出的高技能领军人才聘任首席技师、特级技师等高级技术职务（岗位）。符合条件的，优先推荐入选制造业人才支持计划、享受政府特殊津贴，优先参评中华技能大奖、全国技术能手等评选表彰项目。

（七）全面推进制造业工学一体化技能人才培养模式。对接制造业产业链、创新链发展，大力建设先进制造业等产业需要的新兴专业和优质专业，开发优质教学资源包，推进工学一体化制造业技能人才培养模式。依托技工教育和职业培训教学指导委员会建立国家基本职业培训包专家委员会，加强一体化教材和培训资源建设。鼓励各地结合制造业企业岗位需求开发培训计划，探索建立全国制造业职业技能培训资源、职业资格证书、职业技能等级证书和专项职业能力证书信息共享机制。

（八）大力开展制造业品牌职业技能竞赛。以全国技能大赛为引领，以行业职业技能竞赛为重点，聚焦人工智能、工业机器人、机械制造、新能源汽车等重点领域职业工种，打造一批制造业职业技能竞赛品牌。支持各地积极开展制造业职业技能竞赛，有条件的地方可探索开展制造业领域职业技能竞赛月活动，促进更多优秀高技能人才脱颖而出。

四、实施保障

（九）加强组织领导。各地要将实施制造业技能根基工程作为重要任务，协调纳入区域经济社会发展总体规划。要建立人力资源社会保障、工业和信息化、国资等部门共同参与的工作机制，加大组织推动力度，在政策、项目和资金上对技能根基工程予以重点支持。要抓紧安排部署，充分宣传动员，加强统筹协调，积极组织动员行业协会、企业、技工院校共同实施。各级国资部门要指导国有企业强化责任担当，率先启动实施。

（十）强化政策保障。各地要统筹兼顾，突出重点，加大就业补助资金、职业技能提升行动专账资金、失业保险基金、企业职工教育经费、人才队伍建设经费等统筹力度，支持制造业技能人才培养培训工作。企业要依法履行职工教育培训主体责任，按照《关于企业职工教育经费税前扣除政策的通知》（财税〔2018〕51号）和《关于企业职工教育经费提取与使用管理的意见》（财建〔2006〕317 号）等规定，足额提取职工教育经费，其中 60%以上用于一线职工的教育和培训。

（十一）优化激励措施。要引导企业根据《技能人才薪酬分配指引》（人社厅发〔2021〕7 号），突出对技能要素和技能创新攻关的激励导向，建立体现技能人才岗位价值、能力素质和业绩贡献的薪酬分配制度。对一线生产技术岗位，企业可结合实际设置技能津贴、带徒津贴、专项特殊津贴等。对核心技术岗位、关键工序和急需紧缺技能人才，可实行协议工资、项目工资、年薪制等薪资分配形式。在重点工程、重大项目、关键环节中，探索推行“工程师+高技能领军人才”的团队合作模式，推动科技创新研发与生产实践紧密融合。要建立健全柔性流动机制，鼓励掌握核心生产工艺的高技能人才通过兼职、服务、项目合作等方式更好发挥引领带动和辐射效应，稳定并壮大制造业技能人才队伍。

人力资源社会保障部　教育部
发展改革委　财政部关于印发
“十四五”职业技能培训规划的通知

人社部发〔2021〕102号

各省、自治区、直辖市人民政府，国务院各部委、各直属机构：

《“十四五”职业技能培训规划》已经国务院同意，现印发给你们，请认真贯彻执行。

人力资源社会保障部
教育部
发展改革委
财政部
2021年12月15日

“十四五”职业技能培训规划

开展大规模职业技能培训，是提升劳动者就业创业能力、缓解结构性就业矛盾、促进扩大就业的重要举措，是推动高质量发展的重要支撑。本规划依据《中华人民共和国国民经济和社会发展第十四个五年规划和2035年远景目标纲要》编制，提出了“十四五”时期加强职业技能培训工作的指导思想、基本原则、主要目标、重点任务和保障措施，是推动职业技能培训高质量发展的工作指引。

一、规划背景

“十三五”时期，坚持以人民为中心的发展思想，职业技能培训大规模开展。2019年，国务院决定从失业保险基金结余中拿出1 000亿元组织实施职业技能提升行动，面向企业职工、就业重点群体和贫困劳动力组织实施职业技能培训。五年来，全国共组织开展补贴性职业技能培训近1亿人次；其中，培训企业职工超过3 000万人次，农民工超过4 000万人次，贫困劳动力超过900万人次。全国技能人才总量超过2亿人，高技能人才超过5 000万人，均比“十二五”期末有较大幅度增长。技能人才总量扩大，结构逐步优化，就业质量不断提升。

“十四五”时期，我国开启全面建设社会主义现代化国家、向第二个百年奋斗目标进军新征程。党中央、国务院部署建设技能型社会，实施就业优先战略和技能提升行动，健全终身职业技能培训制度，为职业技能培训发展提供了根本保证。我国已进入高质量发展阶段，实施新时代人才强国战略，推进制造强国、质量强国建设，发展实体经济，亟须加强创新型、应用型、技能型人才培养，壮大高技能人才队伍，为职业技能培训发展创造广阔空间。新一轮科技革命和产业变革突飞猛进，就业新增长点、新就业形态不断发展，劳动者参加培训提升人力资本和专业技能的内在动力逐渐增强。

但也要看到，“十四五”时期职业技能培训面临新的挑战。产业转型升级、技术进步对劳动者技能素质提出了更高要求，人才培养培训不适应市场需求的现象进一步加剧。“就业难”与“招工难”并存，高校毕业生等重点群体和农村转移劳动力就业创业能力与用人需求存在差距。职业技能培训难以适应数字技术、人工智能发展要求，培训基础能力薄弱，针对性有效性需要进一步提高，支持服务体系亟须完善，尊重技能尊重劳动的社会氛围有待进一步优化。职业技能培训的规模质量与建设技能型社会需求仍有差距，必须深刻认识职业技能培训工作的短板和不足，全面分析面临的困难和挑战，坚持问题导向，加大工作力度，发动全社会力量，共同推动职业技能培训高质量发展，建设规模宏大、质量过硬、结构合理的技能劳动者队伍。

二、总体要求

（一）指导思想。

高举中国特色社会主义伟大旗帜，以习近平新时代中国特色社会主义思想为指导，深入贯彻党的十九大和十九届二中、三中、四中、五中、六中全会精神，认真落实党中央、国务院决策部署，立足新发展阶段，完整、准确、全面贯彻新发展理念，构建新发展格局，推动高质量发展，以深化供给侧结构性改革为主线，以改革创新为动力，推进技能型社会建设，全面实施技能中国行动，进一步健全完善劳动者终身职业技能培训制度，充分发挥市场在资源配置中的决定性作用，配合实施国家重大战略、区域协调发展战略，加大职业技能培训力度，吸引更多劳动者技能就业技能成才，为全面建设社会主义现代化国家提供有力的人才和技能支撑。

（二）基本原则。

——坚持立德树人、德技并修。大力弘扬和培育劳模精神、劳动精神、工匠精神，坚持工学结合、知行合一、德技并修，聚焦劳动者技能素质提升，注重培养劳动者的职业道德和技能素养。

——坚持就业导向、提质扩容。牢固树立职业技能培训为就业服务的理念，不断提升培训质量，扩大培训规模，为劳动者储备就业技能，促进就业创业，提高工作能力。

——坚持共建共享、协同发力。加强对职业技能培训资源的统筹利用，发挥公共实训基地和职业院校（含技工院校，下同）等功能作用，鼓励支持龙头企业、社会资源依法参与职业技能培训，推动共建共享，形成工作合力。

——坚持市场引导、政府支持。构建以企业为主体、职业院校为基础、政府推动与社会支持相结合的职业技能培训体系，引导劳动者根据社会需要和个人需求积极参与职业技能培训。

（三）主要目标。

到 2025 年，要实现以下目标：

——终身职业技能培训制度更加完善。深入实施职业技能提升行动，形成贯穿劳动者学习工作终身，覆盖劳动者职业生涯全程，适应就业创业和人才成长需要以及经济社会发展需求的终身职业技能培训制度，推进终身职业技能培训组织实施。

——共建共享职业技能培训体系更加健全。健全职业技能培训共建共享机制，持续推动公共职业技能培训扩容提质，优化公共职业技能培训资源供给。加大政府、企业、社会等各类培训资源优化整合力度，提高培训供给能力，提升职业技能培训的精准性和实效性。

——创新型、应用型、技能型人才队伍不断发展壮大。稳步扩大培训规模，持续提升培训质量，技能劳动者队伍结构不断优化，就业创业能力明显提高，高技能人才不断涌现。破除学历、身份等限制，技能人才成长通道更加顺畅，多元化评价方式不断完善，技能等级与薪酬分配的联系更加密切，职业技能竞赛引领和推动技能成才的作用更加显著。

——职业技能培训服务更加有效。培训与就业的衔接更加紧密，形成个人投入、企业支持、政府补贴共同投入的机制，鼓励社会资本投入，形成职业技能培训多元供给体系，市场引导和政府补贴的职业技能培训共同推进，职业技能培训公共服务力度更大、效率更高。

专栏 1　　　　“十四五”时期职业技能培训主要指标

主要指标	2021—2025 年目标	属性
开展补贴性职业技能培训（人次）	≥7 500 万	预期性
其中：农民工参加职业技能培训（人次）	≥3 000 万	预期性
新增取得职业资格证书或职业技能等级证书（人次）	≥4 000 万	预期性
其中：新增高技能人才（取得高级工及以上职业资格证书或职业技能等级证书）（人次）	≥800 万	预期性
新建公共实训基地（个）	200	预期性

三、健全完善终身职业技能培训体系

（四）深入实施职业技能提升行动。

健全终身职业技能培训制度，深入实施职业技能提升行动和重点群体专项职业培训计划，广泛开展新业态新模式从业人员技能培训，有效提高培训质量。制定出台加强新时代技能人才队伍建设政策措施，着力完善培养、使用、评价、激励机制，持续增强技能人才发展动力和创新创造活力。以企业自主培训、市场化培训为主要供给，以政府补贴培训为有益补充，以行业企业、公共实训基地、普通高校、职业院校、职业技能培训机构等为主要载体，以就业技能培训、岗位技能提升培训和创业培训为主要形式，构建资源充足、布局合理、结构优化、载体多元的培训组织实施体系，持续大规模开展职业技能培训。探索“互联网+”、“智能+”培训新形态，推动培训方式变革创新。

（五）大力开展企业职工岗位技能提升培训。

充分发挥企业培训主体作用，推动企业建立健全职工技能培训机制，支持各类企业广泛开展职工岗位技能提升培训，突出高技能人才培训、产业紧缺人才培训、安全技能提升培训、转岗转业培训、通用职业素质和数字技能普及性培训等，支持开展订单式、定向式及项目制培训。发挥行业协会、龙头企业和培训机构作用，引导帮助中小微企业开展职工培训。鼓励企业与参训职工协商调整工作及培训时间，依法保障职工参训期间的工资福利待遇。落实培训经费税前扣除政策。深化高危行业领域安全技能提升行动，按规定开展危险化学品、矿山等高危行业企业从业人员和各类特种作业人员安全技能培训。

（六）强化重点群体就业技能培训。

实施青年专项技能培训计划。以高校和职业院校毕业年度毕业生和其他青年群体为培训对象，以提升就业创业能力为核心，开展青年职业技能培训，增强青年群体适应产业发展、岗位需求和基层就业的能力。实施青年学徒培养计划，通过企校双师带徒、工学交替，培养适合企业发展和岗位需要的高技能人才。对城乡未继续升学的初高中毕业生开展劳动预备制培训。大力开展青年创业培训、新职业培训、技能提升培训。

实施退役军人培训计划。结合退役军人实际和就业愿望，推行适应性培训，强化思想政治引领，引导合理就业预期。开展职业技能培训，推动各地对接共享优质教育培训资源，逐步实现退役军人跨省异地培训。依托高校、职业院校、社会培训机构、创业孵化基地等现有资源挂牌建立退役军人就业创业园地，发挥示范作用。

实施农村转移劳动力等职业技能提升计划。面向农村转移劳动力、返乡农民工、脱贫劳动力，开展职业技能培训和安全知识培训。以输出地为主，组织当地农民工和返乡入乡农民工开展就业创业培训，促进其就近就业创业。以输入地为主，大力开展促进农民工就业的技能培训和新职业新业态培训，提升其就业能力。要注重对准备外出就业青年农民工的职业指导和培训工作，依托职业院校和职业技能培训机构等为其提供有针对性的培训服务，促进其职业技能提升。积极推进乡村建设所需的农业农村本地人才技能培训，培养一批农业农村高技能人才和乡村工匠。强化高素质农民先进实用技术技能培训，推进各类现代农业技术培训和其他涉农技术培训，提升农业农村产业发展能力和新型农业经营主体经营管理能力。

做好其他群体就业技能培训工作。做好妇女职业技能培训，组织适合女性就业的育婴、家政等急需紧缺职业培训和编织、手工制作等专项技能培训。结合失业人员特点，提供有针对性的就业创业指导、就业技能培训等就业服务，提升转岗就业技能和创业能力。做好长江流域禁捕退捕渔民职业技能培训。对服刑人员、强制隔离戒毒人员和社区矫正对象，开展以回归社会为目的的就业技能培训。

开展技能帮扶工作。对符合条件的脱贫家庭（含监测帮扶对象家庭）、困难职工家庭、社会救助对象和残疾人，重点依托职业院校，实施技能帮扶千校行动、雨露计划、残疾人职业技能提升计划。

（七）加强创业培训和新业态新模式从业人员技能培训。

深入实施创业培训“马兰花计划”。实现创业阶段全覆盖，组织准备创业和创业初期的人员参加创业意识、创办企业、网络创业、创业（模拟）实训、企业经营发展等培训，提升参训人员的项目选择、市场评估、创业计划等能力。实施农村创业创新带头人培育行动，加强专业人员队伍建设，为返乡入乡创业创新人员提供培训指导服务。适应平台经济、共享经济发展，广泛开展数字技能、媒体运营、电子商务等新业态新模式从业人员技能培训。

四、提升职业技能培训供给能力

（八）加大公共职业技能培训供给。

健全培训资源共建共享机制，实施职业技能培训场地、设备共建共享行动。开展县域职业技能培训场地、设备共建共享试点，完善企业、职业院校、培训机构等利用公共实训基地开展技能实训有关制度，逐步形成覆盖全国的公共职业技能培训和创业实训网络。支持公共职业培训机构按市场和产业发展需求设立培训项目。聚焦服务农民工等就业重点群体、推动制造业高质量发展、增加短期实用性职业技能培训供给，优先在巩固拓展脱贫攻坚成果任务重、劳动力资源相对丰富、返乡入乡创业就业工作成效明显的地区，利用中央预算内投资重点支持建设一批公共实训基地。实施国家乡村振兴重点帮扶地区职业技能提升工程，增加职业技能培训公共资源供给，开展送培下乡、送培上门，加大对乡村振兴重点帮扶县技能人才智力支持，增强其内生发展能力。

专栏2　　职业技能培训场地、设备共建共享行动

1. 实施公共实训基地建设项目。优化公共实训基地区域布局，通过中央预算内投资支持新建一批公共实训基地，遴选培育一批为残疾人等特殊群体服务的实习实训机构。 2. 推动公共实训基地场地、设备共建共享。强化公共实训基地的公共性、公益性、开放性、综合性，做好公共实训基地与院校、企业实训基地的有效衔接。支持各地以公共实训基地为平台，统筹整合运用院校、行业协会、企业及其他社会组织的培训资源，提高培训资源的综合利用效率和使用质量。支持危化企业集中的地区依托公共实训基地建立或改扩建安全技能实训基地，开展从业人员安全技能实操实训。力争到“十四五”期末，每个化工园区都有配套服务的化工安全技能实训基地。 3. 开展县域职业技能培训场地、设备共建共享。优化县域职业技能培训资源供给，推动县域层面各类职业技能培训资源统筹融合，选取部分县级行政区开展试点，赋予其更多职业技能培训资源整合使用的自主权。 4. 促进农民工职业技能培训场地、设备共建共享。制定农民工职业技能培训场地、设备共建共享实施方案，结合农民工就业意愿和需求，为其提供职业技能培训服务，注重提高培训的精准性和实效性。 5. 实施高技能人才培训基地、技能大师工作室建设项目。依托职业院校、企业等建设一批国家级高技能人才培训基地和技能大师工作室。加强制造业和现代服务业高技能人才培养培训、研修交流。

专栏3　　国家乡村振兴重点帮扶地区职业技能提升工程

1. 建设一批技工院校。支持生源数量较充足、具备发展技工教育条件的国家乡村振兴重点帮扶县，通过优化布局结构等方式，建好技工院校。健全人力资源社会保障领域常态化帮扶机制，加大东西部职业技能开发对口协作力度，对西藏、南疆四地州等地技工院校予以重点帮扶。 2. 设立一批高技能人才培训基地和技能大师工作室。落实高技能人才培训基地建设支持政策，支持在国家乡村振兴重点帮扶地区分层分级设立一批高技能人才培训基地。根据地区产业发展需要，支持在国家乡村振兴重点帮扶地区分层分级设立一批技能大师工作室，发挥带徒传技、技能攻关、技能推广等带动作用。 3. 举办乡村振兴职业技能大赛。每两年举办一届全国乡村振兴职业技能大赛。引导支持国家乡村振兴重点帮扶县，结合当地特色产业发展状况，举办具有地方特色的职业技能竞赛。

（九）鼓励企业建设职业技能培训基地。

鼓励各类企业特别是规模以上企业建立职工培训中心、网络学习平台、职业院校，开展职工培训。积极建设培育一批产训结合型企业，鼓励企业设立高技能人才培训基地和技能大师工作室，企业应通过职工教育经费提供相应的资金支持，政府按规定通过就业补助资金给予补助。

（十）推进院校开展职业技能培训工作。

突出职业技术（技工）教育类型特色，深入推进改革创新，扩大技术技能人才培训规模。大力发展技工教育，支持技师学院建设。充分发挥职业院校培训资源优势，提升培训规范化、专业化水平。实施院校职业技能培训行动，动员和支持各类职业院校积极开展职业培训，推行“学历证书+职业技能等级证书”制度，积极为毕业年度学生提供职业技能培训服务并纳入职业培训补贴范畴。符合条件的职业院校可按规定承担政府补贴的职业技能培训任务。支持职业院校强化校企合作，为学生提供全方位技能培训服务。

专栏 4 院校职业技能培训行动
1. 为毕业生提供职业指导专项服务。组建专业化就业创业导师队伍，围绕人力资源市场需求和新职业发展动向，推出线上线下课程，为毕业年度学生提供职业规划、职业体验、求职指导服务。 2. 提升毕业生就业能力。创造条件为毕业年度学生开设中短期技能培训班，技能培训内容要适应新职业、新技能和新就业形态的变化，对接人力资源市场、企业和学生需求，因材施教，特色办班。 3. 提升毕业生创业能力。面向有创业意愿和培训需求的毕业年度学生，开展有针对性的创业培训，加强创业意识教育、创业项目指导和网络创业等培训。

（十一）支持民办培训机构和线上培训平台规范发展。

依法鼓励支持民办职业培训机构规范发展。通过优化审批服务等方式，支持社会资源提供民办职业培训服务。强化对民办培训机构办学质量的督导，建立行业自律机制。鼓励各地依托企业、高等学校、职业院校、社会培训机构的数字职业技能培训资源，推进培训资源库开发应用，支持职业技能线上培训平台建设。加速推进规范化管理，形成线上培训平台审核、评价与退出机制，探索开展“互联网+职业技能培训”，按规定将相关线上培训平台及数字资源纳入当地培训机构目录。

五、提高职业技能培训质量

（十二）大力弘扬劳模精神、劳动精神、工匠精神。

加强职业素质和职业道德培育，研究编制职业素质纲要。坚持工学结合、知行合一、德技并修。结合世界技能大赛、全国技能大赛、职业教育活动周、世界青年技能日等重大赛事、活动，广泛开展宣传。依托博物馆、文化宫、青少年宫等场所，推动设立技能角、技能园地等技能展示、技能互动、职业体验区域，引导全社会关注技能、学习技能，投身技能报国，营造劳动光荣的社会风尚和精益求精的敬业风气。

（十三）增强职业技能培训的针对性有效性。

探索中国特色学徒制。全面推行企业新型学徒制和现代学徒制。依托各类企业，组织企业技能岗位新招用员工、转岗员工和在职职工参加学徒培训，通过企业、院校培养中高级技能人才。在危险化学品、矿山等高危行业企业，对风险偏高的技能操作型岗位新招录员工大力推行学徒制。健全与现代学徒制相适应的教学管理与运行机制，校企共订人才培养方案，共担培养成本。

加大高技能人才培养力度。加强先进制造业、战略性新兴产业、现代服务业、建筑业以及现代农业等产业高技能人才培养。加大技师、高级技师、特级技师研修培训，组织实施高技能领军人才和产业紧缺人才培训。对企业关键岗位的高技能人才，开展新知识、新技术、新工艺等方面培训。

加大能工巧匠培养力度。加强专项职业能力开发，组织同业交流，做好关键技能和绝招绝技传承。通过举办手工技能大赛，挖掘培养乡村手工业者、传统艺人、传统建设修缮技艺传承人和工匠。鼓励传统技艺传承人走进当地中小学校，开展手工技艺传承人教育。积极推进乡村建设工匠等本土人才技能培训，培养一批高素质乡村建设人才。创建特色劳务品牌、“一村一品”示范村镇，加强技能培训、示范引导、品牌培育。鼓励各地根据本地区产业发展需要，培育一批服务乡村振兴的能工巧匠。

加强急需紧缺人才培养。建立技术工人需求动态监测分析体系，做好急需紧缺技术工种目录编制发布工作。对接技能密集型产业，引导培训资源向市场急需、企业生产必需等环节集中，重点开展急需紧缺职业（工种）培训。大力培养先进制造业技术工人，着力开展现代服务业职业技能培训。

（十四）高质量推动产训结合。

开展产训结合建设试点行动，促进产业链和职业技能培训链有效衔接。立足促进区域经济发展，服务产业发展需求和企业生产需要，开展产训结合城市和企业试点，促进企业生产和培训有效衔接。鼓励行业龙头企业、大型企业建设职工培训中心，面向产业链上下游中小微企业职工开展培训，提升全产业链职业技能培训质量和效益。

专栏5　　产训结合建设试点行动

1. 产训结合试点城市。在主导产业突出、基础条件较好的城市开展产训结合试点，为当地产业发展提供高质量技能人才培训和就业服务。试点城市应具有较强的经济产业基础和相对丰富的技能培训资源，能够推出切实有效的改革举措，发挥先行引领带动作用。
2. 产训结合试点企业。在行业龙头骨干企业中开展试点，积极发挥企业在职业技能培训中的主体作用，促进企业生产实训与公共职业技能培训有效衔接。
3. 产训结合试点公共职业技能培训平台。充分发挥各类公共培训机构（包括公共实训基地）的培训功能，建设一批高质量、服务大规模开展职业技能培训的公共职业技能培训平台。

（十五）加强全民数字技能培训。

适应数字经济发展，加快培养全民数字技能，实现信息服务全覆盖。加大人工智能、云计算、大数据、数字营销等新技术培训力度。引导企业加强数字工作场所的职工技能培训。

专栏6　　数字技能提升行动

1. 加强数字技能相关标准建设。修订职业分类大典，对数字技能类职业进行标注。积极开发数字技能类新职业，制定数字技能类职业的职业标准和评价规范。
2. 编制数字技能相关职业国家基本职业培训包。发布培训标准和课程方案，加大数字技能相关职业技能培训教材开发力度，组织开发面向全体劳动者的数字技能通用素质培训教材。
3. 推进数字技能类人才评价工作。推进数字技能相关职业技能等级认定工作。引入数字技术，创新评价方式。

续表

4. 开展数字技能类职业技能竞赛。各地各行业在举办职业技能竞赛时，设立与数字技能相关赛项，全面推动数字技能提升。 5. 提升数字技能培训基础能力建设。统筹利用现有资源，培育一批具有数字技能培养优势的高技能人才培训基地和技能大师工作室。遴选培育一批数字技能培训优质职业院校。打造一批功能突出、资源共享的区域性数字技能公共实训基地，全面提升数字技能实训能力。

六、加强职业技能培训标准化建设

（十六）建立健全职业培训工作多元化、多层次标准框架体系。

健全符合我国国情的现代职业分类体系，完善职业分类动态调整机制。组织修订《中华人民共和国职业分类大典》，探索利用数字化技术开展职业分类。围绕新经济、新模式、新业态和急需紧缺职业，加快新职业发布及国家职业标准开发，动态修订完善国家职业标准。建立健全由职业标准、评价规范、专项职业能力考核规范等构成的多层次、相互衔接、国际可比的职业标准体系。

（十七）加强职业培训教材与数字资源建设。

贯彻国家教材工作总体要求，落实职业培训教材管理工作有关规定，以国家职业标准、职业培训课程规范为依据，建立完善适应新时代技能人才培训需求的高质量职业培训教材与数字资源体系。定期完善职业培训教材与数字资源建设规划目录，鼓励符合规定条件的单位积极参与规划教材编写与数字资源开发。强化劳模精神、劳动精神、工匠精神、职业道德、法律意识、质量意识、安全环保等通用职业素质培训教材精品化开发，加强职业培训教材开发更新，加快开发新兴产业、新技术、新职业、数字技能职业培训教材，加速推进职业培训数字资源建设。组织有关专家或第三方机构加强教材与数字资源审核，加强教材与数字资源使用情况检查督导。

（十八）加强师资队伍建设。

实施培训教师素质提升计划，把师德师风作为评价师资队伍素质的第一标准并贯穿教师管理全过程。建立和完善培训教师在职培训和到企业实践制度，开展师资技能提升培训，持续开展师资专项培训计划。加快培养既能讲授专业知识又能传授操作技能的一体化师资队伍，鼓励行业组织、企业共同参与职业教育教师培养和培训。实行专兼职教师制度，从企业高技能人才与技能劳动者中着力培养、充实职业技能培训师资和能承担培训任务的人员，完善培训教师和有关人员执教执训履历档案。建立公共职业技能培训师资库，支持将高技能领军人才、世界技能大赛和全国技能竞赛优秀选手纳入师资库。建立创业培训师资库，持续组织全国“马兰花创业培训”讲师大赛。鼓励优秀创业培训师资等成立创业指导工作室。

专栏7	职业技能培训标准化建设工程
1. 职业标准开发。结合科技发展、技术更新，制定或修订颁布250个国家职业标准。 2. 职业培训包开发应用。由相关部门推荐专业人员，通过国家职业培训包专家委员会工作机制，修订完善和组织开发一批培训需求量大的国家基本职业培训包。在全国范围内培育一批职业培训包应用培训机构。 3. 职业技能培训师资研修。依托企业、职业院校、公共实训基地、社会培训机构等建设一批职业技能培训师资研修中心和企业实践基地，组织师资培训和研修交流活动。	

（十九）推动职业技能培训信息化建设。

构建与终身职业技能培训制度相适应的信息化服务体系，加强信息化建设。依托金保工程，加快推进职业技能培训实名制管理工作，建立以社会保障卡为载体的劳动者终身职业技能培训电子档案。依托社会保障卡持卡人员基础信息库和全国社会保障卡服务平台，实现培训对象实名认证，探索通过社会保障卡缴纳职业技能培训费和领取补贴费。统筹利用现有资源，提升全国职业技能鉴定等级认定考务管理和技能人才评价信息服务水平。

七、完善技能人才职业发展通道

（二十）拓宽技术工人职业发展通道。

促进技术工人成长，完善职业发展通道，形成纵向有阶梯、横向可贯通的人才发展路径。鼓励企业设立首席技师、特级技师等，提升技术工人职业发展空间。扩大技能人才与专业技术人才职业发展贯通领域，推动融合发展。畅通非公有制经济组织、社会组织和自由职业人员技能等级认定渠道。探索建立技能学分，与国家学分银行互联互通。研究探索职业技能等级证书与学历证书间的学习成果认定、积累和转换机制。

（二十一）完善技能人才评价体系。

健全以职业能力为导向、以工作业绩为重点、注重工匠精神培育和职业道德养成的技能人才评价体系。建立与国家职业资格制度相衔接、与终身职业技能培训制度相适应的职业技能等级制度。健全以职业资格评价、职业技能等级认定和专项职业能力考核等为主要内容的技能人才评价制度。全面推行企业技能人才自主评价，并将评价结果与技能人才使用、待遇挂钩。加大社会培训评价组织的征集遴选力度，大力推行社会化职业技能等级认定，加强技术支持和工作指导。加强对行业组织开展职业技能等级认定的支持和指导。鼓励地方紧密结合乡村振兴、特色产业和非物质文化遗产传承项目等，组织开发专项职业能力考核项目。有序开展新职业培训评价试点工作。推动技能人才评价提质扩面。

（二十二）提高技能人才待遇水平。

大力提高技术工人待遇，推动技能人才薪酬分配指引落地落企，引导企业建立健全符合技能人才特点的工资分配制度。指导企业对技能人才建立以岗位价值、能力素质、业绩贡献等为参考的岗位绩效工资制，合理评价技能要素贡献。推动企业建立工资正常增长机制，探索技能激励机制。定期发布工资价位，指导企业合理确定技能劳动者的工资水平。做好职业院校毕业生参加事业单位公开招聘工作，切实维护、保障职业院校毕业生参加机关企事业单位招聘的合法权益和平等竞争机会。推动高技能人才纳入城市直接落户范围，其配偶、子女按有关规定享受公共就业、教育、住房等保障服务。

（二十三）加强高技能人才表彰奖励。

完善以国家奖励为导向、用人单位奖励为主体的技能人才表彰奖励体系。加大对高技能人才在各级各类表彰中的倾斜力度。做好中华技能大奖和全国技术能手评选表彰工作。组织开展高技能领军人才技能研修交流和节日慰问活动。按照国家有关规定，对培育、使用技能人才成效突出的职业院校、职业技能培训机构和企业进行表彰。

（二十四）广泛开展职业技能竞赛活动。

完善以世界技能大赛为引领、中华人民共和国职业技能大赛为龙头、全国行业职业技能竞赛和地方各级职业技能竞赛为主体、企业和院校职业技能竞赛为基础的具有中国特色的职业技能竞赛体系。完善职业技能竞赛管理办法，通过以赛代训引领职业技能培训发展。做好世界技能大赛参赛和筹办工作，依托院校、企业等资源，培育世界技能大赛综合训练中心、世界技能大赛中国研究（研修）中心和世界技能大赛中国集训基地。指导上海建设世界技能博物馆。定期举办全国技能大赛。加强职业技能竞赛工作队伍建设，提高竞赛工作信息化管理水平，开展相关理论研究和成果转化。

八、完善规划落实机制

（二十五）加强统筹规划和组织领导。

各地要切实承担主体责任，做好本地区职业技能培训发展与本规划的衔接和组织实施，确保规划重点任务和行动落到实处。及时总结工作进展情况，按照国家有关规定对作出突出贡献的集体和个人进行表彰。加强组织协调，形成省级统筹、部门参与、市县实施的工作格局。人力资源社会保障、教育、发展改革、财政、工业和信息化、民政、住房城乡建设、农业农村、退役军人、应急、乡村振兴、残联等部门和单位要发挥各自职能作用，加大职业技能培训资源统筹、共享力度，形成工作合力，提升职业技能培训效果。

（二十六）加大职业技能培训投入力度。

多方筹集资金，做好职业技能培训资金保障。健全市场化投入机制，鼓励社会资本投入。加强中央预算内投资对公共实训基地建设等的支持。对购买用于培训的相关设备，可按规定享受现行税收优惠政策。统筹利用就业补助资金、失业保险基金和已有职业培训资金（含职业技能提升行动专账结余资金），按规定对符合条件的参训人员给予职业培训补贴、技能提升补贴和生活费补贴。建立培训补贴标准动态评估调整机制，适时调整补贴标准。高危行业企业要在职工教育培训经费和安全生产费用预算中足额安排安全技能培训资金，用于从业人员安全技能培训。有条件的地区可结合实际情况安排经费，对职业技能培训教材建设、职业培训包开发应用、师资和管理人员培训、教学改革以及职业技能培训公共服务平台建设运行等基础工作给予支持，对培训组织动员工作进行奖补。

（二十七）加强管理服务和监管。

健全职业技能培训综合管理服务和督导评估体系，加强对职业技能培训工作的绩效评估和信息公开，对培训机构、培训项目、培训资金等进行规范管理。运用“双随机、一公开”等方式对培训组织实施和资金管理使用进行全过程监管。推进“制度+科技”、“人防+技防”体系建设，大力推进“互联网+监管”，优化业务流程和工作模式。引入第三方机构强化社会监督。加大对违法违规行为的查处力度，并依法依规严惩。

（二十八）推动职业技能培训国际合作。

加强国际合作，推动与各国在职业技能领域交流互鉴。完善国际区域培训交流机制和对话平台。聚焦世界科技前沿和国内紧缺技能，引进高水平师资、课程、教材等资源。探索“中文+职业技能”的国际化发展模式，推动职业教育走出去。支持职业院校青年学生、毕业生参加青年实习生交流计划。支持职业院校探索与其他国家院校开展合作办学，师生交流互访。积极举办“一带一路”国际技能大赛等，推动对外技能合作交流，充分展示中国技能发展成就。

（二十九）营造良好发展氛围。

充分利用报刊、广播、电视、门户网站、政务微博、政务微信、手机客户端等平台和载体，大力宣传加强职业技能培训工作的方针政策，大力推广技能人才培养典型经验，不断强化“劳动光荣、技能宝贵、创造伟大”的社会导向，营造有利于技能人才成长成才的社会环境。

人力资源社会保障部关于印发技工教育“十四五”规划的通知（节选）

人社部发〔2021〕86号

各省、自治区、直辖市及新疆生产建设兵团人力资源社会保障厅（局）：

为深入贯彻习近平总书记关于大力发展技工教育的重要指示精神，落实中共中央办公厅、国务院办公厅印发的《关于推动现代职业教育高质量发展的意见》，推进技工教育高质量发展，根据《人力资源和社会保障事业发展“十四五”规划》要求，我部组织制定了《技工教育“十四五”规划》。现印发给你们，请结合实际，认真贯彻执行。

人力资源社会保障部

2021年11月5日

技工教育“十四五”规划

大力发展技工教育，扩大高技能人才培养规模，提高人才培养质量，对加快构建技能型社会、促进更加充分更高质量就业、推动经济高质量发展具有重要作用。本规划深入贯彻习近平总书记关于大力发展技工教育的重要指示精神，落实中共中央办公厅、国务院办公厅印发的《关于推动现代职业教育高质量发展的意见》，提出“十四五”期间技工教育发展的总体要求，明确主要目标和重点任务，是推动技工教育高质量发展的指导文件。

一、发展环境

党中央、国务院高度重视技能人才工作，要求大力发展技工教育，办好技工院校。“十三五”时期，各级人力资源社会保障部门深入贯彻党中央、国务院决策部署，坚持改革创新，攻坚克难，推动技工教育发展。技工院校高技能人才培养和职业技能培训规模逐步扩大。截至2020年底，全国有技工院校2 423所（其中技师学院496所），在校生395.5万人，每年面向社会开展职业培训超过400万人次。脱贫攻坚期间，全国技工院校累计招收建档立卡贫困家庭子女超36万人。技工教育办学质量及社会影响力不断提升。

二、总体要求

（二）主要目标

到2025年，基本形成技工教育体系更加完善、布局更加合理、特色更加突出、技能人才培养规模和质量更加契合经济社会发展需要的良好局面。技工院校发展成为开展学制教育和职业培训服务技能人才成长的重要平台、现代职业教育体系的重要组成、构建技能型社会建设的重要依托。技工教育办学模式更加成型，专业设置、课程开发和教材建设更加符合企业需求，人才培养质量稳步提升，毕业生就业率稳定在较高水平，面向社会开展学制教育、职业培训、公共实训、技能评价、竞赛集训、就业服务、创业孵化等技能人才全方位服务。技工教育吸引力和人才培养质量显著提高，服务实施新时代人才强国战略的功能进一步增强。

专栏1　　“十四五”时期主要指标

指标	2025年
1. 在校生规模（万人）	>360
2. 毕业生就业率（%）	>97
3. 培养培训高技能人才（万人）	>［200］
4. 面向企业职工和就业重点群体开展职业技能培训（万人次）	>［2000］

注：［　］内为五年累计数。

四、切实提高高技能人才培养能力

（八）全面开展职业技能培训

组织技工院校全方位参与职业技能提升行动各类培训计划，承担培训任务，开展补贴性培训和市场化社会培训，不断扩大培训规模，提升培训质量，按规定落实培训补贴。引导技工院校普遍设立企业培训工作站，开展职业培训包示范培训和订单定岗定向培训企业职工技能提升。突出高技能实训特色，重点围绕高精尖缺职业（工种），面向企业职工和高校毕业生等就业重点群体提供高端技能培训。加强新兴产业、智能制造、现代服务业等领域职业技能培训。针对承担职业培训任务较重的技工院校，在原总量基础上及时核增所需绩效工资总量。允许技工院校将一定比例的培训收入纳入学校公用经费，教师培训工作量可按一定比例折算成全日制学生培养工作量。完善技工院校绩效工资分配激励机制，进一步落实单位内部分配自主权。

（九）实施企业新型学徒培养计划

大力开展中国特色企业新型学徒制培训，面向企业职工开放技工院校一年以上非全日制学籍注册通道。依托校企深度合作的技师学院，联合产业龙头企业、行业头部企业建设产业学院。探索推行弹性学制，通过工学交替、校企双师联合培养高级工、预备技师和技师。依托技工院校创建或与企业共建技能大师工作室、组织技师研修交流、校企联合开展科技攻关和技术革新项目等方式合作培养培训高技能人才。聚焦新产业、新技术、新职业发展方向，开展企业技师培养培训。

（十）推进职业技能等级认定工作

在技工院校全面推行职业技能评价，支持帮助学生获取职业资格证书或职业技能等级证书。支持技工院校依托合作企业为学生提供职业技能等级认定服务。经人力资源社会保障部门备案，将具备条件的技工院校培育为社会培训评价机构，面向各类就业群体提供培训评价服务，按规定颁发职业技能等级证书。支持技工院校学生通过参加各级各类职业技能竞赛，获得职业技能等级证书。

五、大力加强校企合作

（十三）推动校企合作服务职工技能提升

鼓励引企驻校、引校进企、校企一体等方式，带动各类企业参与校企合作。鼓励技工院校与企业联合开发优质教育资源，推动发展“互联网+教育培训”模式。鼓励技工院校与企业共同组织开展基于工作场所的学习活动，积极为企业提供知识讲座、课程资源开发、技术辅导等服务，以多种形式参与企业培训机构的建设。支持企业接收学生实习实训，引导企业按岗位总量的一定比例设立学徒岗位。鼓励技工院校的院系与企业车间、班组结对子，建立校企合作的学习团队，通过多种教育培训服务供给，为职工提供终身技能提升服务。

六、推进技工教育高质量协调发展

（十四）优化区域发展布局

优化区域资源配置，推动部省共建，持续深化技工教育东西部协作。引导支持产业和人口集中度较高地区建好办好技师学院，结合实际，在地级城市及经济发达县市建好技工院校。实施国家乡村振兴重点帮扶地区职业技能提升工程，聚焦国家乡村振兴重点帮扶地区，综合考虑大型特大型易地扶贫搬迁安置区技能培训需求，支持提升一批技工院校和职业培训机构，培育一批劳务技能品牌，培养一批高技能人才，办好全国乡村振兴技能大赛，更好发挥对培训的引领带动作用。健全人社领域常态化帮扶机制，加大东西部职业技能开发对口协作力度，对西藏、南疆四地州等地技工院校予以重点帮扶。

专栏 4　　技工教育援助帮扶计划

1. 聚焦国家乡村振兴重点帮扶地区，综合考虑大型特大型易地扶贫搬迁安置区技能培训需求，支持生源数量较充足、具备发展技工教育条件地区，依托现有资源，新建、改（扩）建 100 个左右技工院校和职业培训机构。 2. 加强对口帮扶，统筹推动西藏建立起 1+6 技工教育体系（即西藏技师学院+6 个地市技工院校或分校、教学点）。

续表

3. 以南疆四地州为重点，加大技工教育对口援疆力度，在“一县一技校”基础上，持续提升办学实力，实现“一校一特色专业”。

七、保障措施

（二十）加强组织领导

各级人力资源社会保障部门要认真贯彻落实党中央、国务院部署要求，高度重视本规划的组织实施。要依据本规划，结合实际条件，细化具体任务目标和推进措施，有序推进规划落实。充分依托人才工作领导小组、就业工作领导小组、职业教育联席会议等工作领导机制，协调加大技工教育整体领导支持力度，确保完成本地区规划任务。

（二十二）优化发展环境

认真贯彻《中华人民共和国职业教育法》，切实落实《关于提高技术工人待遇的意见》，畅通高技能人才与专业技术人才职业发展通道。强化工资收入分配的技能价值激励导向。挖掘宣传基层和一线技能人才成长成才，通过辛勤劳动过上幸福美好生活的典型事迹，深入开展世界青年技能日、职业教育活动周、“技能中国行”等主题宣传，弘扬劳动光荣、技能宝贵、创造伟大的时代风尚和精益求精的敬业风气。

人力资源社会保障部关于印发“技能中国行动”实施方案的通知

人社部发〔2021〕48号

各省、自治区、直辖市及新疆生产建设兵团人力资源社会保障厅（局）：

为贯彻落实习近平总书记对技能人才工作的重要指示精神，我部决定在“十四五”期间组织实施“技能中国行动”。现将《“技能中国行动”实施方案》印发各地，请结合实际贯彻执行。

人力资源社会保障部

2021年6月30日

“技能中国行动”实施方案

技能是强国之基、立业之本。技能人才是支撑中国制造、中国创造的重要力量。为贯彻落实习近平总书记对技能人才工作的重要指示精神，在“十四五”期间，人力资源社会保障部将组织实施“技能中国行动”，特制定本实施方案。

一、指导思想

以习近平新时代中国特色社会主义思想为指导，全面贯彻党的十九大和十九届二中、三中、四中、五中全会精神，认真落实习近平总书记对技能人才工作的重要指示精神，坚持党管人才、服务发展、改革创新、需求导向原则，健全技能人才培养、使用、评价、激励制度，着力强基础、优结构，扩规模、提质量，建机制、增活力，打造技能省市，为大力实施人才强国和创新驱动发展战略，建设制造强国、质量强国、技能中国，全面建设社会主义现代化国家，实现中华民族伟大复兴的中国梦，提供坚实的技能人才保障。

二、目标任务

“十四五”时期，大力实施“技能中国行动”，以培养高技能人才、能工巧匠、大国工匠为先导，带动技能人才队伍梯次发展，形成一支规模宏大、结构合理、技能精湛、素质优良，基本满足我国经济社会高质量发展需要的技能人才队伍。“十四五”期间，新增技能人才4 000万人以上，技能人才占就业人员比例达到30%，东部省份高技能人才占技能人才比例达到35%，中西部省份高技能人才占技能人才比例在现有基础上提高2～3个百分点。

三、基本原则

（一）坚持党管人才。加强党对技能人才工作的领导，强化行业企业主体作用，吸引社会力量积极参与，构建在党委政府领导下，行业企业、院校、社会力量共同参与的技能人才工作新格局。

（二）坚持服务发展。立足新发展阶段，贯彻新发展理念，紧贴发展需求，以推进技能人才供给侧结构性改革为主线，改进和完善培养模式，加快培养知识型、技能型、创新型劳动者大军。

（三）坚持改革创新。发挥市场在人力资源配置中的决定性作用，聚焦制约技能人才工作的短板弱项，完善政策措施体系，加大体制机制改革创新力度，从根本上推动技能人才队伍高质量发展。

（四）坚持需求导向。瞄准缓解结构性就业矛盾，以提升全民技能、构建技能社会为引领，突出需求导向目标，培养更多高素质劳动者，围绕急需紧缺领域培养更多技能人才和大国工匠。

四、主要任务

（一）健全完善“技能中国”政策制度体系

1. 健全技能人才发展政策体系。加强技能人才统计分析，全面系统谋划技能人才发展目标、工作任务、政策制度、保障措施，研究制定进一步加强新时代高技能人才队伍建设的指导意见，完善相关配套政策措施，形成更加完备的技能人才工作政策制度体系。鼓励各地结合实际，创新实践，抓好各项政策措施落实落地。

2. 健全终身职业技能培训制度。建立健全覆盖城乡全体劳动者、贯穿劳动者学习工作终身、适应就业创业和人才成长需要以及高质量发展需求的终身职业技能培训制度。构建以政府补贴培训、企业自主培训、市场化培训为主要供给，以高技能人才公共实训基地、技工院校、职业院校、职业培训机构和行业企业为主要载体，以就业技能培训、岗位技能提升培训和创业创新培训为主要形式的组织实施体系。加强数字技能培训，普及提升全民数字素养。完善国家基本职业培训包制度，加强职业培训规范化、科学化管理。持续实施国家级高技能人才培训基地、技能大师工作室建设项目。推动各地建设职业覆盖面广、地域特色鲜明的高技能人才培训基地、公共实训基地、技能大师工作室。

3. 完善技能人才评价体系。深化职业资格制度改革，完善职业技能等级制度，健全以职业资格评价、职业技能等级认定和专项职业能力考核等为主要内容的技能人才评价制度。健全完善科学化、社会化、多元化的技能人才评价体系。完善新职业信息发布制度，健全职业分类动态调整机制。完善职业标准开发机制，建立健全由国家职业技能标准、行业企业评价规范、专项职业能力考核规范等构成的多层次、相互衔接的职业标准体系。加强技能人才评价监督管理，营造公开、公平、公正的技能人才评价环境。

4. 构建职业技能竞赛体系。完善以世界技能大赛为引领、中华人民共和国职业技能大赛为龙头、全国行业职业技能竞赛和地方各级职业技能竞赛以及专项赛为主体、企业和院校职业技能比赛为基础的具有中国特色的职业技能竞赛体系，不断提高职业技能竞赛的科学化、规范化、专业化水平。围绕重大战略、重大工程、重大项目、重点产业，统筹管理、定期举办各级各类职业技能竞赛活动。推广集中开放、赛展结合的职业技能竞赛模式，鼓励和引导社会力量支持、参与办赛。推动省市县普遍举办综合性职业技能竞赛，加快培养专业化人才队伍，加强职业技能竞赛工作信息化建设。建设1个世界技能大赛综合训练中心、3个世界技能大赛中国研究中心、1个世界技能大赛中国研修中心和400个左右世界技能大赛中国集训基地，支持建设世界技能博物馆、世界技能能力建设中心、世界技能资源中心，加强世界技能大赛理论研究、工作研修和成果转化。

（二）实施“技能提升”行动

5. 持续实施职业技能提升行动。大规模开展高质量职业技能培训，创新培训方式，丰富培训内容，提升劳动者就业创业能力和水平。紧贴经济社会发展，编制发布技能人才需求指引，对接技能密集型产业，实施重点群体专项培训计划，大力推行“互联网+职业技能培训”，广泛开展新职业新业态新模式从业人员技能培训。健全以技能需求和技能评价结果为导向的培训补贴政策。全面推广职业培训券，建立实名制培训信息管理系统和劳动者职业培训电子档案，实现培训信息与就业、社会保障信息联通共享。

6. 大力发展技工教育。支持技工院校建设成为集技工教育、公共实训、技师研修、竞赛集训、技能评价、就业指导等功能为一体的技能人才培养综合基地。遴选建设300所左右优质技工院校和500个左右优质专业，开展100个左右技工教育（联盟）集团建设试点工作。稳定和扩大技工院校招生规模，推动将技工院校纳入统一招生平台。建设全国技工院校招生宣传平台。

7. 支持技能人才创业创新。开展技能人才创业创新培训，对符合条件的高技能人才，按规定落实创业担保贷款及贴息政策，支持技能人才入驻创业孵化基地创办企业。支持各地建立创新型高技能人才信息库，支持高技能人才参与国家基础研究、重点科研、企业工艺改造、产品研发中心等项目。鼓励技能人才专利创新。定期举办全国技工院校学生创业创新大赛，培育技工院校学生创业创新能力。

8. 推动国家乡村振兴重点帮扶地区技工教育和职业培训均衡发展。实施国家乡村振兴重点帮扶地区职业技能提升工程，促进区域协调发展。支持建设（新建、改扩建）100所左右技工院校和职业培训机构、100个左右高技能人才培训基地和100个左右技能大师工作室，开发100个左右专项职业能力考核规范，培育100个左右劳务品牌，培养一批高技能人才和乡村工匠。定期举办全国乡村振兴职业技能大赛，引导支持重点帮扶地区举办具有地方特色的职业技能竞赛。加大东西部职业技能开发对口协作力度，确保有提升技能意愿的劳动力都有机会参加职业学校教育和技能培训。支持重点帮扶地区开展优秀技能人才评选表彰。

（三）实施“技能强企”行动

9. 推行中国特色企业新型学徒制。全面推行“招工即招生、入企即入校、企校双师联合培养”为主要内容的中国特色企业新型学徒制。发挥企业主体作用，推行培养和评价“双结合”、企业实训基地和院校培训基地“双基地”、企业导师和院校导师“双导师”的联合培养模式。通过校企合作、工学交替等方式，组织企业技能岗位新招用和转岗人员参加学徒制培训，助推企业技能人才培养，发展壮大产业工人队伍。

10. 建立健全产教融合、校企合作机制。推动企校在产业链、创新链、人才链上深度融合，共同推动区域经济社会高质量发展。契合企校需求，整合企校资源，建立企校资源集群，构建企校发展联通、需求互通、资源融通的双赢合作格局。支持企校开展数字技能、绿色技能等领域技能人才联合培养。

11. 开展大规模岗位练兵技能比武活动。支持行业企业将技能人才队伍建设上升为企业发展战略。引导行业企业立足生产、经营、管理实际，以增强核心竞争力为导向，采取以工代训、技能竞赛等形式，大力开展岗位练兵技术比武活动，提升职工技能水平，发现优秀技能人才，传播优秀企业文化。

12. 支持企业自主开展技能等级认定。发挥职业技能等级认定在促进技能人才成长中的积极作用，推动企业自主开展职业技能等级认定。支持企业结合生产经营特点和实际需要，自主确定评价职业（工种）范围，自主设置职业技能岗位等级，自主开发制定评价标准规范，自主运用评价方法，自主开展技能人才评价。鼓励企业在职业技能等级认定工作初期，广泛开展定级评价。可根据岗位条件、职工日常表现、工作业绩等，参照有关规定直接认定职工职业技能等级。支持企业将职业技能等级认定与企业岗位练兵、技术比武、新型学徒制、职工技能培训等各类活动相结合，建立与薪酬、岗位晋升相互衔接的职业技能等级制度。打破学历、资历、年龄、身份、比例等限制，对掌握高超技能、业绩突出的企业一线职工，可按规定直接认定为高级工、技师、高级技师。

（四）实施“技能激励”行动

13. 加大高技能人才表彰奖励。建立健全以国家奖励为导向、用人单位奖励为主体、社会奖励为补充的技能人才奖励体系。定期开展中华技能大奖、全国技术能手评选表彰，选拔优秀高技能人才享受政府特殊津贴。提高高技能人才在各级各类表彰和荣誉评选中的名额分配比例，提高表彰奖励标准，拓宽表彰奖励覆盖面。广泛开展高技能领军人才技能研修交流、休疗养和节日慰问活动。

14. 提升技能人才待遇水平。落实《技能人才薪酬分配指引》，引导企业建立健全体现技能价值激励导向的薪酬分配制度。指导企业对技能人才建立岗位价值、能力素质、业绩贡献的岗位绩效工资制，合理评价技能要素贡献。同时，鼓励企业对技能人才特别是高技能领军人才实行年薪制、协议薪酬、专项特殊奖励，按规定探索实行股权激励、项目分红或岗位分红等中长期激励方式，并结合技能人才劳动特点，统筹设置技能津贴、师带徒津贴等专项津贴，更好体现技能价值激励导向。畅通为高技能人才建立企业年金的机制，提高技能人才薪酬福利水平。进一步提高失业保险参保职工技能提升补贴政策受益率。

15. 落实技能人才社会地位。探索推动面向技术工人、技工院校学生招录（招聘）事业单位工作人员，拓宽技能人才职业发展空间。技工院校高级工、预备技师（技师）班毕业生在应征入伍、就业、确定工资起点标准、参加机关事业单位招聘、职称评审、职级晋升等方面，分别按照大学专科、本科学历毕业生享受同等待遇。推动将高技能人才纳入城市直接落户范围，其配偶、子女按有关规定享受公共就业、教育、住房等保障服务。

16. 健全技能人才职业发展贯通机制。拓展技能人才职业技能等级设置，支持和引导企业增加职业技能等级层次，探索设立首席技师、特级技师等岗位职务。建立技能人才与管理人才、专业技术人才职业转换通道。建立职业资格、职业技能等级与专业技术职务比照认定制度，加强高技能人才与专业技术人才职业发展贯通。各类用人单位对在聘的高级工以上高技能人才在学习进修、岗位聘任、职务职级晋升、评优评奖、科研项目申报等方面，按相应层级专业技术人员享受同等待遇。

17. 弘扬劳模精神、劳动精神、工匠精神。创新方式方法，结合世界技能大赛、国内职业技能竞赛、高技能人才评选表彰、世界青年技能日等重大赛事、重大活动和重要节点，采取群众喜闻乐见的形式，广泛深入开展技能中国行、“迎世赛，点亮技能之光”、中华绝技等宣传活动，讲好技能成才、技能报国故事，传播技能文化，大力弘扬劳模精神、劳动精神、工匠精神。各地可利用技工院校、职业院校、博物馆、文化宫、青少年宫等教育和培训场所，推动设立技能角、技能园地等技能展示、技能互动、职业体验区域，引导广大劳动者特别是青年一代关注技能、学习技能、投身技能。技工院校、职业院校要大力开展技能教育，在劳动教育和劳动实践活动中宣传劳模精神、劳动精神、工匠精神。

（五）实施“技能合作”行动

18. 做好世界技能大赛参赛和办赛工作。精心组织上海第46届世界技能大赛，充分展示中国技能发展成就，努力办成一届“富有新意、影响广泛”的世界技能大赛。积极做好世界技能大赛备赛和参赛工作，规范遴选世界技能大赛中国集训基地和技术指导专家团队，科学组织集训备赛和参赛工作。举办“一带一路”国际技能大赛等。

19. 加强技能领域国际交流合作。统筹利用亚洲合作资金和“一带一路”合作项目资源，开展多边、双边技能合作和对外援助，带动“一带一路”沿线国家完善职业技能培训体系。推进与发达国家在职业技能开发领域的交流互鉴，继续选派青年赴法国、德国等国家开展实习交流，组织职业能力建设管理人员出国交流。支持技工院校与发达国家和“一带一路”沿线国家职业院校合作办学，选派优秀学生出国交换学习。

20. 加强职业资格证书国际互认。研究制定境外职业资格境内活动管理暂行办法，规范在我国境内开展的境外各类职业资格相关活动。根据技能人才队伍建设需要，结合实际制定职业资格证书国际互认管理办法。支持持境外职业资格证书人员按规定参加职业资格评价或职业技能等级认定，促进技能人才流动。

五、实施保障

（一）加强组织领导。各地要深入学习贯彻落实习近平总书记对技能人才工作重要指示精神，充分认识进一步加强技能人才工作的重大意义，将技能人才纳入本地人才队伍建设重要工作内容和“十四五”规划，建立党委（党组）统一领导、有关部门各司其职、行业企业为主体、社会力量广泛参与的工作机制，形成推动工作合力。我部根据各地实际，通过与省级人民政府签署部省（区、市）共建协议等方式，推动各地打造技能省市。

（二）加大经费支持。各地要加大技能人才工作投入力度，按政策统筹使用职业技能提升行动专账资金、就业补助资金、失业保险基金、教育经费、人才专项资金等各类资金，发挥好政府资金的撬动作用，推动建立政府、企业、社会多元化投入机制。

（三）加大宣传引导。各地要加大“技能中国行动”宣传力度，围绕五大行动计划精心策划宣传活动，广泛解读宣传技能人才政策，及时发布工作进展和成果成效。要大力宣传行动中涌现的先进典型和先进事迹，引导社会各界关注技能人才，支持技能人才工作，营造技能人才发展的良好社会氛围。

人力资源社会保障部　国家乡村振兴局关于印发《国家乡村振兴重点帮扶地区职业技能提升工程实施方案》的通知

人社部发〔2021〕45号

各省、自治区、直辖市及新疆生产建设兵团人力资源社会保障厅（局）、乡村振兴（扶贫、东西协作）部门：

为贯彻党的十九大和十九届二中、三中、四中、五中全会精神，落实党中央、国务院关于实现巩固拓展脱贫攻坚成果同乡村振兴有效衔接的部署，加强高技能人才和乡村工匠培育，助力乡村振兴，“十四五”期间，人力资源社会保障部、国家乡村振兴局决定实施国家乡村振兴重点帮扶地区职业技能提升工程。现将《国家乡村振兴重点帮扶地区职业技能提升工程实施方案》印发给你们，请结合实际，建立工作机制，落实实施方案，统筹资金渠道，有序推进实施，确保工程建设质量和效益。

人力资源社会保障部

国家乡村振兴局

2021年6月28日

国家乡村振兴重点帮扶地区职业技能提升工程实施方案

为落实中共中央、国务院《关于实现巩固拓展脱贫攻坚成果同乡村振兴有效衔接的意见》和《关于全面推进乡村振兴加快农业农村现代化的意见》，加强高技能人才和乡村工匠培育，助力乡村振兴，人力资源社会保障部、国家乡村振兴局共同编制本实施方案。

一、总体要求

（一）指导思想。以习近平新时代中国特色社会主义思想为指导，全面贯彻党的十九大和十九届二中、三中、四中、五中全会精神，健全人社领域常态化帮扶机制，加大东西部职业技能开发对口协作力度，增强国家乡村振兴重点帮扶地区职业技能培训资源供给，加强创新型、应用型、技能型人才培养，为巩固脱贫攻坚成果、促进区域协调发展、全面推进乡村振兴提供技能人才支撑。

（二）建设目标。聚焦国家乡村振兴重点帮扶地区，综合考虑大型特大型易地扶贫搬迁安置区技能培训需求，建立完善职业指导、分类培训、技能评价、就业服务协同联动的公共服务体系。加强技工教育和职业培训基础能力建设，加大帮扶力度，做到“应培尽培、能培尽培”，努力实现每个有培训需求的脱贫家庭和防止返贫致贫监测对象家庭（以下简称帮扶家庭）劳动力都有机会接受职业技能培训，每个有就读技工院校意愿的帮扶家庭“两后生”都有机会接受技工教育，丰富技能教育层次，加强高技能人才培养。“十四五”期间，累计开展职业技能培训不少于300万人次，培养5万名左右高级工以上高技能人才和乡村工匠，更好服务乡村振兴。

二、实施范围

重点支持国家乡村振兴重点帮扶县、西藏自治区、新疆维吾尔自治区和新疆生产建设兵团。

三、主要任务

（一）建设一批技工院校和职业培训机构。实施技工教育发展“十四五”规划，支持生源数量较充足、具备发展技工教育条件县市，依托现有资源，新建、改（扩）建100个左右技工院校和职业培训机构，逐步实现每个具备条件的地级以上城市建立1所技师学院，每个具备条件的县（市）建立1所技工学校。鼓励各级各类企业举办或参与举办技工院校，支持民办技工教育发展。加大对口支援工作力度，对西藏技师学院和南疆四地州技工院校予以倾斜支持，推动落实部区共建备忘录各项措施。

（二）建设一批高技能人才培训基地。深入实施“十四五”职业技能培训规划，以推动技能人才高质量培养为目标，以创新发展为根本动力，以实现更加充分更高质量就业为导向，落实高技能人才培养补助政策，分层分级建设100个左右高技能人才培训基地。

（三）建设一批技能大师工作室。根据本地区产业发展需要，培育一批服务乡村振兴的能工巧匠，加强资金支持，分层分级建立100个左右技能大师工作室，组建工作团队，充分发挥带徒传技、技能攻关、技艺传承、技能推广等带动作用。

（四）组织实施一批专项职业能力培训考核。按照在已备案的项目中遴选一批、面向社会征集一批、围绕当地特色产业开发一批的原则，选择就业需求量大、操作技能简单易学的就业技能，组织实施专项职业能力培训考核计划。开发100个左右专项职业能力考核规范，力争每县至少实施一个专项职业能力项目。

（五）培育一批劳务品牌。立足社会需求和特色产业，积极培育100个左右知名劳务品牌，形成“一县一品”的品牌效应，提升脱贫劳动力输出的影响力和竞争力。发挥公共就业服务机构、人力资源服务机构和劳务经纪人的积极作用，深入基层开展“送政策、送信息、送技能、送岗位”的“四送”活动，不断开拓劳务输出渠道，扩大脱贫劳动力外出务工的规模。

（六）培养一批高技能人才和乡村工匠。技工院校要积极面向往届初高中毕业生、帮扶家庭子女及劳动力等各类群体广泛开展招生工作，鼓励其就读高级工班、预备技师（技师）班，成长为高技能人才。深入实施新生代农民工职业技能提升计划，以输出地为主，组织返乡农民工开展就业创业培训，促进农民工就近就业创业。以输入地为主，组织转岗和失业农民工开展定向定岗培训，提升农民工就业能力。大力开展中国特色企业新型学徒制培训，组织开展以工代训、就业技能培训、岗位技能提升培训和创业培训。推广网络创业培训和乡村创业带头人培训。结合市场需求，加快培养一批高技能人才和乡村工匠。

（七）举办乡村振兴职业技能大赛。每两年举办一届全国乡村振兴职业技能大赛。引导支持国家乡村振兴重点帮扶地区结合当地特色产业发展状况，举办具有地方特色的职业技能竞赛。依托优质院校和职业培训机构建设一批职业技能竞赛集训基地，做好选手集训、高技能人才培训等工作。发挥职业技能竞赛引领带动作用，为技能劳动者提供展示交流平台。

四、完善服务保障政策

（一）加大东西部协作和对口支援力度。将职业教育培训协作纳入东西部协作和对口支援工作重要内容，把国家乡村振兴重点帮扶县作为帮扶重点，扩大东西部地区优质教育培训资源供给和输出。加强技工院校对口帮扶，鼓励院校采取专业联建、师资交流、教研共享、网上课堂等多种渠道和方式，援助改善基础条件、扩展办学规模、建设特色专业。建设东西部技工院校合作联盟，采取联合招生、合作办学等形式，共同培养高技能人才。

（二）落实好技工教育各项资助政策。继续实施雨露计划，对帮扶家庭子女接受技工教育给予补助，原补助标准、补助方式、发放程序、资金来源保持不变。各技工院校要对帮扶家庭学生开辟招生绿色通道，优先招生、优先安排在订单定向培养班或企业冠名班、优先落实助学政策、优先安排实习、优先推荐就业。

（三）落实好职业培训补贴政策。对帮扶家庭子女、劳动者等开展免费职业技能培训，对高校毕业生和企业职工按规定给予职业培训补贴。参加企业新型学徒制培训的给予企业每人每年 5 000 元以上的职业培训补贴，由企业自主用于学徒培训工作。对符合条件的劳动者参加专项职业能力项目培训的，可按规定纳入政府补贴性职业技能培训项目范围，落实职业培训和鉴定补贴。

（四）加强师资队伍建设和技术支持。遴选建设一体化师资研修基地，建设技工院校师资研修平台。在技工院校一体化师资专项培训计划、师资能力提升行动和网络师资研修等工作中，向国家乡村振兴重点帮扶地区倾斜。积极推动技工教育人才参与对口支援，协调落实好政策待遇。加强创业培训师资和创业导师队伍建设。建立技工教育管理、专业建设、技术开发、教学改革等方面专家队伍，为国家乡村振兴重点帮扶地区技工教育和职业培训提供技术支持。

五、工作要求

（一）提高思想认识，加强组织领导。各级人力资源社会保障、乡村振兴部门要将实施国家乡村振兴重点帮扶地区职业技能提升工程提上重要日程，协调纳入当地经济社会发展总体规划。要以地方政府为主导，建立人力资源社会保障部门牵头协调、多部门共同参与的工作机制，统筹推进各项工作有序实施。

（二）加大支持力度，强化资金保障。国家乡村振兴重点帮扶地区所在省（区）人力资源社会保障部门要按照统筹规划、集中使用、提高效益的要求，将中央和省级财政安排的各项资金统筹使用，发挥好企业职工教育培训经费、就业补助资金、职业技能提升行动专账资金等各类资金的作用。有结对帮扶和对口支援任务的省（市）要主动对接帮扶地区，做实做细帮扶项目，积极协调将相关项目和资金需求纳入帮扶规划总盘子。

（三）细化工作方案，落实相关责任。各地区、各有关部门抓紧进行安排部署，可结合实际制定具体实施方案和工作安排，明确结对帮扶关系和具体目标任务。分阶段深入开展工作，协调解决问题，推动工作落实。人力资源社会保障和乡村振兴部门将对工程实施情况定期进行总结，适时开展监督检查，评估工作成效。

（四）加大宣传力度，营造良好氛围。各地要以大力发展技工教育、实施职业技能提升行动、推动技能人才评价制度改革、举办和参加技能大赛、弘扬工匠精神等为重点，大力宣传技工教育、职业培训、就业创业等政策措施，大力弘扬劳模精神、劳动精神、工匠精神，动员社会各界广泛参与国家乡村振兴重点帮扶地区职业技能提升工程，引导劳动力接受职业技能教育培训，及时总结推广经验做法，选树一批技能致富典型，营造技能成才良好环境。

人力资源社会保障部　财政部　国务院国资委　中华全国总工会　全国工商联关于印发《关于全面推行中国特色企业新型学徒制　加强技能人才培养的指导意见》的通知

人社部发〔2021〕39号

各省、自治区、直辖市及新疆生产建设兵团人力资源社会保障厅（局）、财政厅（局）、国资委、总工会、工商联：

现将《关于全面推行中国特色企业新型学徒制　加强技能人才培养的指导意见》印发给你们，请结合本地工作实际，认真贯彻执行。

人力资源社会保障部
财政部
国务院国资委
中华全国总工会
全国工商联
2021年6月8日

关于全面推行中国特色企业新型学徒制　加强技能人才培养的指导意见

为贯彻落实党的十九届五中全会精神，加强新时代技能人才培养，现就全面推行中国特色企业新型学徒制提出以下指导意见。

一、指导思想

以习近平新时代中国特色社会主义思想为指导，全面贯彻党的十九大和十九届二中、三中、四中、五中全会精神，深入贯彻落实《新时期产业工人队伍建设改革方案》，以高质量发展为引领，以深化企业改革、加大技能人才培养为宗旨，以满足培育壮大发展新动能、促进产业转型升级和提高企业竞争力为根本，以产教融合、校企合作为重要手段，持续实施职业技能提升行动，面向企业全面推行新型学徒制培训，创新中国特色技能人才培养模式，进一步扩大技能人才培养规模，为实现高质量发展提供有力的人才和技能支撑。

二、基本原则

——坚持需求导向。坚持以满足高质量发展，适应产业变革、技术变革、组织变革和企业技术创新需求为目标，瞄准企业人力资源价值提升需求，面向企业技能岗位员工开展企业新型学徒制培训，满足人岗匹配和技能人才队伍梯次发展需要。

——坚持终身培训。进一步健全终身职业技能培训制度，支持企业职工在职业生涯发展的不同阶段通过多种方式，灵活接受职业技能培训，不断提高职工岗位技能，畅通技能人才职业发展通道。

——坚持校企政联动。在充分发挥企业培训主体作用和院校教育培训优势的基础上，各地人力资源社会保障部门要加强组织管理和协调服务，有序高效开展企业新型学徒制培养工作。

——坚持以用为本。充分利用企业新型学徒制培养成果，积极为企业新型学徒提升技能、干事创业提供机会和条件。鼓励企业新型学徒参与技术革新、技术攻关，在技能岗位发挥关键作用。

三、目标任务

按照政府引导、企业为主、院校参与的原则，在企业全面推行新型学徒制培训，进一步发挥各类企业主体作用，通过校企合作、工学交替方式，组织企业技能岗位新入职、转岗员工参加企业新型学徒制培训，力争使企业技能岗位新入职员工都有机会接受高质量岗前职业技能培训；力争使企业技能岗位转岗员工都有机会接受转岗转业就业储备性技能培训，达到“转岗即能顶岗”。以企业新型学徒制培训为引领，促进企业技能人才培养，不断提升企业技术创新能力和企业竞争力。

四、主要内容

（一）培养对象和培养模式。以至少签订 1 年以上劳动合同的技能岗位新招用和转岗等人员为主要培养对象，企业可结合生产实际自主确定培养对象。发挥企业培养主体作用，培养和评价“双结合”，企业实训基地和院校培训基地“双基地”，企业导师和院校导师“双导师”培养模式，大型企业可依托本企业培训中心等采取“师带徒”的方式，开展企业新型学徒制培养工作。

（二）培养目标和主要方式。学徒培养目标以符合企业岗位需求的中级工、高级工及技师、高级技师为主。培养期限为 1~2 年，特殊情况可延长到 3 年。各类企业特别是规模以上企业可结合实际需求和学徒职业发展、技能提升意愿，采用举办培训班、集训班等形式，采取弹性学制和学分制等管理手段，按照“一班一方案”开展学徒培训。中小微企业培训人员较少的情况，可由地方工商联及所属商会，会同当地人力资源社会保障部门根据培训职业，统一协调和集中多个中小微企业人员开展培训。

（三）培养内容。根据产业转型升级和高质量发展要求，紧扣制造强国、质量强国、数字中国建设之急需和企业未来技能需求，依据国家职业技能标准和行业、企业培训评价规范开展相应职业（工种）培训，积极应用“互联网+”、职业培训包等培训模式。加大企业生产岗位技能、数字技能、绿色技能、安全生产技能和职业道德、职业素养、工匠精神、质量意识、法律常识、创业创新、健康卫生等方面培训力度。

（四）培养主体职责。企业新型学徒培养的主要职责由所在企业承担。企业应与学徒签订培养协议，明确培训目标、培训内容与期限、质量考核标准等内容。同一批次同类职业（工种）可签订集体培养协议。企业委托培训机构承担学徒的部分培训任务，应与培训机构签订合作协议，明确培训的方式、内容、期限、费用、双方责任等具体内容，保证学徒在企业工作的同时，能够到培训机构参加系统的、有针对性的专业知识学习和相关技能训练。

五、激励机制

（一）完善经费补贴政策。对开展学徒培训的企业按规定给予职业培训补贴，补贴资金从职业技能提升行动专账资金或就业补助资金列支。补贴标准由各市（地）以上人力资源社会保障部门会同财政部门确定，学徒每人每年的补贴标准原则上 5 000 元以上，补贴期限按照实际培训期限（不超过备案期限）计算，可结合经济发展、培训成本、物价指数等情况定期调整。企业在开展学徒培训前将有关材料报所在地人力资源社会保障部门备案，备案材料应包括培训计划、学徒名册、劳动合同复印件及其他相关材料（具体清单由所在地人力资源社会保障部门自行制定），经审核后列入学徒培训计划，并按规定向企业预支补贴资金。培训任务完成后，应向所在地人力资源社会保障部门及时提交职业资格证书（或职业技能等级证书、培训合格证书、毕业证书）编号或证书复印件、培训视频材料、培训机构出具的行政事业性收费票据（或税务发票）等符合财务管理规定的凭证，由相关部门按照符合补贴申领条件的人员数量，及时拨付其余补贴资金。企业可按照学徒社保缴纳地或就业所在地申领职业培训补贴。

（二）健全企业保障机制。学徒在学习培训期间，企业应当按照劳动合同法的规定支付工资，且工资不得低于企业所在地最低工资标准。企业按照与培训机构签订的合作协议约定，向培训机构支付学徒培训费用，所需资金从企业职工教育经费列支；符合有关政策规定的，由政府提供职业培训和职业技能鉴定补贴。承担带徒任务的企业导师享受导师带徒津贴，津贴标准由企业确定，津贴由企业承担。企业对学徒开展在岗培训、业务研修等企业内部发生的费用，符合有关政策规定的，可从企业职工教育经费中列支。

（三）建立奖励激励机制。充分发挥中华技能大奖获得者、全国技术能手、劳动模范、大国工匠等技能人才传帮带优势，充分利用技能大师（专家）工作室、劳模和工匠人才创新工作室等技能人才培养阵地，鼓励“名师带高徒”“师徒结对子”，激发师徒主动性和积极性。鼓励企业建立学徒奖学金、师带徒津贴（授课费、课时费），制定职业技术技能等级认定优惠政策，畅通企业间流通渠道。

六、保障措施

（一）加强组织领导。各级人力资源社会保障部门、财政部门、国资监管部门、工会以及工商联要进一步提高认识，增强责任感和紧迫感，把全面推行企业新型学徒制培训作为实施职业技能提升行动、加强高技能人才培养的重要内容，认真组织实施。要建立密切配合、协同推进的工作机制，加强组织领导，全面推动实施。国资监管部门、工商联要以重点行业、重要领域和规模以上企业为着力点，大力推行企业新型学徒制培训。

（二）协调推动实施。企业按属地管理原则纳入当地工作范畴，享受当地政策。各级人力资源社会保障部门要建立与企业的联系制度，做好工作指导。要主动对接属地中央企业，做好资金、政策的落实以及服务保障工作。要加大工作力度，加强工作力量，做好对各类企业特别是中小微企业新型学徒制培训的管理服务工作。各企业要加强组织实施，建立人事（劳资）部门牵头，生产、安全、财务、工会等有关部门密切配合、协同推进的工作机制，制定工作方案，认真规划、扎实组织、全面推动。各技工院校要积极参加企业新型学徒培养工作，并将其作为校企合作的重要内容。

（三）加强考核评价。鼓励企业职工人人持证，推动企业全面自主开展技能人才评价，并将参加新型学徒制培训的人员纳入其中。指导企业将学徒技能评价融入日常企业生产活动过程中，灵活运用过程化考核、模块化考核和业绩评审、直接认定等多种方式，对学徒进行职业技能等级认定，加大学徒高级工、技师、高级技师评价工作。加大社会培训评价机构和行业组织的征集遴选力度，注重发挥工商联所属商会作用，大力推行社会化职业技能等级认定。

（四）加强宣传动员。广泛动员企业、院校、培训机构和职工积极参与学徒制培训，扩大企业新型学徒制影响力和覆盖面。强化典型示范，突出导向作用，大力宣传推行企业新型学徒制的典型经验和良好成效，努力营造全社会关心尊重技能人才、重视支持企业职工培训工作的良好社会氛围。

人力资源社会保障部 国家发展改革委 财政部关于深化技工院校改革 大力发展技工教育的意见（节选）

人社部发〔2021〕30号

各省、自治区、直辖市及新疆生产建设兵团人力资源社会保障厅（局）、发展改革委、财政厅（局）：

为深入贯彻习近平总书记大力发展技工教育重要指示精神，落实党中央、国务院决策部署要求，深化技工院校改革，促进技工教育实现高质量发展，进一步加强创新型、应用型、技能型人才培养，提出如下意见：

一、总体要求

（一）指导思想。以习近平新时代中国特色社会主义思想为指导，全面贯彻党的十九大和十九届二中、三中、四中、五中全会精神，认真落实党中央、国务院决策部署，以促进就业创业、服务企业行业、服务经济高质量发展为目标，深化技工院校改革，落实立德树人根本任务，坚持专业化、规模化培养高技能人才，坚持德技并修、多元办学、校企融合、提质培优，实现创新发展，培养德智体美劳全面发展的社会主义建设者和接班人，为全面建设社会主义现代化国家提供高素质技能人才支撑。

（二）目标任务。健全完善现代技工教育体系，服务制造业和实体经济发展，扩大高技能人才培养规模，提高人才培养质量，将技工院校发展成为开展学制教育和职业培训服务技能人才成长的重要平台、中国特色现代职业教育体系的重要组成、构建技能型社会建设的重要载体，推动形成体系完善、布局合理、特色突出、成效显著的良好局面。“十四五”期间，全国技工院校在校生规模保持在360万人以上，毕业生就业率97%以上，累计培养培训高技能人才达到200万人以上、开展职业技能培训2 000万人次以上。

三、切实提高高技能人才培养能力

（六）完善技工院校高技能人才培养体系。加强规划引导，推动形成技师学院、高级技工学校、技工学校梯次发展、有序衔接、布局合理的技工教育体系。技师学院是优化技工教育结构和培育大国工匠、能工巧匠的重要载体，重点培养技师、预备技师、高级工等高技能人才。高级技工学校主要承担高级工、中级工培养任务，技工学校主要承担中级工培养任务。落实技工院校实施学制教育和职业培训并举的法定职责，组织开展第二轮职业训练院建设试点，拓展评价鉴定、公共实训、技能竞赛、师资研修、就业服务等功能，为技能人才成长提供全方位多层次服务。

（七）推进职业技能提升行动。组织技工院校全方位参与职业技能提升行动各类培训计划，扩大培训规模，并按规定享受培训补贴。引导技工院校普遍设立企业培训工作站，开展职业培训包示范培训和订单定岗定向培训。针对承担职业培训任务较重的技工院校，在原总量基础上及时核增所需绩效工资总量。允许技工院校将一定比例的培训收入纳入学校公用经费，教师培训工作量可按一定比例折算成全日制学生培养工作量。完善技工院校绩效工资分配激励机制，进一步落实单位内部分配自主权。

（八）畅通技工院校毕业生获取职业技能等级证书渠道。在技工院校全面推行职业技能等级认定，鼓励学生积极获取相关职业资格证书或职业技能等级证书。支持技工院校依托合作企业为学生提供职业技能等级认定服务。设有职业技能鉴定所（站）的技工院校，经人力资源社会保障部门备案后组织开展职业技能等级认定，按规定颁发职业技能等级证书。鼓励技工院校学生通过参加各级各类职业技能竞赛，获得相关职业技能等级证书。加大将技工院校培育为社会培训评价机构力度，面向各类就业群体提供培训评价服务。调整改版技工院校毕业证书，将中级工班、高级工班、预备技师（技师）班等信息在毕业证书上予以明确体现。

四、大力加强校企合作

（十）实施企业新型学徒培养计划。大力开展中国特色企业新型学徒制培训，面向企业职工开放技工院校一年以上非全日制学籍注册通道。依托工学一体化课程教学工作扎实、校企深度融合的技师学院，探索推行弹性学制，通过工学交替、校企双师联合培养预备技师和技师。依托技工院校创建或与企业共建技能大师工作室，组织技师研修，联合开展科技攻关和技术革新项目等方式合作培养培训高技能人才。聚焦新产业、新职业发展方向，大力开展技师研修交流，开展企业技师培养培训。

（十一）支持企业等各方面力量举办技工教育。发挥市场机制作用，鼓励社会各方面力量兴办技工教育。发挥大型企业重要办学主体作用，积极推动大型企业和优质技工院校多元主体组建技工教育集团。对于确需移交的行业、企业办技工院校，各级人力资源社会保障部门要积极创造条件做好接管工作。大力支持民办技工院校发展，鼓励各类办学主体通过独资、合资、合作等多种形式举办民办技工院校。探索发展股份制、混合所有制技工院校。加强对参与举办技工教育的大中型企业的服务指导，支持打造产教融合型企业。引导优质技工院校积极参与教育强国推进工程，建设高水平、专业化产教融合实训基地，中央预算内投资按规定予以支持。

（十二）组建多层次校企合作联盟网络。搭建校企合作平台，促进院校人才培养与企业用人需求紧密结合，推进专业设置与产业需求对接，课程内容与职业标准对接，教学过程与工作过程对接，形成“人才共有、过程共管、成果共享、责任共担”的校企合作办学制度，形成技工院校与企业深度融合的工作网络体系。支持集团化办学、引企入校、企业办学等多种校企合作模式，将校企合作开展情况纳入技工院校评价体系，对校企合作成效显著的院校在招生计划安排、学籍管理等方面予以倾斜和支持。积极探索组建区域性、行业性等多类型技工教育联盟，打造100个左右技工教育联盟（集团）。

（十三）推动校企合作服务职工技能提升。鼓励引企驻校、引校进企、校企一体等方式，带动各类企业参与校企合作。鼓励技工院校与企业联合开发优质技工教育资源，大力发展“互联网+教育培训”模式。鼓励技工院校与企业共同组织开展基于工作场所的学习活动，积极为企业提供知识讲座、课程资源开发、技术辅导等服务，以多种形式参与企业培训机构的建设。鼓励技工院校的院系与企业车间、班组结对子，建立校企合作的学习团队，通过多种教育培训服务供给，为职工提供终身技能发展服务。

五、推进技工教育高质量协调发展

（十四）实施优质技工院校建设计划。以技师学院为重点，在全国遴选300所左右优质技工院校、500个左右优质专业。支持依托优质技工院校建设国家级、省市级高技能人才培训基地、公共实训基地、世界技能大赛集训基地，承办国家级、省级技能大师工作室负责人交流活动，举办区域内或行业内高技能人才研修交流活动。加强国际交流，构建技工院校师生海外培训交流的渠道。坚持“引进来”与“走出去”并重，扩大与“一带一路”沿线国家的技工教育合作。

（十五）优化区域发展布局。引导支持产业和人口集中度较高地区建好办好技师学院，结合实际，在地级城市及经济发达县市建好技工院校。实施国家乡村振兴重点帮扶地区职业技能提升工程，聚焦国家乡村振兴重点帮扶地区，综合考虑大型特大型易地扶贫搬迁安置区技能培训需求，支持提升一批技工院校和职业培训机构，培育一批劳务技能品牌，培养一批高技能人才，办好全国乡村振兴技能大赛，更好发挥引领带动作用，组织有提升技能意愿的劳动力接受技工教育和职业培训。健全人社领域常态化帮扶机制，加大东西部职业技能开发对口协作力度，对西藏、南疆四地州等地技工院校予以重点帮扶。

（十八）加强就业创业服务。加强技工院校与公共就业和人力资源服务机构、用人单位合作，共同组织开展招聘会、就业创业指导等多样化服务。完善全国技工院校毕业证书查询系统，推动与有关部门间信息互联互认。技工院校毕业生按规定享受就业创业相关政策，中级工班、高级工班、预备技师（技师）班毕业生分别按照中专、大专、本科学历落实职称评审、参军入伍等相关政策。推进“互联网+就业”工作模式，开展个性化辅导和咨询。加强创新培训师资培养，推动技工院校创业创新培训。支持有条件的技工院校建立创业孵化基地等创业服务载体。定期举办学生创业创新大赛。

人力资源社会保障部
国家发展改革委
财政部
2021 年 8 月 12 日

人力资源社会保障部办公厅关于加强农民工职业技能培训工作的意见

人社厅发〔2023〕55号

各省、自治区、直辖市及新疆生产建设兵团人力资源社会保障厅（局）：

农民工是产业工人队伍的重要组成部分，是促进人口高质量发展和实现共同富裕的重点群体。为认真贯彻落实《中共中央办公厅　国务院办公厅关于加强新时代高技能人才队伍建设的意见》和党中央、国务院有关决策部署，健全终身职业技能培训制度，促进农民工技能提升和就业创业，现就加强农民工职业技能培训工作提出以下意见。

一、总体要求

以习近平新时代中国特色社会主义思想为指导，深入贯彻党的二十大和二十届二中全会精神，立足新发展阶段，贯彻新发展理念，将农民工职业技能培训作为实施人才强国战略、就业优先战略的具体举措和重要抓手，深入推进“十四五”职业技能培训规划。以农村转移劳动力、返乡农民工、脱贫劳动力等为重点，面向广大农民工群体开展大规模、广覆盖、多形式的职业技能培训。进一步优化组织实施、严格过程监管、提升就业质效、加强管理服务，努力提升农民工职业技能、就业创业和融入城市的能力和水平，推动其稳定就业、高质量就业和创业创新，为推进乡村全面振兴和实现共同富裕提供技能要素支撑。

二、主要内容

（一）加强组织发动和信息公开。充分利用信息共享、比对、调查等手段，摸排农民工求职意愿和就业技能需求，通过信息推送、集中宣讲、送策入村入企等多种方式，组织发动农民工积极参加职业技能培训，提升就业稳岗技能水平。依托政府门户网站、人力资源社会保障政务服务平台、微信公众号等多种信息渠道公布并更新职业技能培训项目目录和机构目录，方便农民工根据个人实际需要选择合适的培训机构参加有针对性的培训项目。

（二）大力开展就业技能培训。农村转移劳动力密集的地方可结合当地经济和产业发展需求，重点围绕生产制造、建筑、乡村旅游等领域开展就业技能培训，促使当地农村转移劳动力能就业、返乡农民工再就业。指导培训机构对拟参训的农村转移劳动力知识技能基础、就业意愿等情况进行分析，因地因人制宜，立足本地资源、特色产业优势，加大劳务品牌和乡村工匠培育力度。以农民工输入为主的地方可结合劳动力市场需求和用工企业要求，大力开展建筑、维修、家政、餐饮、保安、物流等有效实用的技能培训，帮助其稳定就业，更好融入城市。

（三）强化在岗农民工职业技能培训。支持各类企业对新录用农民工和在岗转岗农民工广泛开展岗前培训、岗位技能提升培训、企业新型学徒制培训和高技能人才培训。发挥行业协会、龙头企业和培训机构作用，引导帮助中小微企业开展在岗农民工培训。推动用工企业通过公共就业服务机构、人力资源服务机构、培训机构等与农民工主要输出地对接，根据用工企业实际需求开展农民工订单、定向、定岗和项目制培训，促进技能培训与就业岗位精准对接。

（四）创新开展创业培训和新职业新业态培训。鼓励准备创业和创业初期的农民工参加创业培训，加强就业创业政策扶持和创业培训后续指导服务。针对学习能力强、创业意识足的新生代农民工，积极开展电子商务、数字经济、人工智能等新技术新领域创业培训，促进提高创业质量和层次。充分发挥行业龙头企业、大型电商平台等的引领作用，开展直播销售员、网络约车、网络送餐、快递物流等新职业新业态领域职业技能培训。

（五）优化就业服务与职业技能培训衔接融通。对在就业公共服务平台等登记有培训就业意愿的农民工，提供相应的培训信息或统筹组织参加就业技能培训。依托公共就业服务中心、职业院校（含技工院校，下同）、职业培训机构、人力资源服务机构等为准备外出就业的农民工提供有针对性的就业及培训政策解读、职业指导、技能培训、岗位推荐等全链条服务。坚持就地就近、辐射全域打造“家门口就业服务圈”，为农民工实现家门口就业提供“最后一公里”服务。强化零工市场即时快招服务，为零散务工农民工提供便捷化、扁平化、实用化的短期技能培训，提升零工就业能力。

（六）加强职业技能培训载体建设。积极构建市场主导、政府支持的载体建设体系。鼓励支持行业协会、龙头企业、职业院校等兴办职业培训集团（联盟），推进培训、就业一体化发展。依法规范民办职业培训机构发展，鼓励建立行业自律机制，挖掘一批品牌培训机构和品牌培训项目，支持其发展壮大。指导高技能人才培训基地和技能大师工作室开展高层次、高质量技能培训，充分发挥示范引领作用。

（七）加强职业技能培训资源建设。加大国家职业标准、行业企业评价规范、专项职业能力考核规范开发力度，加强职业培训教材、数字资源体系建设和师资队伍建设。大力推动职业培训机构、技工院校、高技能人才培训基地等开展标准化职业技能培训。结合实际，加大汽车维修工、养老护理员、家政服务员、育婴员、砌筑工等适合农民工培训就业的职业（工种）国家职业培训规划教材、国家基本职业培训包推广使用力度。用好“互联网+职业技能培训”、多媒体资源培训等培训形式，满足更多农民工特别是新生代农民工的多样化、个性化培训需求。

三、统筹培训资金来源及使用

（八）强化各类资金统筹。统筹使用好就业补助资金、失业保险基金、职业技能提升行动专账资金、企业职工教育经费以及人才队伍建设有关经费，支持农民工职业技能培训工作。引导激励督促企业按照《关于企业职工教育经费提取与使用管理的意见》等规定，足额提取职工教育经费，其中60%以上用于一线职工的教育和培训。

（九）落实职业技能培训支持政策。农民工参加职业技能培训，符合条件的按规定给予职业培训补贴。脱贫（含防返贫监测对象）、就业困难、零就业家庭的农民工以及城乡未继续升学应届初高中毕业生中的农村学员和城市低保家庭学员，在培训期间可按规定给予生活费补贴。个体工商户用工、民办非企业单位用工以及灵活就业农民工，可按规定纳入职业培训补贴范围。对于企业吸纳农民工就业，直接组织其培训且承担培训成本的，可按规定将培训补贴直补企业。

（十）完善培训补贴使用机制。市（地）级（含）以上人力资源社会保障部门可商财政部门动态调整职业培训补贴的职业（工种）范围，并结合经济发展、培训成本、物价指数等情况调整职业培训补贴标准。鼓励农民工培训后参加职业技能评价，对取得职业资格证书（或职业技能等级证书、专项职业能力证书）的，按规定落实职业技能评价补贴和技能提升补贴等政策。同一职业（工种）的同一等级不可重复申领培训补贴（含参保职工技能提升补贴）。

四、加强服务和规范管理

（十一）加强组织领导。充分认识做好农民工职业技能培训工作的重要意义，进一步提高政治站位，将农民工职业技能培训工作提上重要日程安排。建立人力资源社会保障部门牵头协调、多部门共同参与的工作机制，加强统筹、明确责任、细化分工，形成工作合力。做好现有各项培训政策措施的衔接与融合，确保政策措施落实到位。

（十二）提升经办服务效率。进一步优化补贴申领流程，明确申领职业培训补贴、生活费补贴等所需的申请材料、办理条件、办理时限等，提升经办服务效率。提升信息化便民服务水平，减少证明材料，对可通过大数据等信息化手段比对确认信息的，不再要求提供纸质证明材料。探索推行职业培训补贴“全程网办”“掌上办”“一站办”等方式，切实提升劳动者领取补贴效率。

（十三）压实资金安全主体责任。定期组织开展补贴经办流程风险防控和排查，建立风险隐患清单，明确日常监督重点，规范职权行为。建立政府补贴培训资金“谁使用、谁负责”的责任追究机制，对关键环节、关键流程经办人员加强警示教育，签订廉政守纪承诺书。对经办人员违纪违法行为保持零容忍态势，对套取骗取、虚报冒领职业培训补贴资金等违纪违法问题发现一起，查处一起，决不姑息。

（十四）加强政策宣传引导。加大政策宣传解读力度，创新宣传方式，充分运用新媒体等多种途径提高政策的公众知晓度，为院校、机构、企业、农民工等全面了解并享受政策提供支持，促进农民工职业技能培训工作取得实效。积极总结经验做法，宣传推广典型案例，大力营造技能就业、技能成才的良好社会氛围。

人力资源社会保障部办公厅

2023 年 12 月 28 日

人力资源社会保障部办公厅关于印发加强和改进新时代中国特色企业新型学徒制工作方案的通知

人社厅发〔2022〕62号

各省、自治区、直辖市及新疆生产建设兵团人力资源社会保障厅（局）：

为深入贯彻党的二十大精神，落实中共中央办公厅、国务院办公厅印发的《关于加强新时代高技能人才队伍建设的意见》要求，探索中国特色学徒制，在总结前期工作的基础上，研究制定了《加强和改进新时代中国特色企业新型学徒制工作方案》，现印发给你们，请结合实际推进工作。

人力资源社会保障部办公厅

2022年12月26日

加强和改进新时代中国特色企业新型学徒制工作方案

为深入贯彻党的二十大精神，落实中共中央办公厅、国务院办公厅印发的《关于加强新时代高技能人才队伍建设的意见》要求，探索中国特色学徒制，进一步做好企业新型学徒制工作，在总结各地实践基础上，制定本工作方案。

一、总体目标。以习近平新时代中国特色社会主义思想为指导，全面贯彻党的二十大精神，以高质量发展为引领，健全终身职业技能培训制度，加强和改进企业新型学徒制。按照政府引导、企业为主、培训院校（包括技工院校、职业院校、职业培训机构和企业培训中心等，下同）参加的原则，通过企校双制、工学一体等方式，组织开展高质量学徒培训，支持企业职工提高岗位技能。到“十四五”期末，基本实现学徒培养规范化、标准化，培育一批优质学徒培养单位和师徒，开发遴选一批优质学徒培训课程和教材数字资源等，促进学徒培训规模和质量有效提升，为中国式现代化提供技能人才支撑。

二、广泛发动企业做好动员组织工作。各级人力资源社会保障部门要与财政、国资、工会、工商联等部门协同合作，加强政策法规宣传解读，引导企业按照年度用工计划总量或技能岗位员工总量的一定比例设立学徒岗位，确定学徒培训数量，有计划地组织开展学徒培训。支持引导有技能人才培养能力的企业特别是产教融合型企业，建有高技能人才培训基地、技能大师工作室、技能根基工程培训基地、公共实训基地的企业和培训院校率先带头开展企业新型学徒制培训。支持大型企业集团、产业链龙头企业、连锁企业等依托具备培训条件的企业培训中心开展学徒培训。中小微企业、新兴行业企业可探索由所属行会商会牵头组织，建立跨企业培训中心或采取企业联合组班方式开展学徒培训。企业和培训院校可以设置专门岗位，安排专职或兼职人员负责学徒培训，做好学徒组织管理服务工作。鼓励企校联合建设企业新型学徒制培训中心、企业新型学徒制研究中心等，加强对学徒培训工作的研究和组织实施。

三、明确企业新型学徒的培养目标。企业新型学徒制培训对象主要是与企业至少签订1年以上劳动合同的技能岗位员工，由企业结合生产实际自主确定。企业可联合培训院校共同分析企业技能岗位需要、职工成长成才需求，研究制定学徒培训的职业（工种）计划。学徒培训的职业（工种）原则上应有培训标准（包括国家职业技能标准、职业培训包或经备案的行业企业培训评价规范、企业培训方案、职业技能培训课程标准等，下同）。培训目标以符合企业岗位需求的中高级技能人才为重点。培训期限结合学徒培训目标、技能形成规律等确定，一般为1至2年，特殊情况可延长到3年。培训期限长于劳动合同剩余期限的，企业应与学徒协商续延劳动合同期限。培训方式以工学一体为主，通过实施工作项目、完成工作任务、解决工作问题等，提升学徒专业素质和解决问题能力。

四、组织进行学徒信息登记。企业新型学徒培养的主要职责由所在企业承担。企业确定培训对象后，应与学徒签订培养协议，约定培训目标、培训内容与期限、培训方式、质量考核标准、双方责任、违约责任以及其他需要明确的事项。企业委托培训院校承担学徒的部分培训任务，应与培训院校签订合作协议，约定培训的方式、内容、期限、费用、双方责任及其他需要明确的事项。依托职业技能培训实名制管理系统对学徒进行信息登记，技工院校、职业院校应按规定对学徒进行登记注册。要建立学徒培训台账，记录参训人员培训情况，对无法完成培训的学徒应及时反馈记录。

五、精心开发学徒培训课程。探索将学徒培训课程设置为主要包括通用素质、专业基础、专业技能三部分，科学合理安排学时总量和课程结构。企业和培训院校可依据培训标准开发学徒培训课程大纲、教学设计和配套教学资源库。在确保培训质量前提下，可结合岗位实际构建工学一体的弹性学制、学分制课程体系。积极推动世界技能大赛先进理念的转化应用，鼓励知名专家、教练和获奖选手等参与学徒培训课程开发和开展名师带徒活动。加强教材规范化管理，通用素质必修课程须在人力资源社会保障部发布的全国职业培训规划教材目录（以下简称目录）中选用，通用素质选修课程、专业基础课程、专业技能课程原则上在目录中选用。省级人力资源社会保障部门可结合实际制定本地区职业培训规划教材目录。对全国和省级职业培训规划教材目录中没有的教材，可在职业培训教材信息库中选用，严禁使用盗版、盗印教材。

六、建设优质师资队伍和学徒培训场所。探索建立学徒导师培养和选拔制度。企业和培训院校应根据学徒培养目标做好企业导师和院校导师选拔工作，合理配比师徒数量。组织开展师资研修、培训成果展示、教学能力竞赛、培训教学资源开发等活动，促进师资双向交流学习，共建共享优质教学资源。鼓励支持各类高技能人才担任学徒导师，并作为评优评先和晋升技能等级的参考条件。充分发挥企业与培训院校各自优势，建设具有工学一体化特色的培训场所，并以此为依托建设培训服务网络。培训场所应具备技能培训所需设备设施等条件，可充分利用车间班组、技能大师工作室等开展培训。开展线上培训所使用的网络平台应具备学员实名注册、签到、学习、测试等功能，实现学习过程可记录、可统计、可查询、可追溯。

七、做好考核评价工作。建立教学质量评价体系和考核制度，对学徒培训教学过程进行规范管理。对已实施技能等级认定的职业（工种），学徒培训后可直接参加技能等级认定。企业可按规定将学徒技能评价融入日常生产活动中，灵活运用过程化考核、模块化考核和业绩评审、直接认定等多种方式，对学徒进行考核定级。学徒期满经考核合格，可获得相应的证书（包括培训合格证书、毕业证书、职业资格证书、职业技能等级证书等，下同）。

八、健全完善支持保障政策。企业按照与培训院校签订的合作协议，向培训院校支付学徒培训费用，所需资金可从企业职工教育经费列支；符合有关规定的，可获得政府职业培训和职业技能鉴定补贴。支持企业设置带徒津贴，引导高技能人才发挥传帮带作用。企业对学徒开展在岗培训、业务研修、购置教学设备与设施等企业内部发生的费用，可按规定从企业职工教育经费中列支。学徒在学习培训期间，企业应当按照劳动合同约定支付工资。各地可结合实际，联合财政部门基于不同的学时数量、技能等级、培训成本等差异对学徒培训予以支持保障。企业和培训院校获得的政府培训补贴资金可按规定自主开支使用。

九、强化培训过程管理和监督检查。人力资源社会保障部门要加强对学徒培训的过程管理，将学徒登记注册、培训过程督导检查、培训结果考核要求落到实处。拟申领政府培训补贴的企业应在开展培训前将有关材料报所在地人力资源社会保障部门备案，纳入补贴性培训实名制信息管理，实现从报名、开班、培训、证书发放、资金申请到补贴发放等全过程网上管理。建立培训真实性完备性审核制度，实行开班审核。严格按规定使用和审核拨付培训补贴资金，紧盯培训补贴资金发放等重点环节，切实保障培训资金安全和使用效能。对存在管理不规范、虚假培训、套取骗取资金等情况的，依法依规依纪严肃处理。

十、加强学徒培训工作指导服务。加强对企业和培训院校的指导服务，在职业培训有关网站设置专栏专区，指导交流企业新型学徒制有关工作，引导更多企业和培训院校开展学徒培训。多渠道多方式加强对企业新型学徒制政策措施的宣传解读，发掘各类企业和培训院校开展企业新型学徒制培训的有效措施方法，宣传推广典型做法，营造良好氛围。拓展国际合作渠道，加强对学徒通用素质、数字技能和绿色技能培训的交流合作，支持符合条件的青年学徒参与青年国际实习交流计划。

人力资源社会保障部办公厅关于加强新职业培训工作的通知

人社厅发〔2021〕28号

各省、自治区、直辖市及新疆生产建设兵团人力资源社会保障厅（局），中共海南省委人才发展局，国务院有关部委、直属机构人事劳动保障工作机构，有关行业协会、企业、事业单位人事劳动保障工作机构：

党的十九届五中全会提出，发展战略性新兴产业，推动互联网、大数据、人工智能等同各产业深度融合，推动先进制造业集群发展，构建一批各具特色、优势互补、结构合理的战略性新兴产业增长引擎。近年来，随着新技术、新产业、新业态、新模式的不断产生和发展，新职业不断涌现，我部会同有关部门分批向社会发布了新职业信息。为加快培养大批高素质劳动者和技术技能人才，改善新职业人才供给质量结构，支持战略性新兴产业发展，推动数字经济与实体经济深度融合，现就加强新职业培训工作有关事项通知如下：

一、加快新职业标准开发。组织制定新职业标准，同时面向社会广泛征集新职业标准或评价规范。对于征集到的新职业标准或评价规范，经我部组织评估论证后，及时上升为国家职业标准。有条件的省（自治区、直辖市）和部门（行业）可依托本地区、本部门（行业）的龙头企业、行业组织和院校等开发职业标准或评价规范，经我部审定后，作为国家职业标准予以颁布。探索职业标准开发新模式，增强国家职业标准的灵活性和适应性。

二、组织开展新职业培训。根据区域经济社会发展需要，适应市场需求，坚持就业导向，突出能力建设，大力开展新职业培训特别是数字经济领域人才培养。鼓励培训机构依据国家职业标准，采取多种形式开展培训。对于数字技术技能类职业，探索引入现代化手段和方式开展培训。组织举办新职业领域的专家论坛、专题研修等，广泛组织开展新职业技能竞赛活动，充分发挥以赛促学、以赛促训作用。结合新经济、新产业、新职业发展，建立职业与教育培训专业（项目）对应指引，修订技工院校专业目录，完善专业技术人才继续教育专业科目内容，增设与新职业对应的新专业（项目），加强新职业人才培养。

三、加强新职业培训基础建设。加快新职业培训大纲、培训教材、教学课程、职业培训包等基础资源开发，引导社会力量积极参与。加强新职业培训师资队伍建设，鼓励龙头企业、行业组织和院校中从事与新职业相关工作的人员参加师资培训。支持培训机构配套软硬件，改善教学环境。鼓励各类机构开发新职业实训设施设备等资源，服务新职业人才培养培训。

四、有序开展新职业评价。按照有关规定，组织新职业评价机构的征集遴选，积极稳妥推行社会化评价。经备案的评价机构根据职业特点，探索多元化评价方式。创新评价服务模式，探索“互联网+人才评价”的新模式，对于数字技术技能类职业可探索采用在线评价认定模式。对评价认定合格的人员，由评价机构按照有关规定制作并颁发证书（或电子证书）。获证人员信息纳入人才统计范围。

五、强化政策待遇落实。坚持以用为本，建立健全培养与使用相结合、评价与激励相联系的人才发展机制。各地人力资源社会保障部门要将新职业培训评价项目纳入本地职业技能提升行动“两目录一系统”，按规定落实职业技能培训补贴和职业技能鉴定补贴等政策。取得高级专业技术等级证书的，可作为申报高级职称的重要参考条件；取得中级、初级专业技术等级证书的，可纳入相应中级、初级职称直接认定范围。落实高技能人才与专业技术人才职业发展贯通相关政策，各类用人单位对在聘的高级工、技师、高级技师在学习进修、岗位聘任、职务职级晋升、评优评奖、科研项目申报等方面，比照相应层级专业技术人员享受同等待遇。

各地区、各有关部门要高度重视新职业培训工作，加强组织领导和沟通协调。加大宣传力度，做好政策解读，大力宣传典型经验和做法。加强工作指导和监督检查，强化引领和示范作用，营造良好社会氛围。

人力资源社会保障部办公厅

2021年4月30日

人力资源社会保障部办公厅关于印发《技工院校教材管理工作实施细则》的通知

人社厅发〔2021〕12号

各省、自治区、直辖市及新疆生产建设兵团人力资源社会保障厅（局）：

为贯彻落实党中央、国务院关于加强和改进新形势下大中小学教材建设的意见，加强党对教材工作的全面领导，建立健全技工院校和职业培训教材管理制度，切实提高教材建设水平，我部制定了《技工院校教材管理工作实施细则》（以下简称《细则》），现印发给你们，请认真贯彻执行。

附件：技工院校教材管理工作实施细则

人力资源社会保障部办公厅

2021年2月19日

技工院校教材管理工作实施细则

第一章　总　　则

第一条　为贯彻党中央、国务院关于加强和改进新形势下大中小学教材建设的意见，全面加强党的领导，落实国家事权，规范和加强教材管理，依据《职业院校教材管理办法》有关要求，结合技工院校实际，制定本实施细则。

第二条　本实施细则所称技工院校教材是指供技工学校、高级技工学校和技师学院在课堂和实习实训使用的教学用书，以及作为教材内容组成部分的教学材料（如教材的配套音视频资源、图册等）。

第三条　技工院校教材必须体现党和国家意志。坚持马克思主义指导地位，体现马克思主义中国化要求，体现中国和中华民族风格，体现党和国家对大力发展技工教育、办好技工院校的基本要求，体现国家和民族基本价值观，体现人类文化知识积累和创新成果。

全面贯彻党的教育方针，落实立德树人的根本任务，扎根中国大地，站稳中国立场，充分体现社会主义核心价值观，加强爱国主义、集体主义、社会主义教育，引导学生坚定道路自信、理论自信、制度自信、文化自信，成为担当中华民族复兴大任的新时代技能人才。

第四条 技工院校思想政治、语文、历史课程教材以及其他意识形态属性较强的教材和涉及国家主权、安全、民族、宗教等内容的教材，实行国家统一编写、统一审核、统一使用。专业课程教材在人力资源社会保障部门规划和引导下，注重发挥行业企业、教科研机构和学校的作用，更好地对接产业发展和岗位要求。

第二章　工 作 职 责

第五条 在国家教材委员会指导和统筹下，技工院校教材实行分级管理。人力资源社会保障部负责全国技工院校教材建设的统筹规划、宏观管理、综合协调、检查督导，组织制定技工院校公共课设置方案和课程标准、国家技能人才培养标准和一体化课程规范，组织全国技工教育规划教材建设，建立完善技工院校教材建设工作制度，督促检查政策落实。支持引导有关部门、行业组织参与技工院校教材规划、编写指导和审核、评价等方面工作。

第六条 省级人力资源社会保障部门负责落实全国技工院校教材建设的相关政策和管理要求，负责本地区技工院校教材建设的综合管理、组织协调、检查督导，制定本地区技工院校教材管理制度，指导监督市、县和技工院校课程教材工作。

第七条 技工院校要严格执行国家和地方关于教材管理的政策规定，健全内部管理制度，选好用好教材。在全国和省级技工教育规划教材不能满足需要的情况下，技工院校可根据本校技能人才培养和教学实际需要，按有关要求补充编写反映本校技能人才培养特色的专业教学材料。学校党委（党组织）对本校教材工作负总责。

第三章　教 材 规 划

第八条 人力资源社会保障部重点组织规划技工院校公共课程和专业核心课程教材，根据需要组织规划服务国家战略的教材和紧缺、薄弱领域的教材。省级人力资源社会保障部门可重点组织规划体现区域特色的公共选修课程和全国技工教育规划教材以外的专业课程教材。

第九条 技工院校教材规划要坚持正确导向，面向需求、各有侧重、有机衔接，处理好落实共性要求与促进特色发展的关系，适应新时代技能人才培养的新要求，服务经济社会发展、产业转型升级、技能积累和文化传承创新。

第十条 全国技工院校教材建设规划由人力资源社会保障部统一组织。省级教材建设规划由省级人力资源社会保障部门制定，规划完成后报人力资源社会保障部备案。

第四章　教 材 编 写

第十一条　教材编写依据技工院校教材规划、公共课课程标准和专业课课程规范等，服务学生成长成才和就业创业。教材编写应符合以下要求：

（一）以马克思列宁主义、毛泽东思想、邓小平理论、“三个代表”重要思想、科学发展观、习近平新时代中国特色社会主义思想为指导，落实立德树人根本任务，有机融入中华传统文化、革命传统、法治意识和国家安全、民族团结以及生态文明教育、劳动教育，大力弘扬劳动光荣、知识崇高、人才宝贵、创造伟大的社会风尚，倡导劳模精神、劳动精神、工匠精神，防范错误政治观点和思潮的影响，引导学生树立正确的世界观、人生观、价值观，坚定走技能成才、技能报国之路，为培养规模宏大、结构合理、素质优良、技艺精湛的高技能人才队伍服务。

（二）内容科学先进、针对性强，选文篇目内容积极向上、导向正确，选文作者历史评价正面，有良好的社会形象，有利于促进学生就业创业和职业生涯发展。公共课教材要突出技工教育和劳动教育特色，着重通用职业素质培养。专业课教材应突出胜任工作岗位的职业技能培养，及时吸收产业领域的新材料、新技术、新设备、新工艺，积极对接世界技能大赛标准，做好大赛成果转化，反映产业最新发展要求。

（三）符合技能人才成长规律和学生认知特点。技工院校教材全面培养学生职业素质，适应技能人才培养需要，对接生产实践，满足企业岗位工作需要。

（四）内容编排科学合理，表现生动，图、文、表并茂。专业知识科学准确，名称、名词、术语等符合国家有关技术质量标准和规范。

（五）符合知识产权保护等国家法律法规，不得有民族、地域、性别、职业、年龄歧视等内容，不得有商业广告或变相商业广告。

第十二条　教材实行单位编写制。编写单位负责审核编写人员条件，为教材编写修订工作提供组织保障。教材编写单位应具备以下条件：

（一）在中华人民共和国境内登记注册、具有独立法人资格，在相关领域有代表性的学校、教科研机构、企业、出版机构等，单位法定代表人须具有中华人民共和国国籍。

（二）有熟悉相关学科专业教材编写工作的专业团队，能组织行业、企业和技工教育领域高水平专业人才参与教材编写。

（三）有对教材持续进行培训、指导、回访等跟踪服务和研究的专业团队，有常态化质量监控机制，能够为修订完善教材提供稳定支持。

（四）有相应的经费保障条件与其他硬件支持条件，能保证正常的编写工作。

（五）牵头承担全国技工教育规划教材编写任务的单位，原则上应为办学质量水平较高的技工院校、在国家级技能竞赛中成绩突出的技工院校、行业领先企业、教科研机构、出版机构等。编写单位为出版机构的，原则上应为人力资源社会保障、教育、科技类或行业出版机构，具备专业编辑力量和较强的选题组稿能力。

第十三条 教材编写人员应经所在单位党组织审核同意，并由编写单位集中向社会公示。编写人员应符合以下条件：

（一）政治立场坚定，拥护中国共产党的领导，认同中国特色社会主义，坚定“四个自信”，自觉践行社会主义核心价值观，具有正确的世界观、人生观、价值观，坚持正确的国家观、民族观、历史观、文化观、宗教观，没有违背党的理论和路线方针政策的言行。

（二）熟悉技工教育规律和学生身心发展特点，对本课程专业有比较深入的研究，熟悉行业企业发展与用人要求，有丰富的教学、教科研或企业工作经验。一般应具有中级以上专业技术职务（职业资格、职业技能等级），新兴行业、行业紧缺专业技术人才、高技能人才可适当放宽要求。

（三）遵纪守法，有良好的思想品德、社会形象和师德师风。

（四）有足够时间和精力从事教材编写修订工作。

编写人员不能同时作为同一课程不同版本教材主编。

第十四条 教材编写实行主编负责制。主编对教材编写质量负总责。主编须符合本实施细则第十三条规定外，还需符合以下条件：

（一）坚持正确的政治方向，政治敏锐性强，能够辨别并自觉抵制各种错误政治观点和思潮。

（二）对本课程专业研究深入、具有较高造诣，熟悉相关行业发展前沿知识与技术，有相关教材编写经验。一般应具有高级专业技术职务（职业资格、职业技能等级），新兴专业、行业紧缺技术人才、高技能人才可适当放宽要求。

（三）有较高的文字水平，熟悉教材语言风格。

审核通过后的教材原则上不更换主编，如有特殊情况，编写单位应报相应的主管部门批准。

第十五条 教材编写团队应具有合理的人员结构，一般包含相关课程专业领域专家、一线教师（专业课优先为一体化教师）、行业企业专业技术人员和高技能人才等。

第十六条 教材编写过程中应通过多种方式征求各方面特别是一线师生和企业意见。教材编写完成后，应送一线任课教师和行业企业专业人员进行审读、试用，根据审读意见和试用情况修改完善教材。

第十七条 技工院校教材应根据经济社会和产业发展动态及时进行修订，由组织编写单位按照有关要求进行，一般按学制周期修订。

第五章 教材审核

第十八条 技工院校教材实行分级分类审核，坚持凡编必审。

全国技工教育规划教材由人力资源社会保障部负责组织审核；省级技工教育规划教材由省级人力资源社会保障部门负责组织审核，其中意识形态属性较强的教材还应送省级党委宣传部门牵头进行政治把关。

其他教材由教材编写单位相关主管部门委托熟悉技工教育和技能人才培养的专业机构或专家团队进行审核认定。

教材出版部门建立政治把关机构，建强工作队伍和专家队伍，在所编修教材正式送审前，进行专题自查，把好政治关。

第十九条　技工院校教材审核人员由相关学科专业领域专家、教科研专家、一线教师、行业企业专家等担任。审核专家应符合本实施细则第十三条（一）（二）（三）及第十四条规定的条件，具有较高的政策理论水平，客观公正，作风严谨，并经所在单位党组织审核同意。

实行教材编审分离制度，遵循回避原则。

第二十条　全国技工教育规划教材送审工作由人力资源社会保障部统一部署。省级技工教育规划教材审核安排由省级人力资源社会保障部门根据实际情况具体规定。

第二十一条　教材审核应依据技工院校教材规划、公共课课程标准和专业课课程规范，对照本实施细则第三条、第十一条的具体要求，对教材的思想性、科学性、适应性进行全面把关。

政治立场、政治方向、政治标准要有机融入教材内容，不能简单化、“两张皮”；政治上有错误的教材不能通过；选文篇目内容消极、导向不正确的，选文作者历史评价或社会形象负面的、有重大争议的，必须更换；教材编写人员政治立场、价值观和品德作风有问题的必须更换。

严格执行重大选题备案制度。

教材审核实行盲审制度。

第二十二条　全国技工教育规划教材审核程序由人力资源社会保障部制定，其他技工教育规划教材审核程序由相应的审核机构制定。

实用技能类教材可适当简化审核流程。

第二十三条　全国和省级技工教育规划教材通过审核，经人力资源社会保障部门批准后，纳入相应规划教材目录，定期公开发布。经审核通过的教材，未经相关人力资源社会保障部门同意，不得更改。

人力资源社会保障部建立技工院校教材信息库。规划教材自动进入信息库。非规划教材按程序审核通过后，纳入信息库。

第六章　出版与发行

第二十四条　根据出版管理相关规定，教材出版实行资质准入制度，合理定价。

技工院校教材出版单位应符合以下条件：

（一）对应所出版的教材，具有相关学科专业背景和中级以上职业资格的在编专职编辑人员。

（二）具备教材使用培训、回访服务等可持续的专业服务能力。

（三）具有与教材出版相适应的资金和经营规模。

（四）最近 5 年内未受到出版主管部门的处罚，无其他违法违纪违规行为。

第二十五条 承担教材发行的机构应具有相应资质，根据出版发行相关管理规定，最近 5 年内未受到出版主管部门处罚，无其他违法违纪违规行为。

第七章 选用与使用

第二十六条 人力资源社会保障部负责指导全国技工院校做好教材选用和使用工作。省级人力资源社会保障部门负责管理本地区技工院校做好教材选用使用工作，制定各类教材的具体选用办法。

第二十七条 教材选用须遵照以下原则：

（一）教材选用单位须组建教材选用委员会，具体负责教材的选用工作。教材选用委员会成员应包括专业教师、行业企业专家、教科研人员、教学管理人员等，成员应在本人所在单位进行公示。

（二）教材选用过程须公开、公平、公正，严格按照程序选用，并对选用结果进行公示。

第二十八条 技工院校教材选用应结合区域和学校实际，切实服务技能人才培养。遵照如下要求：

（一）技工院校思想政治、语文、历史必修课程，必须使用国家统编教材。

（二）技工院校劳动教育、通用职业素质、数学、英语、计算机基础与应用、体育与健康等公共基础课程教材须在人力资源社会保障部发布的全国技工教育规划教材目录中选用。

（三）技工院校专业课程教材原则上在全国技工教育规划教材目录中选用，省级人力资源社会保障部门技工教育规划教材目录为补充。开展一体化课程教学改革试点的技工院校，应按照人力资源社会保障部颁布的一体化课程规范执行，使用统一组织开发的一体化教材。不得以岗位培训教材取代专业课程教材。

（四）对全国和省级技工教育规划教材目录中没有的教材，可在技工院校教材信息库选用。选用的教材必须是通过审核的版本，擅自更改内容的教材不得选用，未按照规定程序取得审核认定意见的教材不得选用。

（五）技工院校开展职业培训使用的教材原则上在人力资源社会保障部发布的全国职业培训规划教材目录和国家职业技能提升行动教材目录中选用。

（六）不得使用盗版、盗印教材。

技工院校选用境外教材，按国家有关政策执行。

第二十九条 教材选用实行备案制度。技工院校在确定教材选用结果后，应报人力资源社会保障部门备案。省级人力资源社会保障部门每学年将本地区技工院校教材选用情况报人力资源社会保障部备案。

第八章 服务与保障

第三十条 统筹利用有关政策和资金渠道支持技工院校教材建设。国家重点支持技工院校全国技工教育规划教材建设以及服务国家战略教材和紧缺、薄弱领域需求的教材建设。教材编写、出版单位应加大投入，提升教材质量，打造精品教材。鼓励社会资金支持教材建设。

第三十一条 承担全国规划公共基础课程和专业核心课程教材编写（修订）任务，主编和核心编者视同承担省部级科研课题，享受相应政策待遇。审核专家根据工作实际贡献和发挥的作用参照以上标准执行。对承担全国技工教育规划教材编审任务的人员，所在单位应充分保证其工作时间，将编审任务纳入工作量计算，并在评优评先、职称评定、职务（岗位）晋升方面予以倾斜。落实教材奖励制度，加大对优秀教材的支持。

第三十二条 人力资源社会保障部建立技工院校教材信息发布和服务平台，及时发布教材编写、出版、选用及评价信息。完善教材服务网络，定期开展教材展示，加强教材统计分析、社会调查等专题数据库的建设和应用。加强技工院校教材研究工作。

第九章 评价与监督

第三十三条 在国家教材委员会的指导下，人力资源社会保障部和省级人力资源社会保障部门分别建立技工院校教材选用跟踪调查制度，组织专家对教材选用工作进行评价、对教材质量进行抽查。技工院校定期进行教材使用情况调查和分析，并形成教材使用情况报告报人力资源社会保障部门备案。

第三十四条 人力资源社会保障部和省级人力资源社会保障部门对技工院校教材管理工作进行监督检查，将教材工作纳入地方技工教育考核重要内容，纳入技工院校评估、项目遴选、重点专业建设和教学质量评估等考核指标体系。

第三十五条 人力资源社会保障部等有关部门依据职责对技工院校教材编写、审核、出版、发行、选用等环节中存在违规行为的单位和人员实行负面清单制度，通报有关机构和学校。对存在违规情况的有关责任人，视情节轻重，依照有关规定给予相应处分。涉嫌犯罪的，依法追究刑事责任。编写者出现违法违纪违规情形的，必须及时更换。

第三十六条 存在下列情形之一的，相应教材停止使用，视情节轻重，由上级或同级主管部门给予通报批评、责令停止违规行为，并由主管部门按规定对相关责任人给予相应处分。对情节严重的单位和个人列入负面清单；涉嫌犯罪的，依法追究刑事责任。

（一）教材内容政治方向、价值导向存在问题。

（二）教材内容出现严重的科学性错误。

（三）教材所含链接内容存在问题，产生严重后果。

（四）盗版盗印教材。

（五）违规编写出版国家统编类教材及技工院校公共基础课程教材。

（六）在教材中擅自使用全国技工教育规划教材标识，或使用可能误导技工院校教材选用的相似标识及表述，如标注主体或范围不明确的“规划教材”等字样，或擅自标注“全国”“国家”等字样。

（七）用不正当手段严重影响教材审核、选用工作。

（八）未按规定程序选用教材，选用未经审核或审核未通过的教材。

（九）其他造成严重后果的违法违纪违规行为。

第十章　附　　则

第三十七条　省级人力资源社会保障部门可依据本细则制定有关管理措施。作为教材使用的讲义、教案和教参以及数字教材参照本实施细则管理。

职业培训教材管理工作参照本实施细则执行。

第三十八条　本实施细则自印发之日起施行。其他技工院校教材管理制度，凡与本实施细则有关规定不一致的，以本实施细则为准。

本实施细则由人力资源社会保障部负责解释。

人力资源社会保障部办公厅
关于印发《技能人才薪酬分配指引》的通知

人社厅发〔2021〕7号

各省、自治区、直辖市及新疆生产建设兵团人力资源社会保障厅（局）：

为更好服务中国制造、中国创造，深入实施人才强国、创新驱动发展战略，推动企业建立健全符合技能人才特点的工资分配制度，激励广大青年走技能成才、技能报国之路，我部组织编写了《技能人才薪酬分配指引》，现印发给你们，供指导企业时参考。

各地区要高度重视提高技能人才工资待遇，加强对企业工资分配的指导和服务，抓好宣传培训，推广典型经验，结合本地实际，加强示范引领，推动培养造就一支高素质技能人才队伍。

人力资源社会保障部办公厅

2021年1月26日

技能人才薪酬分配指引

第一章　总　　则

第一条　为健全技能人才培养、使用、评价、激励制度，推动企业建立多职级的技能人才职业发展通道，建立以体现技能价值为导向的技能人才薪酬分配制度，大力提高技能人才职业荣誉感和经济待遇，不断发展壮大技能人才队伍，为中国制造和中国创造提供重要人才支撑，结合企业薪酬分配理论实践和技能人才特点，特制定本指引。

第二条　本指引旨在为企业提供技能人才薪酬分配可供参考的方式方法。企业可结合实际，借鉴本指引，不断建立健全适应本企业发展需要的技能人才薪酬分配体系。

第三条　本指引所称技能人才，是指在生产或服务一线从事技能操作的人员。

第四条　技能人才薪酬分配应遵循以下原则：

（一）坚持按劳分配和按要素贡献参与分配。体现多劳者多得、技高者多得的价值分配导向，合理评价技能要素贡献。

（二）坚持职业发展设计与薪酬分配相配套。充分考虑企业的组织架构、职位体系、定岗定编、岗位评价、薪酬分配、绩效管理等相互联系、相互制约的实际，使技能人才薪酬分配与职业发展通道相衔接。

（三）坚持统筹处理好工资分配关系。参考岗位测评结果、市场标杆岗位的薪酬价位，综合考虑企业内部操作技能、专业技术和经营管理等类别实际，统筹确定技能操作岗位和企业内部其他类别岗位之间薪酬分配关系。

第二章　技能人才职业发展通道设计

第五条　本指引所称技能人才职业发展通道，是在企业岗位体系的基础上，形成横向按工作性质、内容等划分不同技能序列，纵向按技能人才专业知识、技术技能、资历经验、工作业绩等因素划分层级的有机系统，既体现技能人才个人能力，又反映岗位差别。

第六条　技能人才职业发展通道一般应与企业的经营管理类、专业技术类职业发展通道并行设置，层级互相对照。企业可根据发展需要，贯通工程技术领域操作技能与工程技术序列融合发展的路径，并逐步拓宽贯通领域，扩大贯通规模。对制造业的技能人才，可以设置基本生产技能操作、辅助生产技能操作等细分类别，纵向设置多个职级（详见附表1）。其他行业企业可结合实际参照设置。

纵向成长通道一般应基于不同类别岗位的重要程度、复杂程度等因素，并考虑不同类别岗位人员的职业发展规律作出差别化安排。纵向成长通道具体层级设置数量可根据企业发展战略、主体业务、员工队伍状况等实际进行调整。

企业内部不同类别之间对应关系，技能操作类的正常成长通道最高可与部门正职/分厂厂长/分支机构正职等中层正职相当，高精尖的高技能领军人才可与企业高层管理岗相当。对企业技能操作中的基本生产技能操作工种、辅助生产技能操作工种和熟练服务工种等，一般应设置差别化成长通道。同时，在满足任职资格条件基础上，不同职业发展通道可以相互贯通。

第七条　为实现职业发展通道有效运转，需定责权，即对具体职位在工作职责、管理权限等方面作出统一规范和界定。定责权，主要是解决好职业发展通道和企业内部管理岗位之间的关系问题，总的原则是以事定责、按责配权，实现权责利的统一。职责权限的划分根据相关业务流程，通过编制岗位说明书等方式进行明确，并结合实际动态调整。

处于高职级的技能人才对本领域业务工作负有组织制订（修订）标准、指导落实、监控、审查、结果判定等职责和权限；同时，需承担本业务领域难度较大、创新性的工作任务，并负有编制培训教材、培训授课、平时指导等培训指导职责。

第八条 职业发展通道有效运转需定数量，即根据企业战略和相应的人力资源规划，参考企业所在业务领域专业细分结果，结合企业对各职位的需求以及人员结构情况，制定各职级的职数标准和比例结构。

设置职位数量的规则，一般采取两头放开、中间择优的方式安排。高层职级一般按资格条件管理，不设具体职位数量，成熟一个聘任一个，宁缺毋滥；基层职级一般不设职数，符合条件即可正常晋升；中间层级可按照细分专业数量设置职数，也可以按照一定比例进行安排。

第九条 职业发展通道有效运转需定资格，即根据履行职位职责的要求，对职位任职人员所应具备的学历、资历、能力、经验、业绩等多维度任职条件作出统一规范和界定。职位任职资格标准可将经人社部门公布的技能人才评价机构评价的职业技能等级作为重要参考，并明确相互间对应关系。

结合人才成长规律，职业发展通道一般可按三个阶段设置，形成全职业周期的成长发展通道。新进技能人才在第一个十年中，每2至3年晋升一个职级，在基层岗位职位上正常成长；第二个十年中，在中间层级岗位职位上择优晋升发展；第三个十年中，在高层级岗位职位上逐步成长为专家权威。同时，对具有特殊技能和突出贡献的高技能人才应有破格晋升的制度安排。

随着新生代劳动者成长预期的变化，以及不同类型企业的技能操作难度有差异，对技能人才的成长年限安排以及相应的任职资格标准可有所不同。

第十条 职业发展通道有效运转需定考评，即明确各类人员进入所在职级通道的考评办法，根据考评结果组织聘任，实现能上能下。

第十一条 职业发展通道有效运转需定待遇，即对进入职业发展通道的技能人才，可对新职级职位按照岗位进行管理，职位职级变化时执行岗变薪变规则。各职级人员聘任到位后，按相应岗位工资标准执行，根据绩效考核结果发放绩效工资。

第十二条 职业发展通道有效运转需动态管理，即对职位职数标准、任职人员配置以及职位体系框架的动态管理。

其中，职位职级聘任应有任期规定，高职级职位的任期可比低职级长。任期期满重新进行评聘。在职位职数规定范围内，对任期评聘成绩优秀并达到上一职级任职资格的可予以晋升，考评合格的可保留原职级，考评不合格的可降低职级。

第三章　技能人才薪酬分配制度设计

第一节　工资结构设计

第十三条 按照为岗位付酬、为能力付酬、为绩效付酬的付酬因素，技能人才工资结构可由体现岗位价值的岗位工资单元、体现能力差别的能力工资单元和体现绩效贡献的绩效工资单元等组成。

第十四条 为稳定职工队伍，保障职工基本生活，企业可结合实际增加设置体现保障基本生活的基础工资单元和体现员工历史贡献积累的年功工资单元。

第十五条 在各工资单元功能不重复体现的原则下，为补偿技能人才在特定环境或承担特定任务的额外付出，可设置相应的津贴单元，包括体现夜班工作条件下额外劳动付出的夜班津贴、体现高温噪声污染等艰苦环境条件下额外劳动付出的作业环境津贴、体现技能人才技能水平的技能津贴、体现技能人才班组长额外劳动付出的班组长津贴、体现技能人才师傅带徒弟额外劳动付出的带徒津贴等。根据需要，还可设置鼓励多学技能、向复合型人才发展的多能津贴或通岗津贴等。

第十六条 企业根据需要可以合并、减少或增加相关工资单元。例如，能力工资单元可以采用设置技能人才特殊岗位津贴的形式体现，也可以采用将职级通道直接纳入岗位工资单元进行体现；年功工资单元可在岗位工资单元中设置一岗多薪、一岗多档，岗级体现不同岗位的价值度，档次用于体现同一岗位上不同员工的岗位任职时间、业绩贡献、年度正常增长等因素。

第二节　岗位工资单元设计

第十七条 岗位工资等级应以岗位评价结果为基础。岗位评价是实现不同岗位之间价值可比，体现企业薪酬分配内部公平的重要基础工作。

岗位评价一般有四种方法：一是排序法，将企业全部岗位视为一个系列，根据各个岗位对组织的贡献度和作用度不同，对岗位次序进行排列的一种方法，一般适用于工作性质单一、岗位较少的企业。二是分类套级法，将企业全部岗位分为若干系列、每个系列分为若干级别，分类别对岗位次序进行排列的一种方法。三是因素比较法，事先确定测评要素和若干主要岗位（或称标杆岗位），将每一个主要岗位的每个影响因素分别加以排序或评价。其他岗位按影响因素与已测评标杆岗位各因素测评结果分别进行比较，进而确定岗位的价值等级。四是要素计分法，根据预先规定的衡量标准，对岗位的主要影响因素逐一进行评比、估量，由此得出各个岗位的量值。

第十八条 企业采用要素计分法对技能操作类岗位进行岗位评价，通常考虑岗位对上岗人员技能水平要求的高低，岗位工作量及质量责任的轻重，体力或脑力劳动强度的大小和岗位工作条件的好差等进行评价。在此基础上，要遵循战略导向原则，从突出企业关键重要岗位的角度选择评价要素，确定评价要素权重。

第十九条 企业在评价要素的选择、评价权重的设置、评价过程的组织等方面应贯彻公正、公开原则，得到员工认可。第一步是初评，企业内各二级单位评价确定本单位内部技能操作岗位纵向岗位关系；第二步进行复测，在各单位初评结果中筛选出标杆岗位，选取熟悉技能操作类岗位职责情况、公信力高的岗位评价代表进行复测，确定不同单位之间技能操作类岗位的等级关系。

第二十条 岗位工资可采取一岗一薪、岗变薪变，也可采取一岗多薪、宽带薪酬形式。一岗多薪、宽带薪酬指的是在每个岗位等级内设多个工资档次，以体现同岗级人员不同能力、资历和不同业绩贡献的差别。一岗多薪、宽带薪酬既能体现员工的岗位价值，又能体现员工的能力素质，还可以兼顾到员工薪资的正常晋升，这一做法在实践中被较多企业选择。

实行一岗多薪、宽带薪酬的企业，技能人才可通过晋档实现工资正常增长。其中，档次晋升调整可与技能人才年度绩效考核结果挂钩，合格及以上的技能人才每年可在本岗级上晋升 1 档，少部分优秀的可晋升 2 档，个别贡献突出的还可以奖励更多晋档，极少数表现不合格的可不晋升或降档。

第二十一条 岗位工资采用一岗多薪、宽带薪酬，具体晋档条件有三种表现形式。一是条件规定形式，即明确晋档应当达到的规定条件。晋档条件有一个以上的，各条件要素需有互补性规定。针对技能操作类岗位，可设置学历与工作年限的互补条件，较长工作年限可在一定程度上弥补学历的不足。二是综合系数表现形式，即按各个晋档要素之间相对关系，将晋档条件转换为系数分数。综合系数表现形式直接实现了各个晋档要素的综合互补。晋档综合系数的确定首先依据不同职级岗位任职资格的要求来确定起步档次的条件。其次，需要将各个条件之间的相对价值进行比较，确定系数标准值，实现各个条件之间的平衡互补。三是特殊贡献表现形式。可将技能人才参加一定层级技能大赛获奖情况、技术攻关和创新等贡献情况，作为晋档或跨档条件。

第二十二条 岗位工资标准的设计，一般参考以下三个因素：一是岗位价值度评估分数。企业可参考技能操作类岗位价值度评估分数之间的倍数关系，确定不同技能操作岗位工资标准之间差别。二是人力资源市场价位情况。企业可参考人力资源市场类似岗位工资价位的绝对水平，确定技能操作类岗位工资标准；或参考市场上相应典型岗位的薪酬比例关系，优化调整相应技能操作类岗位工资标准。三是企业内部标杆技能操作类岗位之间的历史分配关系。企业可结合市场工资价位，重新评估内部技能操作岗位间的分配关系，如果体现岗位价值度的工资标准与市场比差距过小，可以调整优化，适当拉开差距。

第二十三条 岗位工资标准的设计，一般按以下步骤进行：一是首先确定内部关键点岗位（最高岗位、最低岗位、主体标杆岗位等）工资标准之间的比例关系。二是按照一定规律确定每个关键点之间不同层级的岗位工资标准关系，一般可以用等差数列关系确定（差别相对较小），也可以用等比数列确定（差别相对较大）。三是结合技能操作类内部层级因素适当调整。跨职级的差距可适当拉大，同一职级内部差距可适当缩小。经过验证，模拟测算调整，通过比较工资标准高低是否与预先设定的目标一致，最终确定岗位工资标准。

第二十四条 岗位工资标准的表现形式，一般有两种：一是以工资水平绝对值的形式表现；二是以岗位工资系数值（或薪点数）的形式表现。对不同的工资单元可以采用不同的工资标准表现形式。对于效益波动比较大的企业，岗位工资、绩效工资可采取具体的系数或薪点标准。基数值或薪点值可结合企业效益情况、工资总额承受能力、市场价位变动情况等相应确定。

第三节 绩效工资单元设计

第二十五条 绩效工资单元是体现员工实际业绩差别的工资单元，根据绩效考核结果浮动发放，对发挥工资的激励功能具有重要作用。企业可按照绩效工资总量考核发放、授权二次分配、加强监控指导的管理原则，建立绩效工资与企业效益情况（影响工资总额变动）、本部门绩效考核结果（影响本部门绩效工资额度变动）、本人绩效考核结果（影响本人实际绩效所得）联动的分配机制。年度绩效考核除影响绩效工资外，还可与岗位调整、培训、职级升降挂钩。

第二十六条 绩效考核周期的确定需综合考虑行业特点、岗位特征、考评可操作性等因素。技能人才绩效显现时间相对于管理人员、专业技术人员一般较短，可按月为主计发绩效工资。

第二十七条 绩效考核可根据技能人才的工作性质和岗位特征，采取分类考核办法。例如，主要以个人计件计酬的岗位，可以按月设立基础任务量，超过基础任务量部分可分档设立不同计件单价，根据任务完成情况核定绩效工资。

对于以班组、车间为单元集体作业的基本生产技能岗位人员，可参照上述办法将团队绩效工资总额分配到班组、车间，再由班组长、车间主任根据规定程序，按照个人工作量和个人绩效进行合理分配。

对于辅助生产技能岗位人员，可依据其支持服务的基本生产技能岗位人员月绩效工资平均值的一定比例（比如70%至95%），作为人均绩效工资分配额度，以此为基础计算辅助生产技能岗位人员绩效工资总量，再按照绩效工资系数、组织和个人绩效考核的结果进行分配。

第四节 专项津贴单元设计

第二十八条 专项津贴是对特殊条件下的额外劳动付出的补偿。针对技能人才的劳动特点，制造型企业可结合实际需求，可设置夜班津贴、作业环境津贴、技能津贴、班组长津贴、师带徒津贴等。

第二十九条 夜班津贴是对劳动者在夜晚工作额外付出的补偿，主要适用于基本生产技能岗位人员。夜班劳动对于劳动者的体力、精力、心理压力等带来较大影响。实践中，部分“四班三运转”岗位人员的月度夜班津贴水平一般占月度应发工资收入的15%

至 20%。企业可结合职工薪酬收入水平、当地经济社会发展实际，合理确定夜班津贴的标准水平。

第三十条 作业环境津贴是对劳动者在井下、高空、高温、低温、物理粉尘辐射、化工有毒有害等环境下作业额外付出的补偿，主要适用于技能操作类人员。企业可结合实际，根据作业环境的艰苦程度划分出不同档次，设置差别化的作业环境津贴。

第三十一条 技能等级除作为职业发展通道的晋升条件外，考虑到高技能人才整体仍然短缺的实际，企业可以设置技能津贴，对于取得高级工、技师、高级技师，并在相关技能操作类岗位工作的技能人才，发放一定额度的技能津贴，鼓励技能人才学技术、长本领。取得相应技能等级资质的技能人才，聘任到较高技能操作职级上，除适用技能津贴外，还可同时执行相应发展通道职级的工资标准。技能津贴可同样适用于“双师”（工程师、技师）型技能人才。

第三十二条 班组一般是企业管理的最基层单元，班组长在基础管理、分配任务、考勤考绩等方面均有较多的付出。对于非专职脱产人员担任班组长的，可设置班组长津贴。班组长津贴标准可采取两种方式进行安排：一是按照班组管理幅度，按照具体人数确定适用津贴标准。可在基本标准基础上，每增加 1 名技能人才，相应增加津贴标准。二是按照班组类别和难度大小，设置不同的档次标准。但对于班组长工资待遇已在岗位工资等级或者档次体现的，可不再重复设置班组长津贴。

第三十三条 师带徒津贴是对师傅培养培训徒弟额外劳动付出的补偿。对于签订带徒协议、明确师傅徒弟权利义务的，可向师傅支付一定额度带徒津贴。协议期满根据考核结果可另行给予奖励。徒弟在技能大赛等获奖的，也可额外对师傅进行奖励，建立徒弟成才、师傅受益的联动机制。企业通过推行“传帮带”“师带徒”“老带新”等多种措施，不仅可以促进整体生产效率的提升，而且能够帮助企业在长期内形成较为稳定的技能人才梯队，积蓄技能人才资源。师带徒，通过企业实践培训提高，针对性强，效果好，应大力推行。

第三十四条 津贴设置应坚持不重复体现原则。本节所提到的夜班津贴、作业环境津贴、技能津贴、班组长津贴、师带徒津贴等各类津贴，如在岗位评价要素或者职级成长通道任职资格条件中已有充分体现的，应本着不重复的原则不再单独设置。

第五节　技能人才与其他人才工资分配关系设计

第三十五条 企业可参考岗位测评结果确定技能人才岗位和其他类别岗位之间薪酬分配关系。如果不同类别岗位测评采用的要素和参评专家不同，则测评分数之间的相互关系不宜简单对应，应选择不同系列的典型岗位进行跨类别岗位测评以确定对应关系。

第三十六条 企业可参考市场标杆岗位之间的薪酬分配关系确定对应关系。如将市场上某技能操作岗位与某管理岗位等薪酬水平的对应关系，作为确定不同类别岗位分配关系的参考。同时，标杆岗位中市场招聘的薪酬价位，可以作为确定技能操作岗位和其他类别岗位起点薪酬分配关系的参考。

第三十七条 技能人才特别是高技能人才，其人力资本是个人努力和长期操作经验的累积结果，在薪酬标准上应体现其人力资本及技能要素贡献。对掌握关键操作技能、代表专业技能较高水平、能够组织技改攻关项目的，其薪酬水平可达到工程技术类人员的较高薪酬水平，或者相当于中层管理岗位薪酬水平，行业佼佼者薪酬待遇可与工程技术类高层级专家级别和企业高层管理岗的薪酬水平相当。

第四章 高技能领军人才薪酬待遇制度设计

第三十八条 高技能领军人才包括获得全国劳动模范、全国五一劳动奖章、中华技能大奖、全国技术能手等荣誉以及享受省级以上政府特殊津贴的人员，或各省（自治区、直辖市）政府认定的“高精尖缺”高技能人才。高技能领军人才是技能人才队伍中的关键少数，应提高其薪酬待遇，鼓励参照高级管理人员标准落实经济待遇。

第三十九条 年薪制是以年度为单位，依据生产经营规模和经营业绩，确定并支付薪酬的分配方式。年薪制一般适用于公司经营班子成员以及承担财务损益责任的分子公司负责人。

高技能领军人才可探索实行年薪制，应把握以下三个方面：一是合理界定适用范围。年薪制适用范围较小，一般适用于承担经营风险、业绩显现周期较长且需建立有效激励约束机制的人员。高技能领军人才具有稀缺性，贡献价值度高，可将其纳入年薪制适用范围。二是明确薪酬结构。一般由基本年薪和绩效年薪为主的薪酬构成，基本年薪占比相对较小、按月发放，绩效年薪占比相对较大、按年发放，体现业绩导向。三是建立相应的激励和约束机制。高技能领军人才应建立体现高技能领军人才特点、体现短期和长期贡献的业绩考核办法，如将关键任务攻关、技能人才队伍培养等作为年度或任期绩效考核目标，业绩考核结果与薪酬挂钩，实现业绩升、薪酬升，业绩降、薪酬降，体现责任、风险和利益的统一。

第四十条 协议薪酬制是企业和劳动者双方协商谈判确定薪酬的分配方式，主要适用于人力资源市场稀缺的核心关键岗位人才或企业重点吸引和留用的紧缺急需人才。

企业要处理好薪酬内部公平性和外部竞争性的平衡。在此基础上，对高技能领军人才实行协议薪酬，应把握以下三个方面：一是合理确定适用范围。一般而言，协议薪酬主要适用于面向社会公开招聘实行市场化管理的高技能领军人才。二是实行任期聘任制。实行协议薪酬制的高技能领军人才，可按任期聘任，按合同规定条件予以续聘或解聘。三是事先约定绩效考核要求。对实行协议薪酬制的高技能领军人才，既协商薪酬也应协商绩效要求，应签订《绩效目标责任书》，确定考评周期内的绩效目标和激励约束规则。同时，实行协议薪酬制人员，薪酬待遇按协议约定执行，一般不再适用企业主体薪酬制度中的岗位工资、绩效奖金、津补贴等分配方式。

第四十一条 专项特殊奖励是对作出重大贡献的部门和个人的专项奖励。

实行专项特殊奖励，应把握以下三个方面：一是专项特殊奖励不仅适用于高技能领军人才，也适用于包括技能人才在内的所有员工。二是对在正常绩效激励中未体现的特殊贡献，均可适用特殊奖励。其中，包括为企业生产效率提高、工作任务完成、新品试制、技改攻关等做出的巨大贡献，或为社会作出突出贡献，或为企业取得重大社会荣誉等（比如技能大赛获得名次）。三是专项特殊奖励属于非常规激励。为避免滥发或不发，应制定较为规范的企业内部专项特殊奖励管理办法。

第四十二条 结合实际探索对技能人才特别是高技能领军人才实行股权激励（包括业绩股票、股票期权、虚拟股票、股票增值权、限制性股票、员工持股等形式）、超额利润分享、项目跟投、项目分红或岗位分红等中长期激励方式。中长期激励应符合国家相关规定。

第四十三条 超额利润分享以超过企业目标利润的部分作为基数，科学合理地设计提取规则，主要适用于企业中的关键核心人才。

应把握以下三个方面：一是将技能人才特别是高技能领军人才纳入实施范围，引导企业构建“目标一致、责任共担、成果共享”的发展共同体。二是明确激励总量的确定规则。激励总量可以本年度超目标净利润增量（或减亏额）为基数，按一定比例计提，并与企业综合绩效系数挂钩调节。其中，净利润目标一般可分为基本目标、激励目标和挑战目标，计提比例可根据净利润实际达成情况按不同比例分段提取。三是明确激励额度分配办法。员工个人激励额度一般可依据激励对象的岗位系数和个人绩效考核结果系数综合确定。其中，个人岗位系数应体现所在岗位职位的正常激励水平，个人绩效考核结果系数应根据实际绩效设置，既关注岗位职位，也关注实际贡献。

第四十四条 岗位分红以企业经营收益为标的，主要适用于对企业重要岗位人员实施激励。对高技能领军人才实施岗位分红的，企业应建立规范的内部财务管理制度和员工绩效考核评价制度，评估高技能领军人才在企业的重要性和贡献，明确实施岗位分红的企业业绩和个人业绩条件。同时，处理好岗位分红所得与薪酬所得的关系，合理确定分红标准。

第五章　附　　则

第四十五条 各地人力资源社会保障部门应结合本地实际，加强宣传培训，可分行业或分职业类别进一步细化相关内容，发布典型案例，强化示范引领。创新企业工资宏观调控指导方式，推动企业建立健全技能人才薪酬分配体系，不断提高对本地区企业技能人才薪酬分配的指导实效。

人力资源社会保障部办公厅
关于推进职业培训包工作的通知

人社厅发〔2016〕162号

各省、自治区、直辖市及新疆生产建设兵团人力资源社会保障厅（局）：

为贯彻落实《国民经济和社会发展第十三个五年规划纲要》关于“建立国家基本职业培训包制度”的工作要求，加快构建终身职业培训制度，现就推进职业培训包工作通知如下：

一、高度重视职业培训包工作

近年来，各地各部门认真贯彻落实党中央、国务院要求，推动职业培训工作不断取得新进展，在促进经济社会发展和就业创业中发挥了重要作用。但职业培训仍存在一些亟须破解的重点难点问题，如基础培训资源缺乏，培训的针对性和有效性有待提高，培训过程监管有待加强等。2015年，我部启动了职业培训包前期基础工作，组织研究职业培训包开发技术规程，试开发了维修电工、餐厅服务员职业培训包。天津等地人力资源社会保障部门探索开展了职业培训包开发工作。在现有工作基础上，继续推进职业培训包工作，面向各类就业群体，开展基本职业培训服务，对推行终身职业技能培训制度，促进职业培训与就业需求有效衔接，加强职业培训规范化、科学化管理，汇聚社会各方面力量共同开展职业培训具有重要意义。各级人力资源社会保障部门要把推进职业培训包工作作为重要改革创新举措，作为当前职业能力建设工作的重点任务，高度重视，科学规划，大力推进，为建立国家基本职业培训包制度作出努力。

二、明确职业培训包工作目标任务

（一）明确职业培训包工作内容。职业培训包是为加强职业培训标准化管理，结合新经济、新产业、新职业发展，依据职业标准或企业岗位技术规范，针对某一职业（工种）开发的集培养目标、培训要求、培训内容、考核大纲等为一体的职业培训资源总和，是职业培训机构对劳动者开展政府补贴职业培训服务的工作规范和指南。职业培训包可分基本职业培训包、地方（行业）特色职业培训包两种。基本职业培训包由我部组织制定颁布，地方（行业）特色职业培训包由各省（区、市）人力资源社会保障厅（局）或我部会同有关部门和行业协会制定颁布。

（二）完善职业培训包工作机制。政府部门组织制定职业培训包，职业培训机构依据职业培训包开展职业培训服务，劳动者结合自身就业和技能提升需要自愿参加职业培训，政府实施培训监管、对有关人员提供职业培训补贴并组织第三方机构参与培训考核评估，为各类就业群体参加培训创造条件，提供帮助。

（三）明确职业培训包工作目标。“十三五”期间，制定颁布《职业培训包开发技术规程（试行）》（以下简称《规程》），统一规定职业培训包的框架结构和主要内容，明确开发职业培训包的技术规范和程序步骤，为各地及有关部门开发职业培训包提供技术指导。组织开发培训需求量大的100个左右基本职业培训包，指导开发100个左右地方（行业）特色职业培训包。到“十三五”末，力争全面建立国家基本职业培训包制度，普遍应用职业培训包开展各类职业培训。

三、做好职业培训包开发应用工作

（一）从今年10月起，我部将指导部分地区试行餐厅服务员、维修电工职业培训包，并结合人力资源市场需求和职业培训工作需要，制定后续开发计划，依据《规程》抓紧组织职业培训包开发工作。建立职业培训包开发专家库，开展人员培训，加强专业技术力量。

（二）鼓励支持地方、有关部门和行业协会开发适合当地经济和行业发展需要的特色职业培训包，鼓励支持企业承担职业培训包开发任务。对于质量水平高、实际效果好的地方（行业）特色职业培训包，经我部组织专家论证可改造提升为基本职业培训包。

（三）各地要在职业培训工作中大力推广应用基本职业培训包和地方（行业）特色职业培训包，实现职业培训过程管理与结果管理相结合，全面提升职业培训质量，提高职业培训工作规范化、科学化水平。

四、加强组织领导

（一）加强工作统筹。各地人力资源社会保障部门要高度重视职业培训包工作，落实工作责任，统筹推进工作。要建立人力资源社会保障部门统筹，发挥相关部门作用，动员社会各方面力量的工作协调机制。要多方筹措经费，支持职业培训包开发应用工作。

（二）加大工作力度。各地人力资源社会保障部门、有关部门和行业协会要在做好基本职业培训包应用工作同时，大力加强地方（行业）特色职业培训包开发工作，并结合本地区和本行业产业结构调整和发展状况、企业用工情况、政府补贴职业培训和社会职业培训开展情况，明确工作进度目标，抓好工作落实。

（三）加强工作研究。要加强理论研究和工作调研，及时总结工作经验，着力研究解决重点难点问题，不断提升职业培训包开发应用工作水平。各地人力资源社会保障部门、各行业部门在工作中遇到有关问题，请及时与我部联系。

人力资源社会保障部办公厅

2016 年 10 月 23 日

人力资源社会保障部办公厅关于做好职业技能培训信息汇集有关工作的通知

人社厅函〔2023〕138号

各省、自治区、直辖市及新疆生产建设兵团人力资源社会保障厅（局）：

为贯彻落实《人力资源社会保障部关于印发数字人社建设行动实施方案的通知》（人社部发〔2023〕34号）、《人力资源社会保障部办公厅关于加快推进职业技能培训信息化建设有关事项的通知》（人社厅函〔2022〕68号，以下简称68号文件）有关要求，加强对健全终身职业技能培训制度数字赋能，促进职业技能培训规范管理，现将做好全国职业技能培训信息动态汇集工作有关事项通知如下：

一、做好信息上报准备

各地要按照68号文件要求，在11月底前基于省级职业技能培训信息资源库，形成辖区内自2019年以来的职业技能培训信息资源，进一步做好数据质量把控，为职业技能培训信息全国汇集奠定基础。

二、开展省级系统改造

我部已将接口规范（见附件）和相关接口发布至部级业务协同平台（http://xtpt.mohrss），各地可通过业务专网登录获取并完成省级集中职业技能培训实名制管理信息系统的接口改造。各地应尽快与我部联系，开展联调测试。

三、启动信息全国汇集

12月底前，各地应完成2019年以来历史数据的批量上报，并在此基础上启动补贴性职业技能培训信息的全国实时汇集工作，逐步实现培训机构、培训项目、培训教师、培训班级、培训人员、培训补贴等信息向我部动态汇集的要求。

工作中如有问题，请及时与我部联系。

附件：全国职业技能培训信息接口规范（略）

人力资源社会保障部办公厅

2023年10月19日

人力资源社会保障部办公厅关于做好国家级（康养）高技能人才培训基地建设有关工作的通知

人社厅函〔2022〕78号

江苏省、浙江省、河南省、海南省、重庆市、云南省、陕西省人力资源社会保障厅（局）：

为贯彻落实新修订的职业教育法精神，深入实施康养职业技能培训计划，进一步发挥国家级（康养）高技能人才培训基地（以下简称基地）示范引领带动作用，加快培养托育、护理、康养、家政等方面技能人才，现就做好基地建设有关工作通知如下：

一、大规模开展康养职业技能培训。各地人力资源社会保障部门要结合本区域康养人才需求，指导基地积极面向康养机构职工、康养相关专业院校毕业生和有意愿从事康养服务的各类劳动者开展高标准、高质量、示范性职业技能培训。要做好培训需求分析，科学规划培训项目和招生班次，制定有针对性的系统化课程实施方案，设置多层次、模块化、高质量的技能培训课程体系。基地年培训规模原则上应不少于5 000人次，其中高级工以上培训不少于1 000人次。

二、加强培训标准化建设。我部编制发布了家政服务员、养老护理员、育婴员、保育师、健康管理师、健康照护师等国家基本职业培训包，是集培养目标、培训要求、培训内容、课程规范、考核大纲、教学资源等为一体的职业培训资源总和。基地要积极应用，规范配备师资、培训场所设备、教学资料等，确保配套教材、数字资源等与课程规范相匹配，做好培训考核组织实施工作，提高培训规范性、针对性和有效性。基地可结合实际创新优化培训机构设置、课程内容、教学和考核方式等。鼓励探索阶段性考核成绩与职业技能等级评价贯通方式，推进职业技能培训与评价有机衔接。

三、灵活创新培训形式。基地要与康养机构深度合作，推行企业新型学徒制和工学一体化技能人才培养模式，与康养机构共商教学形式，提供个性化解决方案。着力解决工学矛盾，对工作任务重的职工，理论课程培训可采取集中授课或网络学习模式，实操课程培训可结合工作任务和岗位训练等灵活实施。可结合实际探索翻转课堂等课上课下、线上线下相结合的教学实施方法，以及弹性学制、学分制教学管理方式，提高培训便利性和实效性。

四、健全完善培训规范化管理制度。基地应建立健全覆盖培训各阶段的规范管理制度，主要包括培训前需求分析、制定课程实施方案，培训中落实培训课程教案、关注日常培训效果反馈，培训后做好效果总结评估等，促进培训整体质量提升。做好培训后跟踪服务，为学员提供可持续的阶梯性培训。实行职业技能培训实名制管理，为学员建立职业培训电子档案，逐步实现参训情况、考核评价结果、补贴申领等情况网上可查，为学员就业工作和参加培训提供便利。

五、发挥示范引领带动作用。鼓励各地以基地为核心，联合康养机构、院校、行业协会等组建康养职业技能培训联盟（集团），实现需求、培养、评价、就业、提升协同联动的工作机制。各地可以基地师资为重点，统筹相关机构师资等组建康养类职业培训专家队伍，建设康养职业技能培训师资研修中心和企业实践基地，组织师资培训和研修交流活动。及时梳理基地工作经验亮点特色，积极组织开展康养职业培训包应用研讨交流、现场观摩学习、教师教学能力展示等活动。鼓励其他康养类培训机构参照基地管理建设要求开展工作，促进本区域康养技能人才培养能力水平提升。

六、加大支持保障力度。我部适时组织开展推进康养类国家基本职业培训包应用系列活动，吸纳基地优秀师资等人员组建国家基本职业培训包专家委员会。国家基本职业培训包和配套数字资源可在“中国职业培训在线”平台（http://px.class.com.cn）查看学习。各地人力资源社会保障部门要发挥政府资金引导作用，支持基地等优质康养机构开展培训和就业重点群体等参加培训。根据基地在培训促就业、促发展方面取得的成效，积极协调争取地方政府进一步加大支持投入，把基地建设纳入地方财政预算，为基地健康可持续发展提供有力保障，推动工作高质量发展。

人力资源社会保障部办公厅

2022 年 5 月 13 日

人力资源社会保障部办公厅关于加快推进职业技能培训信息化建设有关工作的通知

人社厅函〔2022〕68号

各省、自治区、直辖市及新疆生产建设兵团人力资源社会保障厅（局）：

为贯彻落实《“十四五”职业技能培训规划》要求，加强职业技能培训管理服务，提高职业培训补贴资金使用精准性、安全性、有效性，决定加快推进职业技能培训信息化建设工作，现就有关事项通知如下：

一、工作目标

2022—2025年，大力推进职业培训信息化建设，提高实名制管理能力水平，建成省级集中的职业技能培训管理信息系统（以下简称省级集中系统），努力实现辖区内职业技能培训机构和参训人员信息资源库全覆盖，各地职业技能培训信息全国汇集，构建全国互联互通的职业技能培训信息化格局，打通数据孤岛，深化大数据应用，为职业技能培训规范管理、事业统计和科学决策等提供全面、真实、客观的动态数据，提升管理服务质量和水平。

二、工作任务

（一）加快推进省级集中系统建设。我部在“金保工程”二期项目中，组织开发了全国职业技能培训管理信息系统（以下简称全国统一软件。功能见附件1），以省级集中部署的方式，支持各地人力资源社会保障部门和职业技能培训机构对培训项目、培训过程、补贴申领等业务的常态化规范管理，提供窗口服务、信息查询、数据统计等服务。各地应结合实际，积极使用或对标全国统一软件，加快推进覆盖省、市、县各级各类培训机构及劳动者的职业技能培训信息化管理工作，对基础信息实现智能监管。2022年12月底前，建成省级集中系统，实现辖区内职业技能培训管理服务系统化、统一化，有条件的地区可扩展与其他相关部门信息的共享联动。已经建立信息系统的地区，要制定系统对标方案，统一规范软件功能和数据信息等。未建立信息系统的地区，要积极推广使用全国统一软件，实现功能全覆盖。

（二）提高职业技能培训信息质量。为做好全国职业技能培训信息互联互通，我部梳理形成《各地职业技能培训管理系统信息采集规范》（见附件2），用于规范各地在开展职业技能培训管理服务经办过程中应采集的各类信息。各地要统一采集项目、统一指标体系、统一代码，可根据实际进行业务拓展，力争2022年12月底前，基于省级集中系统形成省级职业技能培训信息资源库，做好信息质量把控，确保内容真实、准确、完整，为实现公共服务、宏观决策和全国信息汇集奠定基础。

（三）实现职业技能培训信息汇集。各地应按照《全国职业技能培训联网信息上报规范》（见附件3）和省级集中系统功能，建立省级职业技能培训信息资源库，逐步实现全国职业技能培训信息动态汇集（具体对接事宜和接口规范另行通知）。基于各地上报数据和我部掌握的其他数据，我部也将适时推动数据对下服务。

三、工作要求

（一）加强组织领导。各地人力资源社会保障部门要高度重视职业技能培训信息化建设工作，将其作为职业技能培训工作“互联网+监管”“制度+科技”“人防+技防”体系建设的重要抓手，切实加强领导，积极整合资源、周密部署、系统安排，加大政策和技术支持力度，落实省级集中系统建设和运维资金，保障按时完成相关工作。

（二）保障信息安全。各级人力资源社会保障部门要按照《网络安全法》《数据安全法》《个人信息保护法》等国家相关法律法规以及《人力资源社会保障数据安全管理规范（试行）》等文件要求，构建严密、完善的网络个人信息保护，做好职业技能培训数据的采集、存储、使用等全过程安全管理。

（三）抓好分工落实。职业技能培训管理机构负责做好全国统一软件应用推进、业务办理和督促指导；信息化综合管理机构负责做好系统规划、建设实施和技术支持。各有关机构要分工协作、密切配合，共同做好职业技能培训信息化建设，全力完成全国统一软件推广应用和数据上报等工作。

（四）开展督促指导。各地人力资源社会保障部门要抓好本区域工作方案的制定和贯彻落实，加强督促落实、工作指导、经验总结、选树典型，着力推进有关工作。我部将通过业务培训、经验交流、情况通报、随机抽查、数据比对等方式，加强对各地的工作督导，将系统建设使用情况、监管服务到位情况等，作为评价有关项目活动的重要因素。

请各地于5月13日前，报送职业技能培训管理机构和信息化综合管理机构负责同志联系方式。全国统一软件使用过程中的经验做法和问题建议，请及时反馈我部。

附件：1. 全国职业技能培训管理信息系统功能列表（略）
2. 各地职业技能培训管理系统信息采集规范（略）
3. 全国职业技能培训联网信息上报规范（略）

人力资源社会保障部办公厅

2022年4月26日

人力资源社会保障部办公厅关于组建技工教育和职业培训教学指导委员会的通知

人社厅函〔2021〕159号

各省、自治区、直辖市及新疆生产建设兵团人力资源社会保障厅（局），有关行业组织、中央企业人事劳动保障工作机构：

根据《人力资源社会保障部国家发展改革委财政部关于深化技工院校改革大力发展技工教育的意见》（人社部发〔2021〕30号）和《人力资源社会保障部关于印发技工教育“十四五”规划的通知》（人社部发〔2021〕86号）有关要求，拟组建技工教育和职业培训教学指导委员会（以下简称教指委）。现就有关事项通知如下。

一、教指委构成

以国家职业分类和技工院校专业分类为依据，分批组建若干个教指委，各教指委下设若干个工作组。教指委委员由技工院校、行业企业、高等院校、教研机构、职业培训机构等单位的专家组成。各教指委设主任委员1名、副主任委员1名，秘书长1名，委员数量一般不超过15名。

教指委委员由人力资源社会保障部选聘，聘期五年，实行动态调整机制，其中第一年为预聘期，预聘期内工作合格后转为正式委员，并发放聘书。教指委委员在聘期内从事教指委相关工作取得的工作成果可参照省部级课题进行认定。

教指委的主要工作是围绕服务制造业和实体经济发展需要，对技工院校及职业培训机构教学工作进行研究、咨询、指导、评价和服务。具体包括：开展技能人才需求分析，提出技能人才培养要求；参与专业（课程）教学标准体系建设，指导技工教育和职业培训教学改革与教学实施；参与技工院校专业目录修订，指导技工院校专业建设；参与技工教育和职业培训教材建设，受托评审全国技工教育和职业培训规划教材；参与数字资源建设，提高技工教育和职业培训信息化应用水平；参与教学质量评价，指导师资培训、技能竞赛、实训基地建设；开展行业企业调研，推动校企合作、产教融合；组织课题研究，指导开展专业教学及职业培训交流活动等。

二、教指委委员推荐条件

（一）热爱祖国，拥护中国共产党的领导，能坚定正确的政治方向。能够贯彻落实习近平总书记关于技工教育和职业培训工作重要论述精神，自觉从加快推进技能型社会建设、加强技能人才培养、提高劳动者素质的高度，充分认识教学指导工作的重大意义，把党的领导贯彻到教学指导工作全过程各方面。责任心强，坚持原则，遵纪守法，品德良好，公正廉洁。

（二）热爱技能人才培养培育事业，熟悉技工教育和职业培训教学工作，具有较高的专业素质和理论水平，在相关专业（职业）领域具有丰富的实践经验，具有副高以上职称或相当职业资格（技能等级），并从事相关专业（职业）领域工作满3年。其中，行业企业委员应熟悉本行业政策、产业发展状况及技术变革趋势，一般应具有参与相关职业标准或评价规范建设的工作经验；学校委员应熟悉专业教学和教学管理，一般应具有参与教学标准、课程标准、教材等建设的工作经验。

（三）优先推荐省级技工教育和职业培训教研机构负责人；在学制教育和职业培训管理方面取得突出成绩的技工院校校长；国家职业技能标准制定专家；在专业（职业）领域具有较高技术技能，并具有校企合作经验的行业企业专家；中华技能大奖获得者、全国技术能手；国家级、省级技能大师工作室负责人；世界技能大赛技术指导专家，全国性技能大赛评委，全国技工院校教师职业能力大赛评委等。

（四）具备较强的组织协调能力，能够围绕技工教育和职业培训改革发展需要，认真落实有关工作要求，积极承担并统筹协调相关力量完成教指委工作任务。

三、工作安排

2021年启动组建首批5个教指委。有关工作安排如下：

（一）教指委类别

本次组建智能制造与智能装备类、数字与信息技术类、新能源与交通运输类、康养生活服务类和现代商贸流通类5个教指委（见附件1），分别对应以高端装备为主体的先进制造产业（职业）集群、以新一代信息技术为重点的电子信息产业（职业）集群、以现代科技为支撑的交通运输产业（职业）集群、以健康生活服务业为重心的现代服务产业（职业）集群、以创新为重点的商贸流通产业（职业）集群。

（二）委员推荐途径及名额

1. 各省级人力资源社会保障部门负责推荐本区域内有关学校、教研机构、企业的专家。各省份可为每个教指委推荐1~3名委员，应兼顾相应教指委的专业（职业）领域，保证委员专业的全面性、广泛性。

2. 有关行业组织、中央企业可推荐行业企业专家，每个行业组织及中央企业可为对应教指委推荐1~2名专家。

3. 部教材办公室负责组织推荐核心课程专家、全国技工教育和职业培训规划教材核心作者。

（三）资料报送

1. 请各省级人力资源社会保障部门、各行业组织及中央企业确定专人负责联络工作，于12月5日前将联络人信息报人力资源社会保障部职业能力建设司。

2. 各推荐单位组织被推荐人填写技工教育和职业培训教学指导委员会委员推荐表（见附件2），汇总后由推荐单位填写技工教育和职业培训教学指导委员会委员推荐汇总表（见附件3），于12月15日前将附件2和附件3的电子版发送至联系人电子信箱，并将纸质材料一式两份统一邮寄至人力资源社会保障部职业能力建设司。我部将综合考虑推荐人员情况，公示后适时公布首批教指委委员名单。

附件：1. 首批技工教育和职业培训教学指导委员会类别

2. 技工教育和职业培训教学指导委员会委员推荐表（略）

3. 技工教育和职业培训教学指导委员会委员推荐汇总表（略）

人力资源社会保障部办公厅

2021年11月23日

附件 1

首批技工教育和职业培训教学指导委员会类别

一、智能制造与智能装备类

对应专业（职业）群：数字化制造、数控加工、机电一体化、机械装备制造、智能建筑等。

二、数字与信息技术类

对应专业（职业）群：工业互联网与物联网、人工智能与云计算、机器人应用、计算机技术应用、网络技术与安全、电气自动化、现代电子技术等。

三、新能源与交通运输类

对应专业（职业）群：新能源汽车与智能化、汽车技术、汽车钣喷与服务、公路运输、铁路运输等。

四、康养生活服务类

对应专业（职业）群：生活服务、健康服务、幼儿教育、餐饮服务、酒店与旅游服务等。

五、现代商贸流通类

对应专业（职业）群：创意设计、电商物流、客运服务、营销文秘、财务管理等。

关于推进新业态新模式从业人员技能培训工作的通知

人社职司便函〔2022〕71号

各省、自治区、直辖市及新疆生产建设兵团人力资源社会保障厅（局）：

为深入贯彻党的二十大精神，进一步落实《“十四五”职业技能培训规划》部署要求，推进新业态新模式从业人员技能培训工作，现就有关事项通知如下：

一、建立一批新业态新模式从业人员技能培训工作重点联系城市。请各省（区、市）和新疆生产建设兵团人力资源社会保障部门推荐2~3个城市人力资源社会保障部门作为在“十四五”期间新业态新模式从业人员技能培训工作重点联系单位，我部汇总后形成推进工作的前沿梯队，为全国工作探索提供经验做法和创新举措。重点推荐新业态新模式从业人员数量较多、培训政策措施较为健全、培训机构实力较强、培训信息化管理能力较好、监督管理制度办法较为健全的城市，以及2020—2021年新就业形态技能提升和就业促进项目试点城市。

二、指导重点联系城市做好新业态新模式从业人员技能培训工作。重点联系城市人力资源社会保障部门要健全完善新业态新模式从业人员培训政策措施，坚持就业导向，对用工量大、适合重点群体就业的职业工种，加大培训工作力度。结合实际需要，积极开设依托互联网平台就业的网约配送员、网约车驾驶员、货车司机、互联网营销师等职业工种，以及新模式发展需要的全媒体运营师、电子商务师、区块链应用操作员等职业工种培训课程。各地应加强职业培训规范管理和师资等基础能力建设，支持鼓励职业培训机构和新业态新模式相关企业组织开展职业技能培训，规范做好培训补贴工作。

三、提炼总结交流推广经验模式。重点联系城市人力资源社会保障部门要及时梳理总结有效举措和经验做法，推动形成适合新业态新模式的从业人员技能培训模式。定期报送工作进展情况表，及时报送特色经验做法等。我部将适时组织经验交流、工作研讨等活动，在全国推广有效措施办法，更好地推进培训工作。重点联系城市新业态新模式从业人员技能培训具体工作联系、政策进展和工作动态汇总、经验总结交流等工作由中国就业培训技术指导中心承担。

请各地于2022年11月30日前报送重点联系城市推荐表（附件1），重点联系城市每季度次月 10 日前报送培训进展情况（附件 2），发至联系人传真及电子邮箱。

附件：1. 新业态新模式从业人员技能培训工作重点联系城市推荐表（略）

2. 新业态新模式从业人员技能培训工作进展情况表（略）

人力资源社会保障部职业能力建设司

2022 年 11 月 22 日

关于做好制造业技能根基工程组织实施工作的通知

人社职司便函〔2022〕29号

各省、自治区、直辖市及新疆生产建设兵团人力资源社会保障厅（局）：

为深入贯彻落实《制造业技能根基工程实施方案》（人社部发〔2022〕33号，以下简称《方案》），进一步聚焦制造业做好技能人才培养、使用、评价、激励等工作，推动制造业技能根基工程取得实效，现就有关事项通知如下。

一、充分认识重要意义，认真做好宣传动员工作

组织实施制造业技能根基工程是打造数量充足、结构合理、素质优良、充满活力的制造业技能人才队伍，推动中国制造向中国创造转变、中国速度向中国质量转变、中国产品向中国品牌转变的有力技能支撑，是缓解当前结构性就业矛盾、助推经济社会稳定发展的重要举措。各级人力资源社会保障部门要提高政治站位，站在贯彻新发展理念、构建新发展格局的高度，以推动制造业高质量发展为方向引领，主动对接工信、国资等部门，将《方案》各项举措贯彻落实到“十四五”事业发展中。要认真做好宣传动员工作，多措并举，充分调动行业组织、制造业企业、技工院校、培训机构等积极性、主动性，构建政府引导、企业和院校为主体、社会力量充分参与的工作格局。要引导制造业技能劳动者勤学苦练、深入钻研，勇于创新、敢为人先，不断提高技术技能水平，营造技能成才、技能报国的良好社会氛围。

二、准确把握任务目标，全面推动各项举措落实

（一）遴选建设国家技能根基工程培训基地。我部将会同工业和信息化部、国务院国资委研究制定国家技能根基工程培训基地遴选建设标准。各地要积极会同工信等部门提前谋划，主动适应国家制造业高质量发展试验区、国家先进制造业集群等对技能人才的需要，组织符合条件的企业和技工院校申报国家制造业技能根基工程培训基地，并争取地方政府各项目资金予以支持。

（二）制定制造业政府补贴职业技能培训目录。各地要主动作为，充分调研，结合当地产业布局和经济发展实际，在现有政府补贴职业技能培训项目目录和培训评价机构目

录的基础上，按规定汇集更新并公布制造业“两目录”，根据制造业发展方向动态调整。有条件的地方，可适当提高相关职业工种补贴标准。支持引导高校和职业院校毕业生、失业人员、农村转移劳动者等就业重点群体参加制造业相关补贴性职业技能培训，促进其实现就业，缓解制造业“招工难”问题。

（三）在制造业企业全面推行中国特色企业新型学徒制。各地要引导制造业企业设立一定比例的学徒岗位，压实制造业企业和技工院校等培训机构联合培养企业新型学徒主体责任，高质量开展企业新型学徒制培训。可结合制造业企业实际，适当提高企业新型学徒补贴标准。各地 2022 年企业新型学徒制培训总量原则上不得低于 2021 年任务数。

（四）加强制造业高技能领军人才选拔评聘。各地要推动符合条件的规模以上制造业企业全部备案纳入培训评价机构目录，全面推行“新八级工”制度，尚未开展特级技师试点的地区，2022 年应指导具备条件的企业进行试点，引导制造业企业选拔聘任一批首席技师、特级技师。要以高技能人才评选表彰和政府特殊津贴选拔为引领，充分利用各级各类评选表彰活动，表彰奖励一批制造业高技能领军人才。

（五）全面推进制造业工学一体化技能人才培养模式。各地要充分发挥技工院校资源优势，组建技工教育联盟（集团），优先支持建设先进制造业相关新兴专业和优质专业，加强工学一体化课程标准、教学资源、教师培养等工作，全面推进工学一体化培养模式。

（六）大力开展制造业品牌职业技能竞赛。各地要结合地方特色和产业发展需要，以备战世界技能大赛、全国技能大赛、全国新职业和数字技术技能大赛为契机，着力打造一批制造业领域相关职业技能竞赛品牌。积极组织参加全国工业和信息化技术技能大赛、全国人工智能应用技术技能大赛、全国服务型制造应用技术技能大赛，在省级综合性职业技能竞赛中优先考虑设置制造业相关项目，探索开展职业技能竞赛月活动。

三、加强沟通协调，强化政策资金协同

制造业技能根基工程的组织实施是一项系统工程，各级人力资源社会部门要切实担负起技能人才队伍建设的重要职责，同工信、国资等有关部门紧密配合，联系实际研究制定贯彻落实《方案》的具体措施，确保六项任务落实落地。要充分发挥企业和院校技能人才培养主体作用，引领带动制造业企业做好《方案》贯彻落实。

各地推动落实相关工作的经验做法及意见建议，请及时报送我司。

人力资源社会保障部职业能力建设司

2022 年 6 月 27 日

关于印发提升全民数字技能工作方案的函

人社职司便函〔2021〕24号

各省、自治区、直辖市及新疆生产建设兵团人力资源社会保障厅（局）：

为全面落实党的十九届五中全会提出的“提升全民数字技能”要求，贯彻落实全国职业教育大会精神，指导各地加强全民数字技能教育和培训，我司会同部属有关单位研究制定了《提升全民数字技能工作方案》。现将该方案印发各地，请结合实际研究制定本地区提升全民数字技能工作措施，加强数字技能教育和培训工作。

人力资源社会保障部职业能力建设司

2021年4月13日

提升全民数字技能工作方案

进入数字化时代，数字经济蓬勃发展，数字技术快速迭代，在生活、工作中扮演着越来越重要的角色，从而对劳动者所需掌握的数字技能也提出了新的更高要求。为贯彻落实《中华人民共和国国民经济和社会发展第十四个五年规划和2035年远景目标纲要》精神，加强全民数字技能教育和培训，普及提升公民数字素养，结合职业能力建设工作职责，制定以下工作方案。

一、完善提升全民数字技能政策措施

（一）研究制定关于加强新时代高技能人才队伍建设的意见、职业培训“十四五”规划、技工教育“十四五”规划等政策规划，将加强数字技能培养作为重要内容，研究提出支持政策。

（二）实施技能中国行动，围绕加强数字技能培养培训谋划和推动一批重点项目。

二、加强技工院校数字技能类人才培养

（三）建立具有技工教育特色的专业目录并实行动态调整，发布技工院校数字技能类专业目录，支持和引导全国技工院校积极开设数字技能类专业。

（四）依托行业协会等积极组织技工院校学生数字技能培养教学研讨，积极协调华为

等高科技企业参与设计开发相应的数字技能课程，加强数字技能类教材开发。建设全国统一的技工教育数字资源服务平台，遴选100所左右技工教育数字化资源建设与应用优秀院校。

（五）研究开发数字技能通用素质培养教材，纳入技工院校公共课范畴。

（六）加强技工院校数字技能相关师资队伍建设，将数字技能作为校长和师资培训重点内容。举办数字技能提升专题线上研修班。

三、加强数字技能职业技能培训

（七）加大数字技能职业培训。指导各地在开展各类职业培训时，增加有关数字技能的培训内容。指导各地面向新技能新职业，重点开展人工智能、大数据、云计算等数字技能培训，大力推行线上线下相结合的培训方式。

（八）探索数字化技能培训新模式。促进互联网技术与职业技能培训深度融合，发挥龙头企业和培训机构作用，推动实施“互联网+职业技能培训”模式，发挥线上职业技能培训平台优势，加大数字技能线上培训资源供给，开发线上线下相结合的数字技能培训资源，加大对就业重点群体的数字技能培训。

（九）围绕数字技能相关职业编制国家基本职业培训包（指南包、课程包），发布培训标准和课程方案，加大数字技能相关职业培训教材开发力度，规范数字技能相关职业培训过程管理。开展数字技能相关职业培训教学研究，组织开展师资培训。

（十）规范线上职业技能培训，健全和完善“互联网+职业技能培训”平台及资源运营服务规范管理，实现学习过程可查询、可追溯、可监管。

（十一）组织开发面向全体劳动者的数字技能通用素质培训教材，作为职业技能培训通用性教材，在全国推广使用。

四、推进数字技能类人才评价工作

（十二）积极开发数字技能类新职业。

（十三）积极开发数字技能类职业的职业标准和评价规范；创新职业标准和评价规范的开发方式和手段，引导相关行业企业积极开发职业标准和评价规范；将数字技能内容融入到职业技能标准和评价规范中。

（十四）推进数字技能相关职业的技能等级认定工作；引入数字技术，创新评价方式。

（十五）修订职业分类大典，对数字技能类职业进行标注。

五、积极开展数字技能类职业技能竞赛

（十六）举办全国新职业技能大赛，优先考虑设置数字技能相关赛项。

（十七）举办全国行业职业技能竞赛，重点支持举办数字技能相关赛事。

（十八）指导各地在举办职业技能竞赛时，设立数字技能相关赛项。

六、提升数字技能人才培养基础能力建设

（十九）建设一批具有数字技能培养优势的高技能人才培训基地。

（二十）建设一批数字技能相关领域的技能大师工作室。

（二十一）遴选培育一批数字技能培育优质技工院校。

（二十二）遴选推荐一批互联网职业培训平台。

（二十三）打造一批功能突出、资源共享的区域性数字技能公共实训基地，全面提升数字技能实训能力。

（二十四）定期发布数字技能类职业就业、职业培训和岗位需求情况。

其他部门文件

财政部　人力资源社会保障部关于印发《就业补助资金管理办法》的通知

财社〔2023〕181号

各省、自治区、直辖市、计划单列市财政厅（局）、人力资源社会保障厅（局），新疆生产建设兵团财政局、人力资源社会保障局：

为推动实施就业优先战略，落实各项就业创业扶持政策，规范就业补助资金管理，提高资金使用效益，我们对《就业补助资金管理办法》（财社〔2017〕164号）进行了修订。现予印发，请遵照执行。

附件：就业补助资金管理办法

财政部

人力资源社会保障部

2023年12月20日

附件

就业补助资金管理办法

第一章 总 则

第一条 为推动实施就业优先战略，落实各项就业创业扶持政策，规范就业补助资金管理，提高资金使用效益，根据《中华人民共和国预算法》、《中华人民共和国就业促进法》、《中华人民共和国预算法实施条例》、《中共中央 国务院关于全面实施预算绩效管理的意见》、《国务院办公厅关于印发基本公共服务领域中央与地方共同财政事权和支出责任划分改革方案的通知》（国办发〔2018〕6号）等相关法律法规和规定，制定本办法。

第二条 本办法所称就业补助资金是由县级以上人民政府设立，由本级财政部门会同人力资源社会保障部门管理，通过一般公共预算安排用于促进就业创业的专项资金。

第三条 就业补助资金管理应遵循以下原则：

（一）注重普惠，重点倾斜。落实国家普惠性的就业创业扶持政策，重点支持就业困难群体就业创业，中央财政就业补助资金分配适度向中西部地区、就业工作任务重地区倾斜，促进各类劳动者公平就业，推动地区间就业协同发展。

（二）奖补结合，激励相容。优化机制设计，奖补结合，充分调动各级政策执行部门、政策对象等积极性。

（三）科学合理，提升质效。提高政策可操作性和精准性，优化资金支出方向，加强监督与控制，以绩效导向、结果导向强化就业补助资金管理，并结合就业形势和工作任务变化对政策进行动态调整。

第二章 资金支出范围

第四条 就业补助资金分为对个人和单位的补贴、公共就业服务能力建设补助两类。

对个人和单位的补贴资金用于职业培训补贴、职业技能评价补贴、就业见习补贴、一次性求职补贴、一次性创业补贴、社会保险补贴、公益性岗位补贴及其他支出；公共就业服务能力建设补助资金用于就业创业服务补助和高技能人才培养补助及其他支出。

同一项目就业补助资金补贴与失业保险补贴有重复的，个人和单位不可重复享受。

第五条 享受职业培训补贴的人员范围包括：防止返贫监测对象、毕业年度高校毕业生（含技工院校高级工班、预备技师班、技师班和特殊教育院校职业教育类毕业生，下同）、城乡未继续升学的应届初高中毕业生、农村转移就业劳动者、城镇登记失业人员、就业困难人员等（以下统称六类人员），以及符合条件的企业职工。

职业培训补贴用于以下方面：

（一）六类人员就业技能培训和创业培训。对参加就业技能培训和创业培训的六类人员，培训后取得符合规定证书的（包括职业资格证书、职业技能等级证书、专项职业能力证书、培训合格证书，下同），给予一定标准的职业培训补贴。各地应精准对接产业发展和培训对象需求，定期发布急需紧缺职业（工种）指导目录，对指导目录内的职业培训，可适当提高补贴标准。对为城乡未继续升学的应届初高中毕业生垫付劳动预备制培训费的培训机构，给予一定标准的职业培训补贴。其中农村学员和城市低保家庭学员参加劳动预备制培训的，可给予一定标准的生活费补贴。

（二）符合条件的企业职工岗位技能培训。对企业新录用的六类人员，与企业签订1年以上期限劳动合同，并于签订劳动合同之日起1年内参加由企业依托所属培训机构或政府认定的培训机构开展岗位技能培训，培训后取得证书的给予职工个人或企业一定标准的职业培训补贴。对按国家有关规定参加企业新型学徒制培训、技师培训的企业在职职工，培训后取得证书的，给予职工个人或企业一定标准的职业培训补贴。

（三）符合条件人员项目制培训。各地人力资源社会保障、财政部门可按规定通过项目制方式，向培训机构整建制购买就业技能培训或创业培训服务，按规定对国家重大改革中的失业人员开展职业技能培训，对承担项目制培训任务的培训机构，给予一定标准的职业培训补贴。

职业培训补贴实行“先垫后补”和“信用支付”等办法，每人累计最多享受3次。有条件的地区可探索为培训对象建立职业培训个人信用账户，鼓励培训对象自主选择培训机构和课程，并通过信用账户支付培训费用。

第六条 对通过初次职业技能评价并取得符合规定证书（包括职业资格证书、职业技能等级证书、专项职业能力证书，不含培训合格证）的六类人员，给予职业技能评价补贴。对纳入重点产业职业资格评价和职业技能等级认定目录的职业工种，可适当提高补贴标准。每人累计最多享受3次，同一职业（工种）不得重复享受。

第七条 享受就业见习补贴的人员范围为离校2年内未就业高校毕业生和16~24岁登记失业青年。对吸纳就业见习的单位，给予一定标准的就业见习补贴，用于见习单位支付见习人员见习期间基本生活费、为见习人员办理人身意外伤害保险，以及对见习人员的指导管理费用。对见习人员见习期满留用率达到50%以上的单位，可适当提高见习补贴标准。

第八条 对在毕业学年积极求职创业的低保家庭、零就业家庭、防止返贫监测对象家庭和特困人员中的高校毕业生，残疾及获得国家助学贷款的高校毕业生，给予一次性求职补贴。

第九条 对首次创办小微企业或从事个体经营，且所创办企业或个体工商户自工商登记注册之日起正常运营 1 年以上的离校 2 年内高校毕业生、就业困难人员、返乡入乡农民工，可给予一次性创业补贴。

第十条 享受社会保险补贴的人员范围包括：符合《中华人民共和国就业促进法》规定的就业困难人员和高校毕业生。

社会保险补贴用于以下方面：

（一）就业困难人员社会保险补贴。对招用就业困难人员并缴纳社会保险费的单位，以及通过公益性岗位安置就业困难人员并缴纳社会保险费的单位，按其为就业困难人员实际缴纳的基本养老保险费、基本医疗保险费和失业保险费给予补贴，不包括就业困难人员个人应缴纳的部分。对就业困难人员灵活就业后缴纳的社会保险费，给予一定数额的社会保险补贴，补贴标准原则上不超过其实际缴费的 2/3。就业困难人员社会保险补贴期限，除对距法定退休年龄不足 5 年的就业困难人员可延长至退休外，其余人员最长不超过 3 年（以初次核定其享受社会保险补贴时年龄为准）。

（二）高校毕业生社会保险补贴。对招用毕业年度和离校 2 年内未就业高校毕业生，与之签订 1 年以上劳动合同并为其缴纳社会保险费的小微企业，给予最长 1 年的社会保险补贴，不包括高校毕业生个人应缴纳的部分。对离校 2 年内未就业的高校毕业生灵活就业后缴纳的社会保险费，给予一定数额的社会保险补贴，补贴标准原则上不超过其实际缴费的 2/3，补贴期限最长不超过 2 年。

第十一条 享受公益性岗位补贴的人员范围为就业困难人员，重点是其中的大龄失业人员和零就业家庭人员。

对公益性岗位安置的就业困难人员给予岗位补贴，补贴标准参照当地最低工资标准执行。

公益性岗位补贴期限，除对距法定退休年龄不足 5 年的就业困难人员可延长至退休外，其余人员最长不超过 3 年（以初次核定其享受公益性岗位补贴时年龄为准）。

对公益性岗位补贴期满后仍难以通过其他渠道实现就业的大龄就业困难人员、零就业家庭中的就业困难人员、重度残疾人等，可再次按程序通过公益性岗位予以安置，岗位补贴和社会保险补贴期限重新计算，并报送省级人力资源社会保障、财政部门备案，累计安置次数不超过 2 次。

第十二条 就业创业服务补助用于加强公共就业创业服务机构服务能力建设。

县级以上人力资源社会保障、财政部门可通过就业创业服务补助资金，支持公共就业服务机构加强就业信息网络系统建设及维护。对于基层公共就业服务机构（含政府设立的家门口就业服务站、零工驿站等）承担的免费公共就业服务和创业孵化基地开展的创业孵化服务，可根据工作量、专业性和成效等，给予一定的补助。对公共就业创业服务机构及其与高校开展的招聘活动和创业服务，可根据服务人数、成效和成本等，给予一定的补助。

县级以上人力资源社会保障、财政部门可按政府购买服务相关规定，向社会购买基本就业创业服务，具体范围和办法由省级人力资源社会保障、财政部门确定。

第十三条 高技能人才培养补助重点用于高技能人才培训基地建设和技能大师工作室建设等支出。

各地可结合区域经济发展、产业振兴发展规划和新兴战略性产业发展的需要，依托企业、院校、职业培训机构等具备高技能人才培训能力的单位，建设高技能人才培训基地，重点开展高技能人才研修提升培训、高技能人才评价、高技能人才课程研发、高技能人才成果交流等活动。

各地可发挥高技能领军人才在带徒传技、技能攻关、技艺传承、技能推广等方面的重要作用，选拔行业企业生产和服务一线的优秀高技能人才，依托其所在单位建设技能大师工作室，开展培训、研修、攻关、交流等技能传承提升活动。

高技能人才培养补助资金使用具体范围由省级人力资源社会保障、财政部门结合实际情况，按现行规定确定。

第十四条 其他支出是指经国务院批准同意，财政部、人力资源社会保障部根据就业形势变化新增的就业创业扶持政策支出，以及各地在确保国家确定的各项就业补贴政策落实到位的基础上，经省级人民政府批准，符合国家就业政策导向、与促进重点群体就业创业直接相关、现有补贴政策无法覆盖的就业创业扶持政策支出。

其他支出应当符合转移支付相关管理规定。

第十五条 就业补助资金中对个人和单位的补贴资金的具体标准，在符合以上原则规定的基础上，由省级人力资源社会保障、财政部门结合当地实际确定。各地应合理确定并科学控制公益性岗位补贴占比，严格控制就业创业服务补助和其他支出比例。

第十六条 就业补助资金不得用于以下支出：

（一）办公用房、职工宿舍建设及维修，交通工具购置及运维支出。

（二）发放工作人员工资、津贴补贴等支出。

（三）“三公”经费支出。

（四）普惠金融项下创业担保贷款（原小额担保贷款）贴息及补充创业担保贷款基金相关支出。

（五）办公设备及耗材、报刊书籍订阅、走访慰问等支出。

（六）赛事组织实施经费、奖金等支出。

（七）按规定应由其他财政资金渠道安排的支出。

（八）法律法规禁止的其他支出。

不得对机关事业单位在编人员发放本办法中的补贴。

个人、单位按照本办法申领获得的补贴资金，具体用途可由申请人或申请单位确定，不受本条规定限制。

第三章　资金分配与下达

第十七条　财政部、人力资源社会保障部分配中央财政就业补助资金，采用因素法与项目法相结合的方式。

因素法分配的资金，根据地区经济社会发展水平及财力实际状况，在东部地区和中西部地区之间进行划分后，再按照因素法分配。东部地区与中西部地区具体划分比例根据年度就业整体形势和就业工作任务等确定。东部地区包括北京、上海、江苏、浙江、福建、山东、广东 7 省（市）。

对人力资源社会保障部、财政部评选的促进就业工作先进地区，在分配中央财政就业补助资金时予以适当支持。

项目法分配的资金采取竞争性评审的方式确定支持对象。

第十八条　财政部、人力资源社会保障部因素法分配的因素包括基础因素、投入因素、工作成果因素和重点工作因素四类，并通过绩效调节系数和财力调节系数进行调节。其中：

（一）基础因素权重为 35%，设置劳动力人口等指标，重点考虑就业工作任务量。

（二）投入因素权重为 15%，设置地方政府就业补助资金的安排使用等指标，重点考虑地方投入力度和预算执行情况，引导地方加大投入，加快预算执行。

（三）工作成果因素权重为 15%，设置城镇新增就业情况等指标，重点考虑就业工作成果完成情况。

（四）重点工作因素权重为 35%，根据当年度就业工作重点任务设置具体指标。

每年分配资金选择的因素、权重、方式及增减幅上下限，可根据年度就业整体形势和工作任务重点适当调整。

绩效调节系数和财力调节系数分别通过绩效评价结果和财政困难程度系数确定。

地方财政、人力资源社会保障部门可结合实际确定具体分配方式。

第十九条　在因素法分配中央财政就业补助资金时，人力资源社会保障部负责会同有关部门提供资金测算需要的与就业相关的基础数据、绩效评价结果和资金分配建议。财政部负责收集汇总资金结转结余、预算执行、财政困难程度系数等业务相关数据。地方各级人力资源社会保障、财政部门向上级单位报送分配资金相关基础数据时，要明确分工、压实责任，加强审核把关。各单位按照“谁提供、谁负责”的原则，对所提供数据的准确性、完整性、及时性负责。

第二十条　地方可对公共就业服务能力建设补助资金中的高技能人才培养补助资金，实行项目管理，各地人力资源社会保障部门应编制高技能人才培养中长期规划，确定本地区支持的高技能人才重点领域。

各省级人力资源社会保障部门每年需会同财政部门组织专家对地方申报的国家级高

技能人才培养项目进行评审，评审结果需报人力资源社会保障部、财政部备案，省级财政部门会同人力资源社会保障部门根据备案结果给予分类分档补助。

第二十一条 财政部会同人力资源社会保障部于每年10月31日前将下一年度中央财政就业补助资金预计数下达至各省级财政、人力资源社会保障部门，抄送财政部各地监管局；每年在全国人民代表大会审查批准中央预算后30日内正式下达中央财政就业补助资金预算。各省级财政、人力资源社会保障部门应在收到中央财政就业补助资金预算后30日内，正式下达到市、县级财政部门和人力资源社会保障部门，并将资金分配情况抄送财政部当地监管局。

地方各级财政、人力资源社会保障部门在收到中央财政转移支付预算时，应核对无误后再下达。如发现问题，应立即向上级财政、人力资源社会保障部门报告。地方不得擅自分配处置存疑的转移支付资金。

地方各级财政、人力资源社会保障部门应对其使用的就业补助资金提出明确的资金管理要求，及时组织实施各项就业创业政策。

第二十二条 各级人力资源社会保障、财政部门应对就业补助资金全面实施预算绩效管理，按照财政部关于转移支付预算绩效目标管理的规定，做好绩效目标的设定、审核、下达工作；建立全过程预算绩效管理链条，强化绩效目标管理，做好绩效运行监控和绩效评价；加强绩效结果应用，加大绩效信息公开力度，提高资金配置效率和使用效益。

第四章 资金管理与监督

第二十三条 地方各级人力资源社会保障部门要在坚持转变政府职能、提高行政效能的基础上，梳理并公开本地区就业补贴政策清单，明确申请材料、申领流程、经办渠道、办理时限。

地方各级人力资源社会保障、财政部门应及时受理各类单位和个人的申请，尽快完成材料审核和资金拨付等工作，并定期对账。做好就业补助资金使用管理的基础工作，加强事中事后监管，有效甄别享受补贴政策人员和单位的真实性，防范出现造假行为，对补贴金额大、人数多、期限长的补贴对象加强核查抽查，防范出现造假行为。

地方各级人力资源社会保障、财政部门应按规定加强信息化建设，依托全省集中的就业信息平台，将补贴申请、受理、审核、拨付纳入系统管理。对能依托信息系统或与相关单位信息共享、业务协同获得的信息和资料，不再要求提供纸质材料，对面向个人的补贴，具备条件的可通过社会保障卡发放。

第二十四条 中央财政就业补助资金按规定直达市县基层，严格按照国库集中支付管理制度相关规定支付。资金使用过程中，涉及政府采购的，应按照政府采购有关法律法规及制度执行。

各级财政、人力资源社会保障部门应加快预算执行进度，及时拨付到位，盘活存量资金，提高资金使用效益，结转结余资金管理按照财政部有关规定执行。

第二十五条 地方各级财政、人力资源社会保障部门应建立健全财务管理规章制度，强化内部财务管理，严格按照财务管理规定，落实岗位设置权限分设和权限不相容要求，优化业务流程，加强内部风险防控。

第二十六条 各级财政、人力资源社会保障部门应将就业补助资金管理使用情况列入重点监督检查范围，主动开展自查、互查、交叉检查或委托开展第三方检查，自觉接受审计等部门的检查和社会监督。

第二十七条 地方各级财政、人力资源社会保障部门应按照财政预决算管理的总体要求，做好年度预决算工作，并按要求向社会公开。

第二十八条 各级人力资源社会保障、财政部门应做好信息公开工作，通过当地媒体、部门网站等向社会公开年度就业工作总体目标、工作任务完成、各项补贴资金的使用等情况。

各项补贴资金的使用情况公开内容包括：享受各项补贴的单位名称或人员名单（含隐藏部分位数的身份证号码）、补贴标准及具体金额等。其中，公益性岗位补贴还应公开公益性岗位名称、设立单位、安置人员名单、享受补贴时间等；一次性求职补贴应在发放前在校内公示。

各级人力资源社会保障、财政部门应严格遵守国家有关个人信息保护的法规制度，既保证资金使用公开透明，又避免个人敏感信息泄露。

第二十九条 各级财政、人力资源社会保障部门应建立就业补助资金“谁使用、谁负责”的责任追究机制。

各级财政、人力资源社会保障部门及其工作人员在就业补助资金的分配审核、使用管理等工作中，存在违反本办法规定的行为，以及其他滥用职权、玩忽职守、徇私舞弊等违法违规行为的，依法追究相应责任。涉嫌犯罪的，依法移送有关机关处理。

对疏于管理、违规使用资金的地方，中央财政将相应扣减其下一年度中央财政就业补助资金；情节严重的，取消其下一年度获得中央财政就业补助资金的资格，并在全国范围内予以通报。

第五章 附 则

第三十条 本办法由财政部、人力资源社会保障部负责解释。

省级财政、人力资源社会保障部门应根据各地实际情况，依照本办法制定就业补助资金管理和使用的具体实施办法。

第三十一条 中央财政就业补助资金相关支出实施期限至2025年。到期前，人力资源社会保障部会同财政部根据有关法律、行政法规和国务院相关规定及工作需要，组织开展绩效评估，根据评估结果确定是否延续补助政策及延续期限。

第三十二条 本办法自发布之日起施行。《财政部　人力资源社会保障部关于印发〈就业补助资金管理办法〉的通知》（财社〔2017〕164号）、《财政部　人力资源社会保障部关于〈就业补助资金管理办法〉的补充通知》（财社〔2019〕122号）、《财政部　人力资源社会保障部关于〈就业补助资金管理办法〉的补充通知》（财社〔2021〕89号）同时废止。

住房城乡建设部　人力资源社会保障部
关于加强乡村建设工匠培训和管理的指导意见

建村规〔2023〕5号

各省、自治区住房城乡建设厅、人力资源社会保障厅，直辖市住房城乡建设（管）委、人力资源社会保障局，新疆生产建设兵团住房城乡建设局、人力资源社会保障局：

为深入贯彻习近平总书记关于推动乡村人才振兴的重要指示精神，落实党中央、国务院有关决策部署，大力培育乡村建设工匠（以下简称工匠）队伍，更好服务农房和村庄建设，现就加强工匠培训和管理提出如下意见。

一、总体要求

（一）指导思想

以习近平新时代中国特色社会主义思想为指导，全面贯彻党的二十大精神，坚持以人民为中心的发展思想，统筹发展和安全，建立和完善工匠培训和管理工作机制，提高工匠技能水平和综合素质，培育扎根乡村、服务农民的工匠队伍，为提高农房质量安全水平、全面实施乡村建设行动提供有力人才支撑。

（二）工作原则

全面提升能力。因地制宜、因材施教，将工匠个体培训和工匠队伍培育相结合，畅通工匠学习、晋级渠道，激发内生动力，促进工匠职业技能与综合素质同步提升。

服务乡村建设。坚持面向乡村、服务农民，支持引导工匠依法依规承揽农房和农村小型工程项目，为工匠就地就近就业创业提供条件和机会。

培育管理并重。坚持培育服务和规范管理相结合，完善工匠培养、管理、使用、激励等政策措施，为工匠提供教育培训、就业创业、社会保障等公共服务，提高工匠的责任意识和安全意识。

统筹协调推进。坚持上下联动、部门协同、分级负责的工作机制，充分调动行业和社会力量，形成工作合力，推动工匠培训和管理工作取得实效。

（三）工作目标

到2025年，基本建立工匠职业体系、职业标准体系、培训考核评估体系，工匠技能培训和队伍培育管理工作进一步规范，农房质量安全水平得到普遍提升。

到2035年，工匠队伍结构进一步优化，工匠技能水平和综合素质大幅提升，工匠技能培训和队伍培育管理工作机制基本完善，工匠成为农房和村庄建设的重要人才支撑。

二、扎实开展乡村建设工匠培训

（一）编制培训教材。住房城乡建设部会同人力资源社会保障部依据《乡村建设工匠国家职业标准》，编制培训大纲、通用教材，省级部门根据培训大纲、通用教材组织开展适用本地区的专用培训教材开发。丰富培训形式，坚持理论教学与实训教学相结合、线上线下相结合、专项培训与系统培训相结合。

（二）建设培训基地。地方各级住房城乡建设、人力资源社会保障部门要充分利用职业院校和社会培训机构建立工匠培训基地和网络培训平台，设区城市至少建立1个工匠培训基地。地方各级住房城乡建设部门定期对培训基地开展检查评估。各培训基地要充实师资力量，鼓励具有丰富从业经验的技师、高级技师参与培训授课，以“师带徒”方式传授技艺，注重师资培养，定期组织教师学习，培养一支相对稳定的工匠培训教师队伍。

（三）建立轮训制度。地方各级住房城乡建设、人力资源社会保障部门要积极构建覆盖工匠职业生涯全过程的终身职业技能培训制度，对本行政区域内工匠每3年至少轮训1次。工匠培训机构按规定核发培训合格证书，省级住房城乡建设部门负责归集工匠培训信息。

（四）提升培训实效。各级住房城乡建设部门应规范培训内容、督导培训效果。在培训建筑识图、建筑选材、建筑风貌、施工建造专项技能的同时，鼓励“一专多能”，跨工种参加培训。引导工匠熟练掌握具有地域特色农房建造技术，指导工匠学习掌握农房新型建造技术。要注重“乡村建设带头工匠”综合素质的提高，培养法治意识和项目管理能力。

（五）开展考核评价。省级住房城乡建设部门会同人力资源社会保障部门按照国家职业标准，依托人力资源社会保障部门遴选备案的用人单位和社会培训评价组织开展工匠职业技能等级认定工作，确保评价过程科学合理、客观公正。省级人力资源社会保障部门负责本行政区域考核评价的统筹管理和综合监管；省级住房城乡建设部门加强本行业领域考核评价的技术指导、质量督导和服务支持，保证评价质量。

三、积极培育乡村建设工匠队伍

（一）优化工匠队伍结构。积极扩展人力资源，鼓励引导各类返乡人才从事工匠职业，不断优化工匠的年龄结构和知识结构。

（二）建立工匠管理名录。地方各级住房城乡建设部门应当建立本行政区域内工匠名录。工匠名录应包括工匠基本信息、培训情况、工程业绩、技能等级认定、奖罚情况、信用评级，也包括由工匠组建的施工班组、合作社和合伙制企业等工匠队伍情况。

（三）规范工匠队伍建设。注重培育具有丰富实操经验、较高专业技术技能水平和管理能力的“乡村建设带头工匠”，鼓励引导“乡村建设带头工匠”组建施工班组、合作社、合伙制企业等，推动工匠队伍的职业化、专业化和规范化。

四、加强乡村建设工匠管理

（一）强化质量安全责任意识。省级住房城乡建设部门会同有关部门统一编制农房和农村小型工程项目施工合同范本。工匠、施工班组、合作社、合伙制企业依法依规承接农房或农村小型工程项目时，应当与建设单位签订施工合同。工匠依照法律法规和合同约定履行承建项目质量安全责任。

（二）加强工匠施工行为监管。地方各级住房城乡建设部门要规范工匠从业行为，加强日常管理。工匠应当遵守国家法律法规，严格执行农房和农村小型工程项目建设相关标准规范和操作规程，不得承揽未经依法审批的建设项目；不得偷工减料或者使用不符合工程质量要求的建筑材料和建筑构配件。

（三）开展工匠信用评价。地方各级住房城乡建设部门应向社会公布工匠相关信息，建立工匠信用评价系统，积极引导建房农户或建设单位选择信誉良好、技术过硬的工匠依法依规承建农房或农村小型工程项目，形成良性市场竞争和正向激励机制。

五、工作保障

（一）加强组织领导。各地要高度重视工匠培训和管理工作，将加强工匠培训和管理作为提升农房品质的重要抓手。各级住房城乡建设部门负责健全工匠培训和管理相关制度，认真组织实施，做好工匠培训和管理等日常工作。各级人力资源社会保障部门要按照职业培训管理要求，加强工作指导，做好支持配合。

（二）保障工匠权益。引导工匠参与农村危房改造、农房抗震改造、农房节能改造以及农房安全日常巡查等工作。强化乡村建设工匠队伍自律自治，支持各地依法依规成立工匠行业协会，为工匠提供政策、法律、技术等方面的支持和服务。引导工匠按规定参加社会保险，鼓励以个人名义自愿缴纳人身保险。常态化开展岗位练兵、技术比武等活动，增强工匠的职业认同感、荣誉感和责任感。

（三）加强宣传引导。加强工匠职业和相关政策法规的宣传，充分利用各类媒体，宣传工匠先进典型和优秀工程案例，营造全社会尊重工匠、尊重劳动的社会氛围。

住房城乡建设部

人力资源社会保障部

2023 年 12 月 20 日

国家乡村振兴局　教育部　工业和信息化部　人力资源社会保障部　住房城乡建设部　农业农村部　文化和旅游部　全国妇联　关于推进乡村工匠培育工作的指导意见

国乡振发〔2022〕16 号

各省、自治区、直辖市乡村振兴局、协作（对口）办、教育厅（局）、工业和信息化厅（局）、人力资源社会保障厅（局）、住房城乡建设厅（局）、农业农村（农牧）厅（局、委）、文化和旅游厅（局）、妇联：

为深入贯彻党的二十大精神，认真落实习近平总书记关于推动乡村人才振兴的重要指示精神，按照《中共中央办公厅、国务院办公厅印发〈关于加快推进乡村人才振兴的意见〉的通知》相关要求，现就加快推进乡村工匠培育工作提出如下意见。

一、总体要求

（一）指导思想。以习近平新时代中国特色社会主义思想为指导，全面贯彻党的二十大精神，认真落实党中央、国务院决策部署，围绕巩固拓展脱贫攻坚成果、全面推进乡村振兴，建立和完善乡村工匠培育机制，挖掘培养一批、传承发展一批、提升壮大一批乡村工匠，激发广大乡村手工业者、传统艺人创新创造活力，带动乡村特色产业发展，促进农民创业就业，为乡村全面振兴提供重要人才支撑。

（二）基本原则。

1. 传承优秀传统文化。广泛发掘传统技艺技能人才，维护和弘扬传统技艺所蕴含的文化精髓和价值，活态传承发展优秀传统乡土文化，展现新魅力、新风采，促进乡村文化振兴。

2. 服务产业就业。尊重市场规律，把握产业发展趋势，激发乡村工匠队伍活力，发挥辐射带动作用，引导助力创业就业，打造乡村工匠品牌，带动群众稳定增收，促进乡村产业振兴。

3. 弘扬工匠精神。弘扬敬业、精益、专注、创新等工匠精神内涵，营造尊重劳动、尊重人才、尊重创造的良好环境，提高乡村技术技能人才社会地位，促进乡村人才振兴。

4. 统筹协调推进。坚持中央统筹、省负总责、市县乡抓落实，构建上下联动、部门协同、分级负责的乡村工匠推进机制。动员社会力量，集聚各方资源，形成参与广泛、优势互补、共建共享的工作格局。

5. 因地因人制宜。坚持实事求是，立足本地资源、特色产业优势，顺应乡土人才成长规律，挖掘培育乡村各类技能人才，分类分层精准施策，激发乡村工匠内生动力，促进技能乡村建设。

（三）目标任务。“十四五”期间，乡村工匠培育、支持、评价、管理体系基本形成，乡村振兴部门统筹、多部门协同推进的乡村工匠培育工作机制有效运行。挖掘一批传统工艺和乡村手工业者，认定若干技艺精湛的乡村工匠，遴选千名乡村工匠名师、百名乡村工匠大师，培育一支服务乡村振兴的乡村工匠队伍。设立一批乡村工匠工作站、名师工作室、大师传习所，扶持乡村工匠领办创办特色企业，打造乡村工匠品牌。

二、认定条件和程序

（一）范围。乡村工匠主要为县域内从事传统工艺和乡村手工业，能够扎根农村，传承发展传统技艺、转化应用传统技艺，促进乡村产业发展和农民就业，推动乡村振兴发展的技能人才。目前，主要从刺绣印染、纺织服饰、编织扎制、雕刻彩绘、传统建筑、金属锻铸、剪纸刻绘、陶瓷烧造、文房制作、漆器髹饰、印刷装裱、器具制作等领域中产生。各地可结合实际拓展认定范围。

（二）资格。乡村工匠应具备以下条件：爱党爱国、遵纪守法、品行端正、德艺双馨、个人信用记录良好；能传承工匠精神，从事本行业及相关产业 5 年以上，在本行业内有一定影响，带动当地乡村产业发展和农民就业增收效果明显的乡村手工业者、传统艺人和非遗传承人等。乡村工匠名师原则上从乡村工匠中产生，技艺精湛、业内有一定知名度、对技艺传承和产业发展作出一定贡献。乡村工匠大师原则上从乡村工匠名师中产生，在行业内享有盛誉、对促进传统工艺发展振兴作出突出贡献，带动县域特色产业发展成效明显。

（三）规模。乡村工匠、省级乡村工匠名师规模，由各省（区、市）根据实际情况确定。国家级乡村工匠名师、大师规模每年由国家乡村振兴局与教育、工业和信息化、人力资源社会保障、住房城乡建设、农业农村、文化和旅游、全国妇联等相关部门共同商定。

（四）程序。乡村工匠由本人申请或组织推荐，市县乡村振兴部门分别会同相关部门进行资格审核，采取技能比赛、综合评价等方式评选，公示后认定。省级乡村工匠名师由各省（区、市）自行组织认定，报国家乡村振兴局备案。国家级乡村工匠名师和大师由国家相关部门和各省（区、市）推荐，国家乡村振兴局组织评审复核，公示公告后认定。

三、重点工作

（一）挖掘乡村工匠资源。各地结合本地实际，挖掘县域内有传承基础、规模数量、市场需求、社会价值、发展前景的传统工艺。发现一批有培养潜力的乡村手工业者、传统艺人，认定一批技艺精湛、带动产业发展能力强的乡村工匠，建立省市县目录清单，实施动态管理。

（二）构建多元乡村工匠培育机制。各地可结合实际，鼓励支持乡村工匠设立乡村工匠工作站、名师工作室、大师传习所，开展师徒传承，传授传统技艺。各地各部门可结合实际制定专项研培计划，提升工匠技艺水平与创新能力。各行业部门要统筹各类资源，对乡村工匠开展技艺提升、主体创办、品牌打造、电商营销等能力提升培训。相关高校、职业院校要加强传统工艺特色专业建设，开发精品课程，开展学历和非学历提升教育培训，培养传统工艺专业人才。鼓励和支持聘请乡村工匠名师、大师进学校、进课堂，构建传统工艺传承教育体系，弘扬优秀传统文化。动员社会力量开展乡村工匠培训、交流，带动更多人员参与，厚植社会基础，提高乡村工匠的职业认可度、影响力。

（三）实施“双百双千”培育工程。“十四五”期间，全国推出百名乡村工匠大师，鼓励设立百个大师传习所；遴选千名乡村工匠名师，鼓励设立千个名师工作室。着力打造一批技艺技能水平精湛、带动产业就业作用明显、善经营会管理的高素质乡村工匠名师和乡村工匠大师队伍。积极探索乡村工匠特色学徒制，依托名师工作室和大师传习所，开展师徒传承、提升乡村工匠技艺、创作传统工艺精品、转化技艺研究成果，发挥乡村工匠领军人才作用，传承发展创新传统技艺，带动特色产业发展，稳定就业增收，为推动乡村振兴提供人才保障。

（四）支持创办特色企业。鼓励各地围绕乡村振兴战略，打造一批“工匠园区”，结合当地实际成立乡村工匠产业孵化基地，打造众创空间。扶持一批基础条件好、有一定经营规模的就业帮扶车间、非遗工坊、妇女手工基地等转型升级、发展壮大。培育乡村传统工艺龙头企业与新型经营主体，推动县域特色产业高质量发展。支持乡村工匠自主创业，领办创办特色企业。健全乡村工匠创办的经营主体与农户利益联结机制，发挥其促进就业、带动增收的作用。

（五）打造乡村工匠品牌。鼓励文化和旅游企业、相关高校、职业院校、科研院所和社会组织等与乡村工匠合作，传承发展、守正创新，出精品、树品牌。鼓励各地通过开展技能比赛、产品展览展示等活动，加大乡村工匠品牌宣传推介力度，提升品牌公信力，扩大市场占有率。定期推出乡村工匠知名品牌，讲好品牌故事，提升品牌价值。

（六）完善乡村工匠评价体系。各地要制定适合本地发展的与乡村工匠相关职业（工种）评价办法和评价标准，建立健全具有地域特点的乡村工匠技能分类分级评价体系，纳入人力资源社会保障部门的技能认定体系。鼓励制定符合乡村工匠特点的技能评价标准条件和程序，建立以实操能力为导向，实用技能为重点，注重职业道德和知识水平，结合业绩贡献、经济社会效益和示范带动作用的多层次综合评价方式。

四、激励措施

（一）支持乡村工匠培育。各地各部门要结合实际和职能，充分发挥各类教育培训资源作用，支持乡村工匠培育工作。鼓励乡村手工业者、乡村工匠参加人力资源社会保障部门组织的专项职业能力培训考核。组织动员符合条件的乡村工匠参加教育、人力资源社会保障、农业农村、文化和旅游等有关部门组织的教育培训活动。对参加教育培训的脱贫人口、防止返贫监测对象、高校毕业生等，符合条件的按规定给予支持。

（二）扶持发展特色产业。统筹利用金融、保险、用地等产业帮扶政策，支持乡村工匠发展特色企业。对乡村工匠和乡村工匠名师、大师领办创办的传统工艺特色产业发展项目，经严格论证审批符合条件的，纳入巩固拓展脱贫攻坚成果和乡村振兴项目库，在县级政府门户网站主动公开。对乡村工匠领办创办的乡村工匠工作站、名师工作室、大师传习所开展师徒传承、研习培训、示范引导、精品创作、组织实施传统工艺特色产业项目等，按规定统筹使用东西部协作资金、定点帮扶资金等现有资金政策给予支持；对符合条件的脱贫人口、防止返贫监测对象按规定落实就业帮扶政策。鼓励各地结合实际，出台扶持乡村工匠发展产业、带动就业的支持政策。

（三）加大人才支持力度。支持鼓励返乡青年、职业院校毕业生、大学生、致富带头人等群体参加乡村工匠技能培训，列入乡村工匠后备人才库。鼓励符合条件的乡村工匠参加职称评审，文化和旅游部门优先将符合条件的乡村工匠纳入非物质文化遗产代表性传承人、乡村文化和旅游带头人评选范围，妇联可按照有关规定在进行城乡妇女岗位先进集体（个人）评选表彰活动时对乡村工匠适当倾斜。在全国乡村振兴职业技能大赛、巾帼创新创业大赛等比赛中设置乡村工匠大师、名师展示环节。

五、组织实施

（一）加强组织领导。各地各部门要高度重视乡村工匠培育工作，将其作为乡村人才振兴重要内容，制定工作方案，统筹各方力量，落实相关工作。各级乡村振兴部门要具体组织、统筹实施乡村工匠培育工作，负责制定年度工作计划，组织协调乡村工匠培育认定等工作，会同有关部门开展日常管理监测。各级教育、工业和信息化、住房城乡建设、农业农村、文化和旅游、妇联等部门负责本领域乡村手工业者、传统艺人挖掘摸排和乡村工匠组织推荐、资格审核、评选认定，落实相关支持政策。

（二）建立工作机制。成立乡村工匠培育工作推进小组，由国家乡村振兴局牵头，教育、工业和信息化、人力资源社会保障、住房城乡建设、农业农村、文化和旅游、全国妇联等部门参加，研究乡村工匠培育政策措施，制定年度工作计划，协调推进乡村工匠名师、大师评选组织、赛事举办、资格认定等事宜。

（三）强化监测评估。各地乡村振兴部门要开展动态监测评估，对乡村工匠技艺传承、促进就业、品牌培育、带动特色产业发展等进行评估，加强日常管理。建立动态调整机制，对严重违法违纪违规、造成恶劣影响的，违反职业道德、弄虚作假的，不再从事技艺传承、不带动农民就业增收发展产业的，予以清理退出；对符合条件的及时认定纳入。健全评选监督、回避机制，确保评选过程阳光透明。引导乡村工匠注重保护知识产权，保障产品质量安全。加强资金使用监管与绩效管理，将乡村工匠带动发展特色产业实绩作为乡村工匠认定、评优晋级的主要依据。

（四）加大宣传力度。充分利用各类媒体平台，宣传乡村工匠培育政策，激励城乡劳动者积极参与。策划举办乡村工匠主题宣传活动，选树一批乡村工匠先进典型，传播技能文化，弘扬工匠精神，营造良好的舆论导向和社会氛围。

国家乡村振兴局　教育部　工业和信息化部

人力资源社会保障部　住房城乡建设部

农业农村部　文化和旅游部　全国妇联

2022 年 11 月 14 日

国家邮政局　人力资源社会保障部关于印发《邮政快递业职业技能提升工程实施方案》的通知

国邮发〔2022〕31号

各省、自治区、直辖市邮政管理局、人力资源社会保障厅（局），中国邮政集团有限公司、各主要快递企业：

为贯彻党的十九大、十九届历次全会和中央人才工作会议精神，落实党中央、国务院关于加强技能人才队伍建设的决策部署，实现邮政快递业技能人才建设与人力资源社会保障部等四部委《“十四五”职业技能培训规划》和人力资源社会保障部《“技能中国行动”实施方案》有效衔接，加快推进邮政快递业高质量发展和邮政强国建设，“十四五”期间，国家邮政局、人力资源社会保障部决定实施邮政快递业职业技能提升工程。现将《邮政快递业职业技能提升工程实施方案》印发给你们，请结合实际，建立工作机制，落实实施方案，统筹资金渠道，有序推进实施，确保工程推进质量和实施效果。

国家邮政局

人力资源社会保障部

2022年8月1日

邮政快递业职业技能提升工程实施方案

党中央、国务院高度重视技能人才队伍建设。习近平总书记多次作出重要指示批示，要求健全技能人才培养、使用、评价、激励制度，加快培养大批高素质劳动者和技术技能人才。“十三五”时期，邮政快递业发展迅猛，服务水平持续提升，为服务生产生活、促进消费升级、畅通经济循环等作出了积极贡献。但行业技能人才队伍建设总体上还存在规模结构不合理、职业技能不强、职业素质不高、支持服务体系不够完善等问题，与新时代技能人才队伍建设要求和邮政快递业高质量发展需求还不相适应。为深入贯彻落实习近平总书记关于技能人才队伍建设和邮政快递业发展重要指示批示精神，全面落实中央人才工作会议精神，衔接落实人力资源社会保障部等四部委《"十四五"职业技能培训规划》和"技能中国行动"有关要求，现就"十四五"时期实施邮政快递业职业技能提升工程制定如下方案。

一、总体要求

（一）指导思想。高举中国特色社会主义伟大旗帜，以习近平新时代中国特色社会主义思想为指导，深入贯彻党的十九大、十九届历次全会和中央人才工作会议精神，坚持党管人才，立足新发展阶段，完整、准确、全面贯彻新发展理念，构建新发展格局，推动高质量发展，以改革创新为动力，服务国家重大战略、区域协调发展战略，紧紧围绕中心、服务中心，聚焦行业技能人才队伍短板，全面加强行业技能人才工作，持续壮大队伍、优化结构、提升素质，加快建设知识型、技能型、创新型行业劳动者大军，大力弘扬劳模精神、劳动精神、工匠精神和"小蜜蜂"精神，积极营造劳动光荣、精益求精、尊重人才的社会风尚，为加快推动邮政快递业高质量发展和邮政强国建设提供有力的人才支撑和智力支持。

（二）建设目标。聚焦人才强国、人才强邮战略目标，努力造就一支适应新形势新任务、有理想守信念、敢担当讲奉献、技能精湛、素质优良的技能人才队伍。技能人才制度体系不断完善，人才规模不断壮大，队伍结构持续优化，就业创业能力明显提高，高技能人才不断涌现，支持服务更加有效，合法权益得到进一步保障，基本适应邮政快递业转型升级和高质量发展对技能人才的需要。到"十四五"期末，累计开展补贴性职业技能培训不少于 100 万人次；新增取得职业资格证书或职业技能等级证书不少于 50 万人次，其中新增高技能人才（取得高级工及以上职业资格证书或职业技能等级证书）10 万人次。

二、主要任务

（一）强化行业职业体系建设。按照《中华人民共和国职业分类大典》，加快快递领域主体职业标准和评价规范的制修订工作，推动构建国家职业标准、行业企业工种岗位要求、专项职业能力考核规范等多层次职业标准。主动适应快递行业职业结构变化，加快快递新职业（工种）及国家职业标准开发，制定或修订颁布 5 个以上邮政快递业国家职业标准。完善行业人才信息服务，推进职业信息服务平台、数字资源建设。

（二）持续开展职业技能培训。完善行业技能人才培养、使用、评价、激励机制，持续增强技能人才发展动力和创新创造活力。大力推进终身职业技能培训制度，深入实施"151"邮政快递业从业人员职业技能提升行动（"十四五"期间，完成补贴性职业技能培训不少于 100 万人次，新增取得职业资格证书或职业技能等级证书不少于 50 万人次，新增高技能人才 10 万人次）。充分发挥企业主体作用，鼓励规模以上企业建立职业培训机构和技能大师工作室、兴办技工教育，广泛开展职工岗前培训、岗位技能提升培训，突出职业操守培训、高技能人才培训、安全技能提升培训、通用职业素质和数字技能普及型培训等，支持开展订单式、定向式及项目制培训。强化对行业吸纳就业的新生代农民工、返乡创业人员、城乡未继续升学初高中毕业生、退役军人等重点群体就业技能培训。鼓励应用“互联网+”“智能+”开展职业培训，推动培训方式变革创新。支持线上培训平台建设。积极探索行业急需的培训大纲、培训教材、职业培训包的开发和师资库建设，推进优质教育资源互通共享。

（三）落实职业培训补贴政策。结合实际将《中华人民共和国职业分类大典》中的快递职业（工种），纳入政府补贴培训目录。对院校毕业生和行业企业职工按规定给予职业培训补贴。参加企业新型学徒制培训的给予企业每人每年 5 000 元以上的职业培训补贴，由企业自主用于学徒培训工作。对符合条件的行业从业人员参加职业技能等级认定、专项职业能力项目培训的，可按规定纳入政府补贴性职业技能培训项目范围，落实职业培训和鉴定补贴。

（四）坚持德技双修全面培育。加强政治引领和法治教育，充分发挥行业党组织作用，增强技能人才的国家意识、大局意识、守法意识、诚信意识，提升技能人才职业道德和社会公德。坚持工学结合、知行合一、德技并修，大力弘扬劳模精神、劳动精神、工匠精神、“小蜜蜂”精神。以社会主义核心价值观为统领，把“爱岗敬业、诚实守信、服务群众、奉献社会”的职业道德教育纳入从业人员职业生涯全过程。推进邮政快递业核心价值理念与精益求精、严谨专注等工匠精神有机融合，培养德艺双馨、身心双健的高技能从业人员。加快推进从业人员信用建设，完善管理部门、行业协会、社会公众共同参与的监督和自律机制，积极营造良好诚信环境。

（五）推动健全人才评价体系。建立与国家职业资格制度相衔接、与终身职业技能培训制度相适应的行业职业技能等级制度。健全以职业资格评价、职业技能等级认定和专项职业能力考核等为主要内容的行业技能人才评价制度。建立健全关键岗位从业人员考评机制。健全行业从业人员技能等级认定组织实施机构，推动符合条件的快递企业自主开展技能等级评价，并将评价结果与技能人才使用、待遇挂钩；指导支持行业社会评价组织开展技能等级评价。鼓励地方紧密结合邮政快递新业态发展，组织开发专项职业能力考核项目。支持推动行业职业技能鉴定机构转型发展，委托行业职业技能鉴定机构承担行业人才综合支撑服务，为行业职业技能提升提供工作支撑。

（六）推进拓宽人才发展通道。加强从业人员职业规划引导，促进从业人员职业生涯多元化发展。完善职业发展通道，形成纵向有阶梯、横向可贯通的人才发展路径。鼓励行业企业建立高技能人才带头人制度，设立首席技师、特级技师等，提升行业技能人才职业发展空间，强化岗位“传帮带”。全面推行新型学徒制培训，通过企校双师带徒、工学交替，培养适合行业企业发展和岗位需要的高技能人才。支持行业高技能人才参加行业工程系列职称评审，进一步加强行业高技能人才与专业技术人才职业发展贯通，不断激发高技能人才创新活力。

（七）提升职业技能竞赛质量。坚持把职业技能竞赛作为提升快递小哥职业技能、助力快递小哥走技能报国之路的有力抓手，以赛代训引领职业技能培训发展，每两年举办一届全国邮政行业职业技能竞赛。健全完善行业职业技能竞赛制度，指导开展省、市级预赛，其中省级预赛原则上实现全覆盖。完善以企业练兵为基础、省级竞赛为主体、全国竞赛为龙头的行业技能竞赛体系，切实搭建好行业技能人才展示精湛技能、互相切磋技艺的平台。统筹利用传统媒体和新媒体，加强对行业竞赛活动和获奖选手的宣传力度，不断扩大影响，持续推动增强品牌效应。加强行业职业技能竞赛工作队伍建设，提高竞赛工作信息化管理水平，强化赛事成果转化和应用，推动企业重视人才、尊重人才、留住人才。

（八）推动完善激励保障机制。健全完善以国家奖励为导向、用人单位奖励为主体的技能人才表彰奖励体系。按照国家有关规定开展全国邮政行业评选表彰活动。加大对高技能人才在各级各类表彰中的倾斜力度。支持符合条件的邮政快递业技能人才参加全国技术能手评选。按照规定做好邮政行业技术能手推进计划遴选。引导行业企业在关键岗位、关键工序培养使用高技能人才，建立健全符合技能人才特点的工资分配制度。推动行业企业建立技能人才工资正常增长机制，强化工资分配的技能价值激励导向。鼓励企业与参训职工协商调整工作及培训时间，依法保障职工参训期间的工资福利待遇。推动高技能人才纳入城市直接落户范围，其配偶、子女按有关规定享受公共就业、教育、住房等保障服务。鼓励各地结合实际出台邮政快递业技能人才队伍建设相关激励保障政策，加大对快递小哥的关心关爱力度。

三、工作保障

（一）加强组织领导。各级邮政管理部门、人力资源社会保障部门要牢固树立人才是第一资源的理念，把邮政快递业职业技能提升作为重要民生工程，提上重要议事日程，加强组织领导，健全工作机制。要加强多部门沟通协调，充分发挥行业协会、龙头企业和行业培训机构作用，引导帮带包括上下游在内的中小微行业企业开展职工培训；鼓励行业企业依托共建学院、行业人才培养基地等共建实训基地、职工培训中心、创新创业基地、专家（大师）工作室等，形成统筹协调、协同配合、信息共享、共同推进的工作格局。

（二）加大投入力度。建立健全多元化资金投入机制，拓宽资金投入渠道。统筹发挥好企业职工教育培训经费、就业补助资金、职业技能提升行动专账结余资金等各类资金的作用。有条件的地区可结合地方实际安排经费，对邮政快递业职业技能培训教材建设、职业培训包开发应用、师资和管理人员培训、职业技能培训公共服务平台运行、职业技能竞赛等基础性工作给予支持，对培训组织动员工作进行奖补。快递企业要按照有关规定足额提取和使用职工教育经费，其中60%以上用于一线职工的教育和培训。

（三）营造良好氛围。充分利用报刊、广播、电视、门户网站、政务微博、政务微信、手机客户端等平台和载体，大力宣传加强职业技能培训工作的方针政策。继续办好寻找“最美快递员”活动，持续开展“五一”劳动节行业优秀人才走访宣传活动，大力挖掘时代楷模、最美人物、身边好人，积极培树和宣传行业技能人才先进典型。通过多种载体渠道，充分展示新时代邮政快递人的风采，传播行业正能量、提升行业软实力，不断强化“劳动光荣、技能宝贵、创造伟大”的社会导向，积极营造有利于行业技能人才成长成才的良好环境。

住房和城乡建设部办公厅 人力资源社会保障部办公厅 关于开展万名“乡村建设带头工匠”培训活动的通知

建办村函〔2022〕345号

各省、自治区、直辖市住房和城乡建设厅（委、管委）、人力资源社会保障厅（局），新疆生产建设兵团住房和城乡建设局、人力资源社会保障局：

为巩固党史学习教育“我为群众办实事”实践活动成果，坚持不懈为群众办实事办好事，进一步加强乡村建设工匠队伍建设，决定在培育乡村建设工匠的基础上，重点开展万名“乡村建设带头工匠”培训活动，带动乡村建设工匠职业技能和综合素质提升。现就有关工作通知如下。

一、培训对象和数量

乡村建设工匠主要是指在乡村建设中，使用小型工具、机具及设备，进行农村房屋、农村公共基础设施、农村人居环境整治等小型工程修建、改造的人员。本次培训活动主要针对乡村建设工匠中能组织不同工种的工匠承揽农村建房等小型工程项目，具有丰富实操经验、较高技术水平和管理能力的业务骨干，即“乡村建设带头工匠”，重点面向农村转移劳动力、返乡农民工、脱贫劳动力。各省根据实际需求确定培训人数，原则上每个省培训人数不少于500人。

二、培训组织

按照“部级统筹、省负总责、市县抓落实”的原则，由省级住房和城乡建设部门会同人力资源社会保障部门共同研究做好工作部署，根据国家职业分类大典“乡村建设工匠”任务要求，结合本地实际，组织编写培训大纲和培训教材，明确培训要求。

市县住房和城乡建设部门要认真梳理摸排本地“乡村建设带头工匠”情况，会同人力资源社会保障部门组织好培训活动。

三、培训内容和形式

（一）课时安排

培训课时由各地结合实际需求安排，原则上不少于24个课时，包括基础课、技能课与实训课等必要环节。

（二）培训内容

“乡村建设带头工匠”培训内容，要在乡村建设工匠一般培训课程基础上，强化工程项目管理、施工组织和施工安全、相关法律法规等内容，更好地落实农村低层住宅和限额以下工程建设质量安全“工匠责任制”。相应培训内容可在基础课、技能课、实训课中设置。

基础课设农房建设政策与法律法规、工程项目管理、农房结构与安全、建筑识图、建筑材料、建筑风貌等内容。

技能课设农房设计、测量与放线、地基处理与基础、砌体结构施工、框架结构施工、屋面施工、装饰装修施工、水电暖安装等技术内容。

实训课可结合技能课的教学内容，针对乡村建设工匠日常工作与工种类别，进行施工现场观摩学习和实操训练。

（三）结业考核

省级住房和城乡建设部门会同人力资源社会保障部门明确培训和考核要求，委托符合条件的机构进行考核，并对考核成绩合格者颁发培训结业证书，有关信息录入乡村建设工匠信息平台。

四、相关要求

（一）各地要高度重视“乡村建设带头工匠”培训活动，将提升“乡村建设带头工匠”专业技能和综合素养作为保障农房质量安全的重要手段，不断提升农房建设水平。各地要积极争取地方财政支持，做好培训活动经费保障，组织发动有意愿、有条件的技工院校、职业院校、职业技能培训机构承担培训任务，做好标准化、示范性培训。

（二）地方各级住房和城乡建设部门在农村危房改造信息系统“乡村建设工匠”模块中录入乡村建设工匠和“乡村建设带头工匠”基本信息、培训记录、工程业绩，建立从业信息数据库，做好与相应人力资源社会保障部门信息共享工作。人力资源社会保障部门要严格按照职业培训“两目录一系统”管理要求，加强培训过程管理，做好政策支持。

（三）请省级住房和城乡建设部门于2023年1月20日前，将开展“乡村建设带头工匠”培训情况报送住房和城乡建设部村镇建设司。

住房和城乡建设部办公厅

人力资源社会保障部办公厅

2022年10月19日

中国残疾人联合会　教育部
人力资源社会保障部　财政部
文化和旅游部关于印发《“十四五”残疾人职业技能提升计划》的通知

残联发〔2022〕13号

各省、自治区、直辖市残联、教育厅（局）、人力资源社会保障厅（局）、财政厅（局）、文化和旅游厅（局），新疆生产建设兵团残联、教育局、人力资源社会保障局、财政局、文体广旅局：

《“十四五”残疾人职业技能提升计划》已经有关部门同意，现印发给你们，请认真贯彻执行。

中国残疾人联合会　教育部
人力资源社会保障部　财政部
文化和旅游部
2022年2月15日

“十四五”残疾人职业技能提升计划

为进一步提高残疾人职业技能水平，促进残疾人就业创业，保障和改善残疾人民生，依据《“十四五”残疾人保障和发展规划》、《“十四五”职业技能培训规划》，制定本计划。

一、总体要求

（一）指导思想

以习近平新时代中国特色社会主义思想为指导，全面贯彻党的十九大和十九届历次全会精神，坚持以人民为中心的发展思想，牢固树立新发展理念，以提升残疾人职业技能，促进残疾人就业创业为宗旨，大力开展残疾人职业技能培训，不断提升残疾人职业素质和就业创业能力，巩固拓展残疾人脱贫攻坚成果，促进残疾人就业增收。

（二）基本原则

统筹规划，完善机制。加强部门间协调配合，建立完善任务明确、分工负责、政策共享、运转协调的长效工作机制。

突出重点，分类培训。以就业年龄段未就业残疾人为重点，以就业技能培训为主，根据不同类别残疾人特点和需求，有针对性地组织类别化、多层次职业技能培训。

统筹资源、形成合力。发挥政府、残联组织、行业企业、社会机构等各方面作用，统筹政策和资金资源，采取政府购买服务等方式，有效增加培训供给，扩大培训范围。

（三）目标任务

适应残疾人实现就业和稳定就业的需要，大力开展残疾人职业技能培训，建立供给充足、载体多元、形式多样、管理规范的残疾人职业技能培训体系。以就业技能培训、岗位技能提升培训和创业创新培训为主要形式，到2025年，培训供给不断提升，基本满足残疾人各类职业培训需求。

二、主要内容

（一）大力开展就业技能培训。对残疾人中新成长的劳动力、城镇登记失业人员、初高中毕业生，以就业为导向，依托各级各类残疾人职业培训基地，以实际操作技能训练和职业素质培养为主，以达到上岗要求和掌握初级技能为目标，大力组织开展就业技能培训和劳动预备制培训。加强与用人单位对接，根据用人单位岗位需求，积极组织定岗、定单式培训，密切培训与就业的有效衔接。配合乡村振兴工作大局，结合当地产业优势，在农村残疾人中大力开展种植、养殖、加工、传统工艺等实用技术培训，提高就业增收能力。

（二）全面加强岗位技能提升培训。将在岗的残疾职工和灵活就业、自主创业的残疾人作为重点人群纳入职业技能培训补贴范围。发挥用人单位主体作用，指导其根据岗位提升与稳定就业需要，制定残疾职工职业培训计划；鼓励用人单位单独或与培训机构合作，采用岗前培训、学徒培训、在岗培训、脱产培训、业务研修、岗位练兵等方式，稳步提升残疾职工职业技能水平。残联组织要积极参与残疾人岗位技能提升培训工作，指导用人单位和培训机构将职业道德、质量意识、法律意识、安全环保、健康卫生、劳动保护和残疾人权益保障等要求列入培训内容，实现在岗在业残疾人技能水平和职业素养“双提升”。

（三）着力推进创业创新培训。组织有创业意愿和培训需求的残疾人以及创业初期的残疾人，依托残疾人职业培训基地和创业培训（实训）中心、创业孵化基地、众创空间、网络平台等，有针对性地开展多种形式的创业创新培训。培训要充分考虑残疾人自身特点和创业不同阶段需求，项目选择要紧密结合当地产业优势。培训内容要涵盖创业意识教育、创新素质培养、创业项目指导、开业指导、企业经营管理、无障碍法规等多个方面。组织残疾人创业创新带头人培训，进一步提高其技能水平、管理能力，树立残疾人创业典型。结合残疾人群体实际需求，有针对性地组织数字技能培训、新媒体营销技能培训等。

（四）精心组织中高技能人才培训。以在校残疾学生、自主创业成功的残疾人、非物质文化遗产传承人、在各级职业技能竞赛中获得优胜的技术能手、具备专利专长的残疾人人才为主要对象，开展中高技能人才新知识、新技术、新工艺等培训，进一步提高其技能水平和创新创造能力。完善激励机制，发挥残疾人中高技能领军人才在带徒传技、技能推动方面的作用；鼓励其参与技师、高级技师培训，参加各类职业技能竞赛、文化产业大赛。大力弘扬和培育工匠精神，坚持工学结合、德技并修，努力建设和打造一支残疾人技术技能人才队伍。

（五）周密安排用人单位和就业服务人员培训。对规模较大、可提供较多就业岗位的用人单位开展雇主培训，提高对残疾人群体就业能力的认识，改变用人观念。组织各级各类残疾人就业服务机构、人力资源服务机构、残疾人职业培训基地人员开展职业能力测评、职业咨询、职业指导、职业信息分析、职业生涯规划等专项就业服务技能提升培训，更好服务于残疾人群体。

三、政策措施

（一）完善残疾人职业培训扶持政策。制定残疾人职业技能培训服务与管理办法，规范培训流程，强化培训质量。完善购买残疾人职业培训服务政策，鼓励各类社会培训机构广泛参与残疾人职业培训。针对残疾人群体实际，特别是部分类别残疾人需要辅助教学人员等情况，合理确定残疾人职业培训补贴标准。支持残疾人结合自身实际需求，自主选择参加职业技能培训。残疾人劳动者在户籍地、常住地、求职地参加培训取得证书，按规定给予职业培训补贴。残疾人参加国内国际职业技能竞赛等实训，可按规定给予职业培训补贴（不含获奖人员奖金、差旅费、交通食宿费、工杂费等其他费用）。

（二）扩大残疾人职业培训供给。依托公共实训基地、普通高校、职业院校、特殊教育学校、职业培训机构、行业企业和社会组织等，结合地域特点和残疾人需求，通过挂牌认证的方式，加强各级残疾人职业培训基地的培育和建设。建立健全培训基地准入、退出和评估机制，实行分级动态管理。不断完善培训基地扶持政策。到 2025 年末，每个县（市、区）至少挂牌 1 家残疾人职业培训基地。以中高等职业院校、特殊教育学校为主要对象，结合职业技能培训实训共建共享行动，遴选和培育一批残疾人实习实训基地。支持盲人按摩、非遗传承等类别化培训基地建设。

（三）整合残疾人线上培训资源。推进残疾人职业技能培训模式创新，探索“互联网+职业培训”模式。加强对残疾人职业培训线上资源的统筹规划和支持引导，依托全国残疾人就业创业网络服务平台，通过开发、收集、购买等方式，多渠道组织优质课程资源，建立全国残疾人职业技能线上培训资源库。健全线上培训资源开发、使用、审核、评价、监督管理机制，不断扩大线上培训资源覆盖面。鼓励各地试点开展学习积分等形式的线上自主学习。推动优质线上培训资源向欠发达地区倾斜。推动残疾人职业技能培训线上线下共同发展。

（四）加强残疾人职业培训师资队伍培养。针对残疾人身心特点以及盲文、手语等特殊需求，加强残疾人职业培训师资队伍建设。依托普通高校和特殊教育学校，建设5家国家级残疾人职业培训师资研修基地。实施职业技能培训师资五年一周期的全员轮训制度。建立由残疾人职业培训基地教师、企业和个体从业者中的高技能人才、国际和国内残疾人职业技能大赛优胜者、劳动模范、岗位能手、农村致富带头人、自强模范、乡村振兴自强人才以及符合条件的技能劳动者组成的专兼职并存的残疾人职业技能培训师资库。

（五）规范管理残疾人职业培训。积极推进残疾人职业培训项目化、类别化、规范化，落实残疾人职业培训目录清单管理，建立培训机构、培训项目公示制度。执行开班申请、过程检查、资金使用、结业审核等各项制度，加强培训过程监管。建立学员满意度和第三方参与的培训质量评价制度。残疾人培训结束并通过结业考核，由培训机构发放培训合格证书。鼓励残疾人参加职业技能评价，考取相应职业技能等级证书或职业资格证书。通过网站、微信公众号等多种渠道公布培训监督电话，接受社会监督，妥善处理各种矛盾和纠纷。

（六）培育残疾人特色培训品牌。根据市场需求和残疾人特点，结合地域优势，积极培育残疾人培训项目品牌，鼓励各省（区、市）每2年推出1个优质专项职业技能培训项目。适应新业态发展，引导和鼓励开展电商客服、电商美工、电商运营管理、网络直播等新兴项目培训。扶持残疾人非遗、文创及保健（医疗）按摩等特色职业技能培训项目发展，打造一批优秀传统工艺和民族传统文化技艺培训项目。

（七）实施职业技能等级证书制度。支持普通职业院校招收具有接受普通教育能力的残疾学生。支持有条件的特殊教育学校单独或与职业院校合作开展残疾人职业教育。支持社会力量开展残疾人职业教育和培训。与有关院校合作试点开展学历证书和职业技能等级证书工作。建立健全残疾人学分银行基本流程和制度框架，探索残疾人职业技能培训与学历教育相结合的机制，为技术技能人才持续成长拓宽通道。

四、工作要求

（一）加强组织领导。建立在政府统一领导下，残联组织统筹协调，人力资源社会保障、财政、教育、文化和旅游等部门密切配合，社会力量广泛参与的工作机制。制定本省残疾人职业技能提升计划组织实施方案，明确各部门职责分工，压实省、市、县三级任务责任，确保落地见效。

（二）强化政策和资金保障。依据法规政策，严格落实残疾人劳动者培训相关政策。加强政府投入保障，鼓励社会捐赠支持。加强培训资金监管，切实保障资金安全和使用效益。

（三）实施信息化管理。依托全国残疾人就业和职业培训信息管理系统和全国残疾人就业创业网络服务平台，通过全国残疾人职业培训管理服务系统等信息化工作手段，对培训机构、培训项目、培训资金、培训人员和培训质量进行规范管理。开展提升计划实施情况年度监测，组织实施中期和终期评估；各地每年年底前向中国残联上报提升计划实施进展情况。

（四）推行培训就业全链条服务。各级残联所属残疾人就业服务机构要充分发挥职能作用，密切残疾人职业技能培训和就业创业的衔接，实现“职业能力评估—职业技能培训—就业岗位（创业项目）推荐—就业跟踪服务”等全链条就业服务。各地要加强残疾人就业创业指导服务，按规定落实创业担保贷款贴息、税费减免等扶持政策。加大与用人单位的协调推介力度，促进残疾人稳定就业。

（五）营造良好社会环境。充分利用各种平面和网络媒体，大力宣传各级党委、政府加强职业技能培训的方针政策以及针对残疾人群体的特别扶持措施，鼓励更多的社会力量参与残疾人职业培训工作，让更多的残疾人知晓。大力宣传残疾人技能人才典型事迹、残疾人通过技能提升和创业创新脱贫致富的成功案例。提高社会公众对残疾人就业创业能力的认识与接纳，引导更多残疾人树立“技能立业”理念，走出家门，参与职业技能培训，掌握一技之长，为就业创业奠定基础。

国家发展改革委关于印发《教育强国推进工程（公共实训基地建设方向）中央预算内投资专项管理办法》的通知

发改就业规〔2021〕579号

各省、自治区、直辖市及计划单列市，新疆生产建设兵团发展改革委：

为深入贯彻落实习近平总书记关于职业技能培训的重要指示批示精神，扎实做好公共实训基地建设中央预算内投资管理工作，更好发挥中央预算内投资作用，提升职业技能培训基础能力，为扎实推动共同富裕和实现高质量发展夯基助力，根据《政府投资条例》及中央预算内投资管理相关规定，我们研究制定了《教育强国推进工程（公共实训基地建设方向）中央预算内投资专项管理办法》。现印发给你们，请遵照执行。2017年发布的《公共实训基地建设中央预算内投资专项管理办法》（发改就业规〔2017〕1937号）同时废止。

附件：《教育强国推进工程（公共实训基地建设方向）中央预算内投资专项管理办法》

国家发展改革委

2021年4月25日

附件

教育强国推进工程（公共实训基地建设方向）中央预算内投资专项管理办法

第一章　总　　则

第一条　为深入贯彻习近平总书记关于培养更多高素质技术技能人才、能工巧匠、大国工匠的重要指示精神，进一步规范公共实训基地建设中央预算内投资管理，提高资金使用效益，根据《中央预算内投资补助和贴息项目管理办法》（国家发展和改革委员会令第45号）、《中央预算内投资监督管理暂行办法》（发改投资〔2015〕525号）、《国家发展改革委关于规范中央预算内投资资金安排方式及项目管理的通知》（发改投资规〔2020〕518号）等，制定本办法。

第二条　本办法所称公共实训基地，是指由政府主导建设、以就业为导向，向城乡各类劳动者以及企事业单位、社会团体以及产业园区、职业院校、技工院校、技能培训机构等提供技能实训、技能竞赛、技能等级认定、创业培训、就业招聘、师资培训、课程研发等服务的公共性、公益性、开放性、综合性公共就业服务场所。国家发展改革委安排中央预算内投资支持公共实训基地建设，适用本办法。

第三条　“十四五”期间，按照“就业导向、聚焦重点、共建共享、示范引领”的原则，聚焦服务农民工等重点就业群体、聚焦提高技术工人技能水平推动制造业高质量发展、聚焦加强职业技能培训资源共建共享、聚焦增加短期实用性职业技能培训供给，支持符合条件的地方建设一批公共实训基地，加快形成布局合理、点面结合、精准有效、机制健全的公共职业技能培训基础设施网络，为巩固拓展脱贫攻坚成果、化解就业结构性矛盾、构建高质量现代化经济体系提供技能人才支撑，为扎实推动共同富裕和实现高质量发展夯基助力。

第二章　建设内容

第四条　国家发展改革委按照省级、市级、县级三个项目级别，通过新建、改扩建相结合的方式，统筹推进公共实训基地建设扩容提质。

立足推进区域重大战略、区域协调发展战略任务落实，积极支持战略规划或实施方案明确的重大项目，在重点地区建设有效辐射周边区域，促进区域经济发展，服务中高端产业发展需求的省级公共实训基地。

在劳动力输入规模较大、产业集中度较高的地级市，建设服务当地产业的市级公共实训基地。

在主导产业突出、基础条件较好的县（市、区），建设为当地产业发展提供技能人才培训和就业服务的县级公共实训基地。

第五条 公共实训基地建设应当以实用、安全和统筹资源为导向。公共实训基地内部空间一般由实训场地、教研室、仓库、信息化设施以及必要的基本设施和辅助设施组成，实训场地一般采用框架式建筑结构，面积要满足培训要求。公共实训基地应根据实际需要和有关技术标准合理确定建设规模和工种设置。

第三章 资 金 安 排

第六条 中央预算内投资采取直接投资等方式对符合条件的公共实训基地予以支持，主要用于实训场所建设和实训设施投入。

第七条 对东部地区支持比例不超过项目总投资（不含土地、红线外市政工程，下同）的40%，对中部地区的支持比例不超过项目总投资的60%，对西部地区的支持比例不超过项目总投资的80%，对东北地区的支持比例不超过项目总投资的80%。

对每个公共实训基地中央支持资金设定上限。其中，省级公共实训基地项目的支持上限为9 000万元，市级公共实训基地项目的支持上限为6 000万元，县级公共实训基地项目的支持上限为2 000万元。国家另有规定的，执行相关规定。

第八条 鼓励地方加大投资力度，中央预算内投资可根据项目建设周期和实际建设进度按年度分批下达，原则上不超过2年。

第四章 资金申请和下达

第九条 各地建设公共实训基地之前，应具备明确的建设方案、监管方案、运营方案。

建设方案应包括项目单位基本情况、项目建设内容、项目总投资及资金来源、项目土地来源和其他建设条件落实情况。监管方案应包括项目责任人和监管措施。运营方案应包括师资来源、经费保障、培训生源、培训课程、培训考核方式等。

申请中央投资支持建设的公共实训基地，须完成可行性研究报告批复、落实建设资金、具备按时开工条件等，项目业主单位应是独立法人。

项目所在地政府应对项目的建设方案、监管方案、运营方案和相关情况认真把关并出具承诺函。

第十条 各地应做好项目储备，依托投资项目在线审批监管平台（重大建设项目库）编制公共实训基地建设项目三年滚动投资计划，获取项目统一代码并完成相关审批，不进入项目库、不纳入滚动计划的项目原则上不能申报中央预算内投资。地方开展公共实训基地建设要符合本地区财政承受能力和政府投资能力，不能造成地方政府隐性债务。

第十一条 省级发展改革部门向国家发展改革委上报资金申请报告（含项目可行性研究报告批复），并对项目进行先后排序。同时，须按相关要求完整准确填报项目信息，形成电子数据一并上报。

第十二条 省级发展改革部门应依托投资项目在线审批监管平台（重大建设项目库），对申报项目进行审核，并对审查结果和申报材料的真实性、合规性、准确性负责。审核重点包括：

（一）申报项目是否具有项目代码，项目代码真实性以及申报材料与投资项目在线审批监管平台（重大建设项目库）上的项目信息是否一致；

（二）申报项目是否符合本专项支持范围，是否纳入重大建设项目库，并列入三年滚动投资计划；

（三）申报项目是否已获得其他中央预算内投资或其他财政资金支持；

（四）项目申报的中央预算内投资金额是否符合支持标准；

（五）项目是否经政府投资主管部门审批；

（六）项目是否已经完成用地预审与选址、环境影响评价、节能审查等审批手续；

（七）项目是否明确了除拟安排中央预算内投资之外的其他资金；项目建设是否符合地方财政承受能力和政府投资能力，是否会新增地方政府隐性债务；

（八）项目（法人）单位是否被列入严重失信主体名单；

（九）项目单位和监管单位“两个责任”填报是否规范等。

第十三条 省级发展改革委提交的项目资金申请文件应当包括年度投资计划申请报告及相关附件材料。附件材料主要包括：

（一）项目汇总表，包括项目名称、项目单位、项目代码、建设内容、总投资及资金来源、前期工作情况、是否已申请其他中央预算内资金等；

（二）申请中央预算内投资的主要理由和政策依据；

（三）项目的建设方案、监管方案、运营方案；

（四）项目所在地政府对项目的建设方案、监管方案、运营方案和相关情况出具的承诺函；

（五）其他需要说明的内容。

第十四条 国家发展改革委对资金申请文件进行审核，结合服务国家战略，集中力量办大事、难事、急事等原则，综合考虑各省（区、市，含新疆生产建设兵团）经济社会发展状况、地方资金配套能力、项目所在地人力资源供需实际、劳动力流动情况以及职业技能培训开展情况等因素，统筹安排下达中央预算内投资计划。省级发展改革部门收到国家年度投资计划后，应于 10 个工作日内转发下达。

第五章 项 目 管 理

第十五条 各地发展改革部门会同相关行业主管部门做好项目前期工作，根据简政放权、放管结合、优化服务的原则，公共实训基地项目由各地按照管理权限进行审批。各有关部门要严格落实项目建设方案、监管方案、运营方案，切实履行监管责任，督促落实各级配套资金，加强对项目建设和运营的督促指导。项目单位应认真履行项目建设主体责任，及时组织项目建设并按时投入使用。项目所在地政府应及时组织解决项目建设和运营中的相关困难。

第十六条 项目法人单位和监管单位在项目建设中应严格执行工程项目建设程序，切实落实项目法人责任制、工程建设监理制、项目招投标制、工程合同管理制等要求。

各地发展改革部门及相关行业主管部门应按照政府信息公开有关规定，做好项目信息公开工作。

第十七条 年度投资计划下达后，原则上不得擅自调整。因不能按时开工建设或者建设规模、标准和内容发生较大变化等情况，导致项目不能完成既定建设目标的，项目单位和行业主管单位应当及时报告情况和原因，省级发展改革委要按程序向国家发展改革委申请调整投资计划。

第十八条 项目竣工后，相关单位应根据职责及时组织开展项目验收，并将验收结果按规定进行报备。

第六章 项目监督检查

第十九条 各级发展改革部门要加强项目建设监管，按照责任到人的原则，建立责任人制度，对每个项目明确项目责任人和监管责任人，完善监管措施。各相关单位要按有关要求如实填报项目情况，及时补充更新项目信息。各地历年项目建设和运营情况，将作为安排下一步中央预算内投资的重要参考因素。通过投资项目在线审批监管平台（重大建设项目库）对公共实训基地建设项目执行情况进行按月调度，省级发展改革部门应指导督促相关项目单位在线填报项目开工、投资完成、形象进度等进展情况。

第二十条 各级发展改革部门要切实加强项目建设事中事后监管力度，督促项目及时开工和按时完工。通过督促自查、实地调研抽查、网上监测、联合有关部门不定期检查等多种监管方式，实现项目监管的全覆盖，确保中央预算内投资合规有效使用。

第二十一条 项目行业主管部门要切实履行监管责任。项目单位应积极配合监督检查，如实提供与项目有关的文件资料和情况，不得销毁、隐匿、转移、篡改或无故拖延、拒绝提供有关文件资料。

第二十二条 项目建设存在以下问题的地区，国家发展改革委将视情节轻重采取通报批评或扣减、收回、暂停安排中央预算内投资等措施，并视情节轻重提请或移交有关机关依法追究有关负责人的责任；违反国家法律法规的，依法追究法律责任。

（一）项目未经批准或者不符合规定建设条件开工建设的；

（二）提供虚假情况，骗取中央预算内投资的；

（三）违反规定程序或原则要求下达投资计划或安排项目的；

（四）擅自变更建设地点、规模、内容和建设标准的；

（五）拖欠、截留、挪用、挤占、骗取、贪污中央预算内投资的；

（六）因工作失职造成资金严重损失与浪费的；

（七）无正当理由未及时建设实施的；

（八）拒不接受依法进行的审计或者监督检查的；

（九）未按要求通过投资项目在线审批监管平台（重大建设项目库）及时、准确、完整报告相关项目信息的；

（十）其他违反国家法律法规和本办法规定的行为。

第七章　附　　则

第二十三条　本办法由国家发展改革委负责解释。国家发展改革委根据职业技能培训基础能力建设情况，适时对本办法进行修订。

第二十四条　本办法自发布之日起施行，有效期至2025年12月31日。2017年发布的《公共实训基地建设中央预算内投资专项管理办法》（发改就业规〔2017〕1937号）同时废止。

国家卫生健康委员会　财政部
人力资源社会保障部　国家市场监督管理总局
国家中医药管理局《关于加强医疗护理员培训和规范管理工作的通知》

国卫医发〔2019〕49号

各省、自治区、直辖市及新疆生产建设兵团卫生健康委、财政（务）厅（局）、人力资源社会保障厅（局）、市场监管主管部门、中医药管理局：

为全面实施健康中国战略和贯彻落实《关于促进健康服务业发展的若干意见》《关于促进护理服务业改革与发展的指导意见》，增加护理服务业人力资源供给，扩大社会就业岗位，不断满足人民群众多样化、差异化的健康服务需求，现就加强医疗护理员培训和规范管理有关工作通知如下：

一、高度重视医疗护理员培训和规范管理工作

习近平总书记在党的十九大报告中强调，要实施健康中国战略，为人民群众提供全方位全周期健康服务。要积极应对人口老龄化，加快推进老龄事业和产业发展。要增进民生福祉，完善职业教育和培训体系，建设技能型劳动者大军。护理服务是实施健康中国战略的重要内容，对促进健康老龄化和提升人民群众健康水平发挥了积极作用。加强医疗护理员培训和管理是加快发展护理服务业、增加护理服务供给的关键环节，有利于精准对接人民群众多样化、多层次的健康需求，对稳增长、促改革、调结构、惠民生，促进就业创业，决胜全面建成小康社会具有重要意义。

二、开展医疗护理员培训

（一）医疗护理员定义。根据《中华人民共和国职业分类大典（2015年版）》，医疗护理员是医疗辅助服务人员之一，主要从事辅助护理等工作。其不属于医疗机构卫生专业技术人员。

（二）培训对象及条件。1. 培训对象：拟从事医疗护理员工作或者正在从事医疗护理员工作的人员，积极支持农村转移劳动力、城镇登记失业人员、贫困劳动力等人群参加

培训。2. 培训对象条件：年龄在 18 周岁及以上，身体健康、品行良好、有责任心、尊重关心爱护服务对象，具有一定的文化程度和沟通能力。

（三）培训管理。要充分发挥市场在资源配置中的决定性作用，各地可以依托辖区内具备一定条件的高等医学院校、职业院校（含技工院校）、行业学会、医疗机构、职业培训机构等承担医疗护理员培训工作。要按照《医疗护理员培训大纲（试行）》（见附件）积极开展培训，提高从业人员对患者提供辅助护理服务的职业技能。强化职业素质培训，将职业道德、法律安全意识以及保护服务对象隐私等纳入培训全过程，注重德技兼修。对符合条件的人员按照规定落实职业培训补贴等促进就业创业扶持政策。

三、加强医疗护理员的规范管理

（一）规范聘用，明晰责任。医疗机构应当使用培训合格的医疗护理员从事相应工作，合法、规范用工。医疗机构可直接使用医疗护理员，并按照劳动保障相关法律法规规定，明确双方权利和义务，为其提供必要的职业卫生防护用品等；也可与劳务派遣机构、取得劳务派遣行政许可的家政服务机构签订协议，由其派遣医疗护理员并进行管理，在合同中明确双方机构管理职责和赔偿责任承担主体。

（二）明确职责，保障质量。在医疗机构内，医疗护理员应当在医务人员的指导下，对服务对象提供生活照护、辅助活动等服务；在社会和家庭中可以提供生活照护等服务。严禁医疗护理员从事医疗护理专业技术性工作，切实保障医疗质量和安全。

（三）加强管理，维护权益。聘用医疗护理员的医疗机构要建立相应管理制度，明确医疗护理员的工作职责和职业守则，制订服务规范。要指定专职部门和人员负责管理，定期对医疗护理员进行在岗培训和能力评估，以工作质量和服务对象满意度为主要指标，开展服务质量监督考核，进一步规范服务行为，提高服务水平。有资质的劳务派遣机构、家政服务机构要建立健全医疗护理员管理和派遣制度，并依法缴纳社会保险费，保障其工资福利待遇等合法权益。

四、有关要求

（一）加强组织实施。各地要高度重视加强医疗护理员培训和规范管理工作对推动健康服务业发展、积极应对人口老龄化和扩大社会就业的重要意义。要加强组织领导和统筹协调，结合实际制订具体实施办法。要加强部门间沟通协调，形成合力共同推动各项工作落实到位。

（二）明确部门分工。卫生健康行政部门、中医药主管部门要会同人力资源社会保障部门对医疗机构内医疗护理员聘用和管理工作进行指导和监督，积极推动培训和规范管理各项任务的有效落实。人力资源社会保障部门、财政部门要按照规定落实促进就业创业扶持政策，将符合条件的培训对象纳入职业培训补贴范围。市场监管部门要配合人力资源社会保障部门、卫生健康行政部门等依法加强对登记注册的劳务派遣机构、家政服务机构的监督管理。

（三）及时总结评估。各地要积极创新医疗护理员培训和管理的政策措施，鼓励有条件的地区先行先试，探索建立医疗护理员分级管理机制，拓宽职业发展路径。要及时研究出现的问题和困难，总结经验做法，以点带面，逐步推广。同时适时对发展医疗护理员队伍的政策措施和实施效果进行评估，不断调整完善相关政策，积极扩大护理服务业人员队伍，拓宽社会就业渠道，不断满足群众和社会需求。

附件：医疗护理员培训大纲（试行）（略）

国家卫生健康委员会　财政部

人力资源社会保障部

国家市场监督管理总局

国家中医药管理局

2019 年 7 月 26 日

退役军人事务部办公厅
人力资源社会保障部办公厅
《关于做好退役军人职业技能培训工作的通知》

退役军人办发〔2019〕37号

各省、自治区、直辖市退役军人事务厅（局）、人力资源社会保障厅（局），新疆生产建设兵团退役军人事务局、人力资源社会保障局：

为深入贯彻习近平总书记关于退役军人工作的指示精神，按照《职业技能提升行动方案（2019—2021年）》，加强职业技能培训提升退役军人就业创业能力，促进退役军人充分稳定就业、成功创业，现就做好退役军人职业技能培训工作通知如下：

一、总体要求和目标任务

以习近平新时代中国特色社会主义思想为指导，全面落实党中央、国务院关于职业技能提升行动的决策部署，把职业技能培训作为实现退役军人高质量充分就业的关键举措，坚持市场导向、就业牵引，积极纳入职业技能提升行动方案，依据现行有关规定组织开展多层次、多样化的职业技能培训，切实打通从职业能力提升到稳定就业、成功创业的培训链路。到2021年，实现退役军人职业技能培训体系基本健全，有职业技能培训意愿的参训率达到100%，参训人员职业技能证书（职业资格证书或职业技能等级证书、专项职业能力证书、培训合格证书等）获取率为90%以上、培训后就业率为85%以上。

二、适用政策

要保障退役军人充分享受就业创业扶持政策，使他们既可根据《关于促进新时代退役军人就业创业工作的意见》（退役军人部发〔2018〕26号）（以下简称“26号文件”）规定，享受职业技能培训优惠政策，也可申请参加当地职业技能提升行动计划享受相应培训优惠。

三、培训内容

（一）重点抓好高中以下文化层次退役军人就业能力提升培训。结合区域产业特点，围绕市场急需紧缺职业，推出一批就业市场需求大、见效快的中短期培训项目，推动尽快就业、充分就业。加强职业能力、通用职业素质和求职能力等综合性培训，将职业道德、职业规范、工匠精神、质量意识、法律意识和相关法律法规、安全环保和健康卫生、就业指导等内容贯穿职业技能培训全过程，增强培训实用性，实现社会适应能力和职业技能双提升。

（二）加大中高级技能培训和新产业技能培训比例。对具有一定职业技能基础的退役军人，对照适合退役军人就业的职业目录，围绕先进制造业、战略性新兴产业、现代服务业，针对性开展就业市场潜力大、“含金量”高的新职业、新技能培训，加强军地职业技能衔接转化，拓宽就业方向、提升就业质量。鼓励具备条件的退役军人接受高级工、技师、高级技师培训，支持他们到高技能人才培训基地、技能大师工作室参加技能提升培训。

（三）积极审慎开展创业指导培训。对有创业意愿的退役军人，紧紧围绕服务乡村振兴、推进产业升级和打造“双创升级版”国家战略，重点跟进开展经营管理、品牌建设、市场拓展、风险防控以及产业政策培训。将返乡创业退役军人纳入返乡创业培训计划和农村实用人才带头人素质提升计划。

四、培训组织

（一）建立制度体系。要将退役军人作为重点群体，主动纳入本地各级职业技能提升行动计划，制定好本省的退役军人参训政策实施细则，指导地市确定培训方向、补助项目和标准，明确退役军人享受补助的流程办法和具体条件，切实体现对退役军人的尊崇优待。

（二）优化工作格局。各级退役军人事务部门负责协同相关部门制定政策计划、整合资源和督导落实等统筹管理工作；退役军人培训和服务保障机构承担宣传发动、组织报名、设计报告等具体工作；广泛动员鼓励用人单位、人力资源公共服务机构、职业院校（含技工院校）、培训和评价机构等社会力量共同参与技能提升行动，有效增加培训供给，扩大培训规模，形成对退役军人组织送训、分类承训、鉴定评价的完整规范培训链路。

（三）落实培训任务。激发培训主体积极性，推动产教融合、校企合作，鼓励支持建立退役军人职教联盟，实现学校培养与企业用人的有效衔接，力争实现“入学即入职”。大力开展项目制培训，采取“工学一体化”“职业培训包”“互联网+”等培训方式，融合线上学习与线下实训，打造具有时代特色、符合退役军人特点的网络教育培训平台。压实承训参训责任，按照“26号文件”规定组织的培训，坚持“谁培训、谁推荐就业”，将参训退役军人职业技能证书获取率、推荐就业成功率与承训资格和培训经费拨付挂钩，督导承训机构落实培训任务，提高培训质量。将学员到课率与生活费发放挂钩，确保做到“应训尽训”。

五、补贴政策

退役军人参加“26号文件”所明确职业技能培训，可选择接受一次免费职业技能培训（免学杂费、免住宿费、免技能鉴定费），培训期间享受生活补助。教育培训期限一般为2年，最短不少于3个月。退役军人参加职业技能提升行动接受培训，可按有关规定享受当地免费培训政策，符合条件的困难退役军人可享受生活补贴，所需资金在职业技能提升行动专项经费中列支。参加培训并取得证书的人员，原则上每年可享受不超过3次补贴资助，但同 职业同 等级不可重复享受。

六、工作要求

（一）建立专项工作机制。各地要强化组织领导，加强工作调度，坚持过程跟踪，层层压实工作责任。结合年度考核等活动组织督导检查，强化检查结果运用，严格追踪问效，加强资金监管和廉政风险防控，对违反规定造成不良影响的，严肃追究责任。

（二）实行统计报告制度。建立退役军人培训电子档案，健全完善信息采集、数据核实、台账管理等制度机制，实行实名制信息管理，确保实时动态掌握退役军人参加职业技能培训的总体情况和个人信息，建立并实施工作情况季报、年报制度。

（三）提高培训管理服务水平。认真落实"放管服"改革要求，进一步优化、简化退役军人参训审核流程，减少证明材料，探索建立"互联网+"服务模式，提高服务效率。加大政策宣传力度，深入做好政策解读，提升政策透明度和公众知晓度，帮助退役军人熟悉了解政策，引导激励退役军人用足用好政策。

退役军人事务部办公厅
人力资源社会保障部办公厅
2019年10月9日

市场监管总局　人力资源社会保障部关于规范营利性民办技工院校和营利性民办职业技能培训机构名称登记管理有关工作的通知

国市监企注〔2018〕18号

各省、自治区、直辖市工商行政管理局（市场监督管理部门）、人力资源社会保障厅（局）：

根据《中华人民共和国民办教育促进法》《企业名称登记管理规定》《教育部　人力资源和社会保障部　工商总局关于印发〈营利性民办学校监督管理实施细则〉的通知》（教发〔2016〕20号）及有关行政法规、规章和规范性文件，现就营利性民办技工院校和营利性民办职业技能培训机构（以下分别简称民办技工院校、民办培训机构）名称登记管理有关工作通知如下：

一、民办技工院校、民办培训机构应当按照《中华人民共和国公司法》《中华人民共和国民办教育促进法》有关规定，登记为有限责任公司或者股份有限公司，其名称应当符合公司登记管理和教育相关法律法规的规定。

二、民办技工院校和民办培训机构名称应当由行政区划、字号、行业、组织形式依次组成，法律、行政法规和国务院决定等另有规定的除外。其名称的行业表述应当与学校办学所在地、类别、层次等相符合。其行业表述由专业特点或者办学特色等加学校类别组成，但按照国家有关规定或者行业习惯可以不加专业特点或者办学特色的除外。（见附件）

三、民办技工院校和民办培训机构不得使用已登记的学校名称及其简称、特定称谓等作字号，但有投资关系或者经该学校授权，且使用该学校简称或者特定称谓的除外。该学校的简称或者特定称谓有其他含义或者指向不明确的，可以不经授权。县级以上行政区划的地名不得用作字号，但具有其他含义的除外。

四、民办技工院校和民办培训机构名称不得冠以“中国”“中华”“全国”“国家”“中央”“国际”“世界”“全球”等字样。在名称中使用上述字样的，应当是行业的限定语并符合国家有关规定。

五、其他企业未经民办技工院校或民办培训机构审批机关审批，名称中不得含有“技师学院”“技工学校”“职业技能培训学校”“职业技能培训中心”等可能对公众造成误解或者引发歧义的内容和文字。法律、行政法规和国务院决定另有规定的从其规定。

六、申请筹设或直接申请正式设立民办技工院校或民办培训机构的，举办者应当向企业登记机关申请企业名称预先核准，并以核准名称向民办技工院校或民办培训机构审批机关报送审批。民办技工院校和民办培训机构名称不含行政区划的，举办者应向市场监管总局申请企业名称预先核准。

民办技工院校和民办培训机构变更名称的，适用前款规定。法律、行政法规和国务院决定另有规定的从其规定。

企业登记机关可以根据需要，就民办技工院校和民办培训机构的名称预核准事宜征求其审批机关的意见。审批机关应及时反馈，对于不同意的应当说明理由。

七、民办技工院校和民办培训机构可在申请设立时向审批机关申请使用简称，并由审批机关在办学许可证或者批准筹设文件中予以注明。简称仅可省略公司组织形式，并限用于学校牌匾、成绩单、毕业证书、招生广告和简章。在招生广告和简章中使用简称的，应当在显著位置标明学校营利性属性和学校全称。

八、本通知所称营利性民办职业技能培训机构，指依法依规举办的实施以职业技能为主的职业资格培训、职业技能培训的营利性培训机构。

九、本通知自下发之日起执行。省级工商（市场监管）、人力资源和社会保障行政部门可根据各地实际情况，依照本通知制定具体实施办法。

附件：营利性民办技工院校和营利性民办职业技能培训机构名称登记有关事宜对应表

市场监管总局

人力资源社会保障部

2018 年 4 月 11 日

附件

营利性民办技工院校和营利性民办职业技能培训机构名称登记有关事宜对应表

学校类别	行政区划	行业表述 （专业特点或者办学特色等+学校类型）	审批机关	备注
营利性民办技工院校	一般加学校所在地县级行政区划。省级人民政府或省级人力资源和社会保障行政部门审批设立的，可以加所在地省级、市级、县级行政区划。	除行业习惯外，一般应当体现专业特点或者办学特色。如：城市建设技工学校、交通高级技工学校、机械技师学院等。 1. 全称举例：××（省）××（字号）××技师学院有限责任公司、××（市）××（字号）××高级技工学校股份有限公司、××（县）××（字号）××技工学校股份有限公司。 2. 简称举例：××（省）××（字号）××技师学院、××（市）××（字号）××高级技工学校、××（县）××（字号）××技工学校。	设立普通技工学校、高级技工学校由省级人民政府人力资源社会保障部门审批，设立技师学院由省级人民政府审批。	营利性民办技工院校名称不含行政区划的，举办者应向市场监管总局申请企业名称预先核准。 营利性民办技工院校名称简称只能省略组织形式，即“有限责任公司”或“股份有限公司”。
营利性民办职业技能培训机构	一般加培训机构所在地行政区划名称。省级审批机关审批设立的，可以加所在省级行政区划；市级审批机关审批设立的，可以加地市的行政区划；县级审批机关审批设立的，可以加区县的行政区划；设在乡镇的，可以在区县后加乡镇行政区划。	除行业习惯外，可以体现专业特点或者办学特色等。如：汽车维修职业技能培训学校、电子商务职业技能培训学校。 1. 全称举例：××（省）××（字号）××职业技能培训学校有限责任公司、××（市）××（字号）××职业技能培训学校股份有限公司、××（县）××（字号）××职业技能培训学校有限责任公司。 2. 简称举例：××（省）××（字号）××职业技能培训学校、××（市）××（字号）××职业技能培训学校、××（县）××（字号）××职业技能培训学校。	县级以上人民政府人力资源社会保障行政部门按照国家规定的权限审批。	营利性民办职业技能培训机构名称不含行政区划的，举办者应向市场监管总局申请企业名称预先核准。 营利性民办职业技能培训机构名称简称只能省略组织形式，即“有限责任公司”或“股份有限公司”。

教育部　人力资源社会保障部
工商总局关于印发《营利性民办学校
监督管理实施细则》的通知

教发〔2016〕20号

各省、自治区、直辖市教育厅（教委）、人力资源社会保障厅（局）、工商行政管理局：

2016年11月7日，全国人民代表大会常务委员会通过了《全国人民代表大会常务委员会关于修改〈中华人民共和国民办教育促进法〉的决定》，规定对民办学校实行非营利性和营利性分类管理，并以国家主席习近平签署的中华人民共和国主席令（第五十五号）予以公布。《国务院关于鼓励社会力量兴办教育促进民办教育健康发展的若干意见》（国发〔2016〕81号，以下简称《若干意见》），全面部署了民办教育改革发展的各项政策措施。为深入贯彻落实党中央、国务院的决策部署，确保分类管理改革的有序推进，特研究制定《营利性民办学校监督管理实施细则》，现予印发。

民办学校分类管理是党中央、国务院确定的重大改革方向，是贯彻落实《民办教育促进法》修法精神的重要举措，是深化教育领域综合改革的重要内容。请各地务必高度重视，紧密结合《民办教育促进法》和《若干意见》的贯彻落实，科学稳妥做好营利性民办学校监督管理各项工作，明确任务，细化要求，落实责任，确保党中央、国务院决策部署的切实落地和教育系统的和谐稳定。

教育部

人力资源社会保障部

工商总局

2016年12月30日

营利性民办学校监督管理实施细则

第一章　总　　则

第一条　为贯彻落实《国务院关于鼓励社会力量兴办教育促进民办教育健康发展的若干意见》，规范营利性民办学校办学行为，促进民办教育健康发展，根据《中华人民共和国教育法》《中华人民共和国民办教育促进法》和2016年11月7日《全国人民代表大会常务委员会关于修改〈中华人民共和国民办教育促进法〉的决定》等法律法规，制定本细则。

第二条　社会组织或者个人可以举办营利性民办高等学校和其他高等教育机构、高中阶段教育学校和幼儿园，不得设立实施义务教育的营利性民办学校。

社会组织或者个人不得以财政性经费、捐赠资产举办或者参与举办营利性民办学校。

第三条　营利性民办学校应当遵守国家法律法规，全面贯彻党的教育方针，坚持党的领导，坚持社会主义办学方向，坚持立德树人，对受教育者加强社会主义核心价值观教育，培养德、智、体、美等方面全面发展的社会主义建设者和接班人。

营利性民办学校应当坚持教育的公益性，始终把培养高素质人才、服务经济社会发展放在首位，实现社会效益与经济效益相统一。

第四条　审批机关、工商行政管理部门和其他相关部门在职责范围内，依法对营利性民办学校行使监督管理职权。

第二章　学 校 设 立

第五条　批准设立营利性民办学校参照国家同级同类学校设置标准，一般分筹设、正式设立两个阶段。经批准筹设的营利性民办学校，举办者应当自批准筹设之日起3年内提出正式设立申请，3年内未提出正式设立申请的，原筹设批复文件自然废止。

营利性民办学校在筹设期内不得招生。

第六条　审批机关应当坚持高水平、有特色导向批准设立营利性民办学校。设立营利性民办高等学校，应当纳入地方高等学校设置规划，按照学校设置标准、办学条件和学科专业数量等严格核定办学规模。中等以下层次营利性民办学校办学规模由省级人民政府根据当地实际制定。

第七条　营利性民办学校注册资本数额要与学校类别、层次、办学规模相适应。

第八条　举办营利性民办学校的社会组织或者个人应当具备与举办学校的层次、类型、规模相适应的经济实力，其净资产或者货币资金能够满足学校建设和发展的需要。

第九条　举办营利性民办学校的社会组织，应当具备下列条件：

（一）有中华人民共和国法人资格。

（二）信用状况良好，未被列入企业经营异常名录或严重违法失信企业名单，无不良记录。

（三）法定代表人有中华人民共和国国籍，在中国境内定居，信用状况良好，无犯罪记录，有政治权利和完全民事行为能力。

第十条　举办营利性民办学校的个人，应当具备下列条件：

（一）有中华人民共和国国籍，在中国境内定居。

（二）信用状况良好，无犯罪记录。

（三）有政治权利和完全民事行为能力。

第十一条　申请筹设营利性民办学校，举办者应当提交下列材料：

（一）筹设申请报告。内容主要包括：举办者的名称、地址或者姓名、住址及其资质，筹设学校的名称、地址、办学层次、办学规模、办学条件、培养目标、办学形式、内部管理机制、党组织设置、经费筹措与管理使用等。

（二）设立学校论证报告。

（三）举办者资质证明文件。举办者是社会组织的，应当包括社会组织的许可证、登记证或者营业执照、法定代表人有效身份证件复印件，决策机构、权力机构负责人及组成人员名单和有效身份证件复印件，有资质的会计师事务所出具的该社会组织近2年的年度财务会计报告审计结果，决策机构、权力机构同意投资举办学校的决议。举办者是个人的，应当包括有效身份证件复印件、个人存款、有本人签名的投资举办学校的决定等证明文件。

（四）资产来源、资金数额及有效证明文件，并载明产权。

（五）民办学校举办者再申请举办营利性民办学校的，还应当提交其举办或者参与举办的现有民办学校的办学许可证、登记证或者营业执照、组织机构代码证、校园土地使用权证、校舍房屋产权证明复印件，近2年年度检查的证明材料，有资质的会计师事务所出具的学校上年度财务会计报告审计结果。

（六）有两个以上举办者的，应当提交合作办学协议，明确各举办者的出资数额、出资方式、权利义务，举办者的排序、争议解决办法等内容。出资计入学校注册资本的，应当明确各举办者计入注册资本的出资数额、出资方式、占注册资本的比例。

第十二条　申请正式设立营利性民办学校，举办者应当提交下列材料：

（一）正式设立申请报告。

（二）筹设批准书。

（三）举办者资质证明文件。提交材料同本细则第十一条第（三）项。

（四）学校章程。

（五）学校首届董事会、监事（会）、行政机构负责人及组成人员名单和有效身份证件复印件。

（六）学校党组织负责人及组成人员名单和有效身份证件复印件，教职工党员名单。

（七）学校资产及其来源的有效证明文件。

（八）学校教师、财会人员名单及资格证明文件。

第十三条 直接申请正式设立营利性民办学校的，须提交本细则第十一条第（二）项规定的材料、第十二条除第（二）项以外的材料。

第十四条 审批机关对批准正式设立的营利性民办学校发给办学许可证；对不批准正式设立的，应当书面说明理由。经审批正式设立的营利性民办学校应当依法到工商行政管理部门登记。

第十五条 设立营利性民办学校，要坚持党的建设同步谋划、党的组织同步设置、党的工作同步开展。

第三章 组织机构

第十六条 营利性民办学校应当建立董事会、监事（会）、行政机构，同时建立党组织、教职工（代表）大会和工会。

营利性民办学校法定代表人由董事长或者校长担任。

第十七条 营利性民办学校董事会、行政机构、校长应当依据国家有关法律法规和学校章程设立和行使职权。

第十八条 营利性民办学校监事会中教职工代表不得少于1/3，主要履行以下职权：

（一）检查学校财务。

（二）监督董事会和行政机构成员履职情况。

（三）向教职工（代表）大会报告履职情况。

（四）国家法律法规和学校章程规定的其他职权。

第十九条 有犯罪记录、无民事行为能力或者限制行为能力者不得在学校董事会、监事会、行政机构任职。一个自然人不得同时在同一所学校的董事会、监事会任职。

第二十条 营利性民办学校应当切实加强党组织建设，强化党组织政治核心和政治引领作用，在事关学校办学方向、师生重大利益的重要决策中发挥指导、保障和监督作用。推进双向进入、交叉任职，党组织书记应当通过法定程序进入学校董事会和行政机构，党员校长、副校长等行政机构成员可按照党的有关规定进入党组织领导班子。监事会中应当有党组织领导班子成员。营利性民办学校应当加强共青团组织建设，充分发挥教职工（代表）大会和工会的作用。

第四章 教育教学

第二十一条 营利性民办学校应当以培养人才为中心，遵循教育规律，不断提高教育教学质量，增强受教育者的社会责任感、创新精神、实践能力。

第二十二条 营利性民办学校应当抓好思想政治教育和德育工作。加强思想政治理论课和思想品德课教学，推进中国特色社会主义理论体系进教材、进课堂、进头脑。深入开展理想信念、爱国主义、集体主义、中国特色社会主义教育和中华优秀传统文化、革命传统文化、民族团结教育，引导师生员工树立正确的世界观、人生观、价值观。

第二十三条 实施学历教育的营利性民办学校应当按照国家规定设置专业、开设课程、选用教材。营利性民办幼儿园应当依据国家和地方有关规定科学开展保育和教育活动。

第二十四条 营利性民办学校招收学历教育学生、境外学生应当遵守国家有关规定，招生简章和广告应当报审批机关备案。其中，本科高等学校的招生简章和广告应当报省级人民政府教育行政部门备案。

第二十五条 营利性民办学校聘任的教师应当具备国家规定的教师资格或者相关专业技能资格，学校应当按照《中华人民共和国教师法》《中华人民共和国劳动合同法》等国家法律法规和有关规定与教职工签订劳动合同。学校应当加强教师师德建设和业务培训，依法保障教职工工资、福利待遇和其他合法权益。学校聘任外籍教师应当符合国家有关规定。

第五章 财务资产

第二十六条 营利性民办学校执行《中华人民共和国公司法》及有关法律规定的财务会计制度。学校应当独立设置财务管理机构，统一学校财务核算，不得账外核算。

第二十七条 营利性民办学校应当建立健全财务内部控制制度，按实际发生数列支，不得虚列虚报，不得以计划数或者预算数代替实际支出数。

第二十八条 营利性民办学校按学期或者学年收费，收费项目及标准应当向社会公示 30 天后执行。不得在公示的项目和标准外收取其他费用，不得以任何名义向学生摊派费用或者强行集资。

第二十九条 营利性民办学校收入应当全部纳入学校财务专户，出具税务部门规定的合法票据，由学校财务部门统一核算、统一管理，保障学校的教育教学、学生资助、教职工待遇以及学校的建设和发展。学校应当将党建工作、思想政治工作和群团组织工作经费纳入学校经费预算。

第三十条 营利性民办学校拥有法人财产权，存续期间，学校所有资产由学校依法管理和使用，任何组织和个人不得侵占、挪用、抽逃。营利性民办学校举办者不得抽逃注册资本，不得用教育教学设施抵押贷款、进行担保，办学结余分配应当在年度财务结算后进行。

第三十一条 营利性民办学校应当建立健全学校风险防范、安全管理制度和应急预警处理机制，保障学校师生权益、生命财产安全，维护学校安全稳定。学校法定代表人是学校安全稳定工作的第一责任人。

第六章　信息公开

第三十二条　营利性民办学校应当依据法律法规建立信息公开制度及信息公开保密审查机制，公开的信息不得危及国家安全、公共安全、经济安全、社会稳定和学校安全稳定。

第三十三条　营利性民办高等学校信息公开内容应当执行《高等学校信息公开办法》等国家有关规定，其他营利性民办学校信息公开办法由地方人民政府学校主管部门制定。

第三十四条　营利性民办学校应当按照《企业信息公示暂行条例》规定，通过国家企业信用信息公示系统，公示年度报告信息、行政许可信息以及行政处罚信息等信用信息。

第三十五条　营利性民办学校信息应当通过学校网站、信息公告栏、电子屏幕等场所和设施公开，并可根据需要设置公共阅览室、资料索取点方便调取和查阅。除学校已经公开的信息外，社会组织或者个人可以书面形式向学校申请获取其他信息。

第七章　变更与终止

第三十六条　营利性民办学校分立、合并、终止及其他重大事项变更，应当由学校董事会通过后报审批机关审批、核准，并依法向工商行政管理部门申请变更、注销登记手续。其中，营利性民办本科高等学校分立、合并、终止、名称变更由教育部审批，其他事项变更由省级人民政府核准。

第三十七条　营利性民办学校分立、合并、终止及其他重大事项变更，应当制定实施方案和应急工作预案，并按隶属关系报学校主管部门备案，保障学校教育教学秩序和师生权益不受影响。

第三十八条　营利性民办学校有下列情形之一的，应当终止：

（一）根据学校章程规定要求终止，并经审批机关批准的。

（二）被吊销办学许可证的。

（三）因资不抵债无法继续办学的。

第三十九条　营利性民办学校终止时，应当依法进行财务清算，财产清偿依据《中华人民共和国民办教育促进法》等法律法规和学校章程的规定处理，切实保障学校师生和相关方面的权益。

第四十条　营利性民办学校终止时，应当及时办理建制撤销、注销登记手续，将学校办学许可证正副本、印章交回原审批机关，将营业执照正副本缴回原登记管理机关。

第四十一条　营利性民办学校发生分立、合并、终止等重大事项变更，学校党组织应当及时向上级党组织报告，上级党组织应当及时对学校党组织的变更或者撤销作出决定。

第八章　监督与处罚

第四十二条　教育、人力资源社会保障行政部门依据《中华人民共和国民办教育促进法》规定的管理权限，对营利性民办学校实施年度检查制度。工商行政管理部门对营利性民办学校实施年度报告公示制度。

第四十三条　教育、人力资源社会保障行政部门依据《中华人民共和国民办教育促进法》规定的管理权限，加大对营利性民办学校招生简章的监管力度，对于使用未经备案的招生简章、发布虚假招生简章的民办学校依法依规予以处理。

第四十四条　教育、人力资源社会保障行政部门依据《中华人民共和国民办教育促进法》规定的管理权限，加强对营利性民办学校办学行为和教育教学质量的监督管理，依法依规开展督导和检查，组织或者委托社会组织定期进行办学水平和教育教学质量评估，并向社会公布评估结果。

第四十五条　教育行政部门应当加强对实施学历教育的营利性民办学校执行电子学籍和学历证书电子注册制度情况的监督，对非法颁发或者伪造学历证书、学位证书的营利性民办学校依法予以处理。

第四十六条　地方教育、人力资源社会保障及其他相关部门应当通过实施审计、建立监管平台等措施对营利性民办学校财务资产状况进行监督。

第四十七条　营利性民办学校违反《中华人民共和国教育法》《中华人民共和国民办教育促进法》及相关法律法规，有下列行为之一的，由教育、人力资源社会保障、工商行政部门或者其他相关部门依法责令限期改正，并予以警告；有违法所得的，退还所收费用后没收违法所得；情节严重的，责令停止招生、吊销办学许可证；构成犯罪的，依法追究刑事责任：

（一）办学方向、教学内容、办学行为违背党的教育方针，违反国家相关法律规定。

（二）办学条件达不到国家规定标准，存在安全隐患。

（三）提供虚假资质或者进行虚假广告、宣传等行为。

（四）筹设期间违规招生，办学期间违规收费。

（五）因学校责任造成教育教学及安全事故。

（六）抽逃办学资金、非法集资。

（七）存在其他违反法律法规行为。

第四十八条　民办学校有下列情形之一的，其举办者不得再举办或者参与举办营利性民办学校：

（一）法人财产权未完全落实。

（二）民办学校属营利性的，其被列入企业经营异常名录或严重违法失信企业名单。

（三）办学条件不达标。

（四）近2年有年度检查不合格情况。

（五）法律法规规定的其他情形。

第九章　附　　则

第四十九条　营利性民办培训机构参照本细则执行。

第五十条　本细则由教育部、人力资源社会保障部、工商总局负责解释。

财政部　全国总工会　发展改革委　教育部　科技部　国防科工委　人事部　劳动保障部　国资委　国家税务总局　全国工商联关于印发《关于企业职工教育经费提取与使用管理的意见》的通知

财建〔2006〕317号

各省、自治区、直辖市财政厅（局）、总工会、劳动和社会保障厅（局）、教育厅（委）、发展改革委、科技厅（局）、人事厅（局）、国防科工委（办）、国资委（经贸委）、国家税务局、地方税务局、工商联：

为深入贯彻全国职业教育工作会议精神，实施科教兴国战略和人才强国战略，落实《国务院关于大力发展职业教育的决定》（国发〔2005〕35号）和中共中央办公厅、国务院办公厅《印发〈关于进一步加强高技能人才工作的意见〉的通知》，推动“创建学习型组织，争做知识型职工”活动深入开展，培养和造就一支高素质的职工队伍，更好地为实施“十一五”规划纲要、建设创新型国家、实现全面建设小康社会宏伟目标提供人才保证，有关部门共同制定了《关于企业职工教育经费提取与使用管理的意见》，现印发给你们。请结合工作实际，认真组织落实。

附件：关于企业职工教育经费提取与使用管理的意见

财政部　全国总工会
发展改革委　教育部　科技部
国防科工委　人事部　劳动保障部
国资委　国家税务总局　全国工商联
2006年6月19日

附件

关于企业职工教育经费提取与使用管理的意见

为认真落实《中华人民共和国劳动法》、《中华人民共和国职业教育法》、《国务院关于大力发展职业教育的决定》（国发〔2005〕35 号，以下简称《决定》）、中共中央办公厅、国务院办公厅《印发〈关于进一步加强高技能人才工作的意见〉的通知》（以下简称《意见》）和全国职业教育工作会议精神，推动“创建学习型组织，争做知识型职工”活动深入持久开展，加速职工队伍的知识化进程，现就企业职工教育培训经费的提取与使用管理，提出以下意见：

一、充分认识企业职工教育培训的重要性

（一）全面提高职工队伍素质，建设一支规模宏大、结构合理、素质较高的职工队伍，是实现“十一五”规划的关键。党的十六届五中全会强调加快推进人才强国战略，加强人力资源能力建设，实施人才培养工程。企业职工教育培训是开发人力资源，提高企业自主创新能力和竞争力的基础工作，是提高职工职业技能和岗位能力，适应经济发展、技术进步不可或缺的重要环节。各类企业要充分认识加强职工教育培训的重要性，承担本企业职工教育培训的组织、实施和管理工作。

（二）企业职工教育培训是我国教育和人才工作的重要组成部分，是实施科教兴国战略、人才强国战略和加强人力资源能力建设的重要途径。加强职工教育培训工作，加快培养创新型人才和专业化高技能人才，带动企业职工整体素质的提高，是企业的重要职责；企业专业技术人员继续教育工作是企业职工教育培训的重要内容，对于提高企业专业技术人员整体素质和创新能力，提高企业的科研技术水平、自主创新能力和核心竞争力，发挥着关键作用。《决定》明确指出大力发展职业教育，加快人力资源开发，是落实科教兴国战略和人才强国战略，推进我国走新型工业化道路、解决“三农”问题、促进就业再就业的重大举措；是全面提高国民素质，把我国巨大人口压力转化为人力资源优势，提升我国综合国力、构建和谐社会的重要途径。各类企业都必须高度重视职工教育培训工作，履行职工教育培训的职责。

（三）提高职工的学习能力、实践能力和创新能力，是落实以人为本的科学发展观，切实维护职工的学习权、发展权的迫切需要。企业要进一步完善各项措施，提供职工参加学习和培训的必要保障，努力造就一支高素质的职工队伍，加速工人阶级知识化进程，为全面建设小康社会提供人才保证和智力支持。

二、进一步明确企业职工教育培训的内容和要求

（一）企业职工教育培训的主要内容有：政治理论、职业道德教育；岗位专业技术和

职业技能培训以及适应性培训；企业经营管理人员和专业技术人员继续教育；企业富余职工转岗转业培训；根据需要对职工进行的各类文化教育和技术技能培训。

（二）企业要强化职工教育和培训，突出创新能力和技能培养，加大高技能人才培养力度，鼓励职工岗位自学成才，切实提高职工技能素质，提升职业竞争力。

三、切实保证企业职工教育培训经费足额提取及合理使用

（一）切实执行《国务院关于大力推进职业教育改革与发展的决定》（国发〔2002〕16号）中关于“一般企业按照职工工资总额的1.5%足额提取教育培训经费，从业人员技术要求高、培训任务重、经济效益较好的企业，可按2.5%提取，列入成本开支”的规定，足额提取职工教育培训经费。要保证经费专项用于职工特别是一线职工的教育和培训，严禁挪作他用。

（二）按照国家统计局《关于工资总额组成的规定》（国家统计局1990年第1号令），工资总额由计时工资、计件工资、奖金、津贴和补贴、加班加点工资、特殊情况下支付的工资等六个部分组成。企业应按规定提取职工教育培训经费，并按照计税工资总额和税法规定提取比例的标准在企业所得税税前扣除。当年结余可结转到下一年度继续使用。

（三）企业的职工教育培训经费提取、列支与使用必须严格遵守国家有关财务会计和税收制度的规定。

（四）职工教育培训经费必须专款专用，面向全体职工开展教育培训，特别是要加强各类高技能人才的培养。

（五）企业职工教育培训经费列支范围包括：

1. 上岗和转岗培训；
2. 各类岗位适应性培训；
3. 岗位培训、职业技术等级培训、高技能人才培训；
4. 专业技术人员继续教育；
5. 特种作业人员培训；
6. 企业组织的职工外送培训的经费支出；
7. 职工参加的职业技能鉴定、职业资格认证等经费支出；
8. 购置教学设备与设施；
9. 职工岗位自学成才奖励费用；
10. 职工教育培训管理费用；
11. 有关职工教育的其他开支。

（六）经单位批准或按国家和省、市规定必须到本单位之外接受培训的职工，与培训有关的费用由职工所在单位按规定承担。

（七）经单位批准参加继续教育以及政府有关部门集中举办的专业技术、岗位培训、

职业技术等级培训、高技能人才培训所需经费，可从职工所在企业职工教育培训经费中列支。

（八）为保障企业职工的学习权利和提高他们的基本技能，职工教育培训经费的60%以上应用于企业一线职工的教育和培训。当前和今后一个时期，要将职工教育培训经费的重点投向技能型人才特别是高技能人才的培养以及在岗人员的技术培训和继续学习。

（九）企业职工参加社会上的学历教育以及个人为取得学位而参加的在职教育，所需费用应由个人承担，不能挤占企业的职工教育培训经费。

（十）对于企业高层管理人员的境外培训和考察，其一次性单项支出较高的费用应从其他管理费用中支出，避免挤占日常的职工教育培训经费开支。

（十一）矿山和建筑企业等聘用外来农民工较多的企业，以及在城市化进程中接受农村转移劳动力较多的企业，对农民工和农村转移劳动力培训所需的费用，可从职工教育培训经费中支出。

四、企业职工教育培训经费的补充

（一）企业新建项目，应充分考虑岗位技术技能要求、设备操作难度等因素，按照国家规定的相关标准，在项目投资中列支技术技能培训费用。

（二）企业进行技术改造和项目引进、研究开发新技术、试制新产品，应按相关规定从项目投入中提取职工技术技能培训经费，重点保证专业技术骨干、高技能人才和急需紧缺人才培养的需要。

（三）企业工会年度内按规定留成的工会经费中，应有一定部分用于职工教育与培训，列入工会预算掌握使用。

五、加强职工教育培训经费的管理

（一）建立健全企业职工教育培训经费提取和使用的规章制度，严格按照规定范围和控制额度开支。企业的经营者应确保本企业职工教育经费的提取与使用。

（二）企业职工教育培训主管部门要根据职工教育与培训计划合理安排职工教育培训经费使用，大型企业集团提取的职工教育培训经费可与二级单位（或二级法人单位）划分一定的比例分别管理与使用。

（三）鼓励各企业建立职工个人学习与培训账户制度，采取单位、个人、工会共同向账户注资方法，支持职工个人学习与培训，并建立学习档案，完整记录职工学习与培训的情况。

（四）对自身没有能力开展职工培训，以及未开展高技能人才培训的企业，应按照《意见》要求，由县级以上地方人民政府对其职工教育培训经费实行统筹，由劳动保障等部门统一组织培训服务。

六、完善经费提取与使用的监督

（一）企业工会应当积极组织开展“创建学习型组织，争做知识型职工”活动，切实维护职工的学习权利，督促企业履行对职工的培训义务，并依据已签订的集体合同中有关职工教育培训的条款参与监督企业职工教育培训经费的提取与使用。

（二）企业职工代表大会或职工大会、企业审计等有关部门要分别履行监督企业提取与使用职工教育培训经费的职责。

（三）企业应将职工教育培训经费的提取与使用情况列为厂务公开的内容，向职工代表大会或职工大会报告，定期或不定期进行公开，接受职工代表的质询和全体职工的监督。

（四）各级劳动保障、审计部门要加强对企业职工教育培训经费提取与使用情况的监督，引导企业落实职工培训特别是高技能人才培训任务。

（五）充分发挥公众舆论依照国家有关法律法规实施监督的作用，促进企业按要求承担职工教育与培训义务。

后　记

技能人才是支撑中国制造、中国创造的重要力量，是提高企业竞争能力、推动产业转型升级的重要基础，是实现高质量充分就业的重要保障。

党中央、国务院高度重视职业技能培训工作。党的二十大报告明确提出，健全终身职业技能培训制度，推动解决结构性就业矛盾。2020 年 12 月 10 日，习近平总书记作出重要指示指出，各级党委和政府要高度重视技能人才工作，大力弘扬劳模精神、劳动精神、工匠精神，激励更多劳动者特别是青年一代走技能成才、技能报国之路，培养更多高技能人才和大国工匠，为全面建设社会主义现代化国家提供有力人才保障。

为进一步推进终身职业技能培训制度建设，加强政策宣传引领作用，切实提高政策公众知晓度，我们整理出版了《健全终身职业技能培训制度政策汇编》，主要选取了职业技能培训有关的法律法规文件，中共中央、国务院文件，人力资源社会保障部文件以及有关部门文件，用以推动各地有关政府部门、技工（职业）院校、职业培训机构、行业企业等学习了解近年来职业培训发展的思路、目标、任务和措施。

由于时间紧张，如有不妥和疏漏之处，敬请批评指正。

人力资源社会保障部职业能力建设司

2024 年 3 月